Wir drucken umweltfreundlich!

Gedruckt auf 100% Recyclingpapier; alterungsbeständig nach DIN ISO 9706; ausgezeichnet mit dem Umweltzeichen »Blauer Engel« und dem »Nordic Environmental Product Label«.
Herstellung: Verlagsdruckerei Monsenstein und Vannerdat OHG, Münster. Druck, Bindung und Weiterverarbeitung stets unter Verwendung von umweltfreundlichen Materialien und Drucktechniken.

ETWAS BESSERES ALS DEN TOD

Das Leben des Märchenspielers Kurt Klee

Bellis Klee Rosenthal

EDITION OCTOPUS

Bellis Klee Rosenthal, ETWAS BESSERES ALS DEN TOD
Das Leben des Märchenspielers Kurt Klee
© 2007 der vorliegenden Ausgabe: Edition Octopus
Die Edition Octopus erscheint im
Verlagshaus Monsenstein und Vannerdat OHG, Münster
www.edition-octopus.de
© 2007 Bellis Klee Rosenthal

Alle Rechte vorbehalten
Satz: Claudia Rüthschilling
Umschlag: Simon Rosenthal
Druck und Bindung: MV-Verlag

ISBN 978-3-86582-436-3

»Ei was, du Rotkopf,« sagte der Esel, »zieh lieber mit uns fort, wir gehen nach Bremen, etwas Besseres als den Tod findest du überall; du hast eine gute Stimme, und wenn wir zusammen musizieren, so muss es eine Art haben.«
Gebrüder Grimm, Die Bremer Stadtmusikanten

Ich widme dieses Buch meinen Halbgeschwistern
Käthe, Johanna, Peter und Ernst-Dieter,
die den Vater eher kannten als ich,
und die möglicherweise einiges besser wissen.

INHALT

EINLEITUNG 11

PROLOG 15
DES MÄRCHENSPIELERS
UND SEINER FRAU

DIE GOLDENE ZEIT 41
Schnee in der Hochzeitskutsche – Märchenheft und Kriegsgeschrei – Kohlrüben und das Stiefmütterchen-Wunder – Oder ein Gärtner wird zum – Märchenerzähler – Ins Land der Mütter – Muhme Dichterin – Gärtner werden – ...aber auch Dachdecker, Bauer und Bäcker – Das fleißige Lieschen – Wo kommen die Gedichte her? – Der Funke!

JUGEND IN BEWEGUNG 75
Eine neue, bessere Welt! – Auf Wanderschaft – Die Entdeckung – Wien – Julia – Wolken ziehen drüber hin – Gitta, die ständige Begleiterin

ARBEITERLEBEN 105
›Zwischen Rädern und Gestängen‹ – Toni – Nachtfahrt – Eine Rose ziehen? – Wahlkampf – Silberhochzeit und Begräbnis

WIE ALLES WEITERGING 125
Eine neue Familie haben – Geschäfte trotz Flaute

KRIEGSZEITEN 131
Kein Benzin mehr – Zurück zur Scholle – Die Wünschelrute – Der geheimnisvolle Brunnen – Wasser! – Der große Segen

KRIEGSENDE 155
Wir Besiegten – Von jeder Kriegsnot frei – Der neue Mai und eine bessere Zukunft – Der Märchengärtner und die Zauberbücher – Harzreise – Vernichtendes Unwetter – Etwas Besseres finden

IM WESTEN 197
Brot verdienen – Verwahrloste Jugend – Nervenzusammenbruch

SEHNSUCHT NACH DEM MÄRCHENLAND 209
Bundesgenossen – Kein Platz für Idealisten – Märchengarten Karlsruhe – Märchengarten Bad Dürrheim

ZEIT DER FAHRENDEN 225
Reichtum zum Weitergeben – Sesshaft werden und mobil bleiben? – Märchenspiele im Palmengarten – Vom Misstrauen der Sesshaften und dem Schicksal der Fahrenden – Auf Tour mit dem Breuni – Wiedersehen mit Karlsruhe – Was in Frankfurt weiter geschah

AM ZIEL 251
Der Märchengarten wird… – …eine Gärtnerei! – Krankheit – Ein Kranker schreibt seine Geschichte – Wieder hinaus! – Zwischen Leben und Tod – ›Hier auf der Erden…‹ – Ein festes Haus bauen – Späte Ehrung – So nah vorm Ziel! – Mein kleines Märchenschloss – Der Märchengarten nimmt Gestalt an – Das Bruchstein-Wunder – Bauen für die Kinder – Der Märchengarten ›Goldener Stein‹ – Der ›Matten-Prozess‹ und andere Gegner – Vorboten des Abschieds – Ein großer Empfang im Märchengarten – Was in uns gelegt ist

NACHWORT   303

ANHANG   315
Lieder und Gedichte – Anmerkungen

DANK   349

EINLEITUNG

»Ich muss die Hefte finden!« sagte ich mir noch einmal.
»Bestimmt sind sie noch da!«
Ich gab ein bisschen mehr Gas. Drei Stunden Fahrt – wie lang die waren! Aber was konnte denn passiert sein – das Haus war noch nicht verkauft. Alles war noch drin. Wenn nicht...
Mutters letzte zwei Lebensmonate waren aufreibend gewesen, da hatte ich an nichts anderes denken können. Wie ihr Körper allmählich den Dienst versagt hatte, alles nacheinander hörte auf zu funktionieren. Nur das Gedächtnis ging noch - manchmal. Meistens aber wusste sie nicht mehr richtig, was sie tat. Doch aus ihrem Häuschen wollte sie nicht weg. Wir sollten sie in Ruhe lassen, sie wollte dort sterben! Und sie hatte schon einige Zeit lang alles aus dem Haus geschafft, was ihr überflüssig vorkam. Hatte nur ein paar Töpfe, zwei, drei Tassen und Teller übrig behalten. So übersichtlich wie möglich, der Haushalt. Ihre paar Kleider, seine Kleider... Man braucht ja so wenig! -
Warum hatte ich bloß nicht früher an die Hefte gedacht! Die würde sie doch nicht weggeworfen haben?

Jetzt kam das Dorf in Sicht - nun das Haus – stand da wie immer, und doch nicht wie immer. Es sah irgendwie abgestorben aus. Ein schwarzes Holzhaus, ergraut wie das Haar einer Greisin...Ja, auch das niedrige Dach war grau.
Ich ging gar nicht erst rein, sondern auf die überdachte Terrasse – der Hakenstock lehnte tatsächlich noch in der Ecke – zerrte damit ungeduldig oben an der Falltür, und die Leiter kam mir entgegen. Der Dachboden – da mussten sie sein! Hatte ich sie da nicht zuletzt gesehen? Hastig erklomm ich die Leiter. Da lag ja der Sack mit dem Lampenkabel und der Kasten mit den bunten Birnen für die Bühne. Sogar die Zauberbücher waren hier oben! Nur der Karton mit den Heften war nicht hier.

Sorgenvoll stieg ich runter und öffnete die Haustür. Der gewohnte Geruch! Er sprang mich an wie ein eingeschlossener Hund, und warf

mich fast um – hier war ja alles, als lebte sie noch! Und doch wirkte das Haus leer und leblos. Das musste ich nun aushalten. Hätte ich doch nicht kommen müssen!
Wo sollte ich jetzt suchen? Erst mal ging ich ins ›Kinderzimmer‹ und setzte mich wie gewohnt auf mein Bett zum Überlegen. Auch hier war ja alles noch wie immer! Vielleicht...
Ich ging vor dem Bett auf die Knie, und wirklich, da stand sie - unter meinem Bett! Eine kleine Schatzkiste, fest verschnürt mit dickem Bindfaden und vielen Spinnweben. Das streifte ich alles mit zitternden Händen ab, zog den Deckel hoch – ja, da lagen sie, die blauen Hefte. So ein Glück! Seit dreißig Jahren lagen sie da, in dieser Kiste, in diesem Haus, und ich hatte mich nicht darum gekümmert. Es hatte immer so viel zu tun gegeben! Jetzt waren sie das einzige, was mir bleiben würde von meiner Familie, von unsrer Geschichte...

Und während ich, das erste Heft herausnehmend, erleichtert auf mein Bett sank, fiel mir alles wieder ein: wie es dazu gekommen war, dass er sie schrieb; was er und Mutter mir damals alles erzählt hatten. Alles stand deutlich vor meinen Augen. Das war vor dreißig Jahren - und ist doch gestern erst geschehen! ---

Der Sommer 1973 war ein Märchen-Sommer. Die Luft flirrte über den Wiesen des Hochwalds. Ich war Mitte Zwanzig und genoss meine letzten Semesterferien zuhause. Zuhause? Unzählige Male waren wir umgezogen, meine Eltern und ich. Längst lebte ich allein, aber noch immer war ›Zuhause‹ für mich da, wo sie lebten.
In diesem kleinen Holzhaus nun hatte ich nie gewohnt, das hatten sie vor kurzem gebaut, als sie mir an meinen Wohnort im Saarland nachzogen. Vater war jetzt 67 und erzählte seine Geschichten nur noch manchmal den Nachbarskindern, nicht mehr ums Leben. Aber er konnte noch immer wunderbar erzählen. »Das ist ja wie Kino im Kopp!« hatte ein Kind mal gestaunt.

»Erzähl mir von früher!« bat ich ihn deshalb an diesem strahlenden Sommermorgen wie schon so oft, während wir im Wald wilde Himbeeren sammelten, unser beider Leidenschaft. Mutter war ins Dorf gegangen, jemanden zu besuchen. Wir hatten alle Zeit der Welt.

Und während die Himbeeren mit leisem »Plopp« in unsere Milchkannen fielen, erzählte er in seiner bedächtigen Art von anderen Beeren-Sommern vor langer Zeit. ..

Später – während wir auf der Hausterrasse saßen und zum Mittagessen Vanillepudding mit Himbeeren aßen – fragte ich ihn: »Wie kamst du eigentlich zum Erzählen und Märchenspielen? Und auch zum Dichten und Liedermachen? Hattest du da ein Vorbild? Und wann hast du angefangen?«

»Tja, wie ich zum Märchenerzähler und Dichter wurde...« er hielt einige Atemzüge lang inne und besann sich. »Hm ja, ein Vorbild hatte ich auch...Und nicht nur eins! ---
Also, da muss ich weit ausholen und weit, so weit zurückgehen. Denn eigentlich verdanke ich alles zwei Frauen, die ich damals kannte.« Er lächelte verschmitzt. Ich wartete gespannt. Und nachdem er seine Puddingschüssel ausgekratzt hatte, begann er:
»Die eine, die kennst Du: Es ist Deine Mutter. Sie hat immer alles mitgemacht, bereitwillig und fröhlich. Ohne sie wäre ich vielleicht nur ein dichtender Gärtner geblieben. Darum will ich mit ihr anfangen. Nämlich, wie wir uns kennenlernten. Das kam so........«

PROLOG
DES MÄRCHENSPIELERS
UND SEINER FRAU

Er: »Es war im Krieg. Ich hatte damals die Gärtnerei in Halle-Nietleben. Wir hatten an dem Tag fünf Zentner Bohnen gepflückt, die Frauen und ich. Und die brachten wir dann nach vorn in den Laden. Ich hatte ja ein bestimmtes Soll pro Quadratmeter zu erfüllen, das musste ich abliefern. Was wir darüber hinaus ernteten, konnte ich frei verkaufen. Es gab damals keinen Dünger, aber der Boden war so fruchtbar – es gab dort einen Meter Humus – dass wir mehr als genug ernteten, das ganze Jahr hindurch. Und da standen die Menschen dann Schlange vor dem Geschäft und warteten oft viele Stunden, um die ersten zu sein.

Wir waren also fertig, es war Nachmittag, und ich wollte noch zum Frisör. Ja, zum Frisör! Es gab doch keine Rasierapparate! Ich musste mich dreimal in der Woche rasieren lassen. Ich ging also nach vorn zum Haus, die Reihe der Käufer entlang, die kannte ich ja alle und grüßte sie. Bis zur Ecke vor – und da stand eine, die kannte ich nicht. Mit einem roten Tuch um den Kopf und einer blauen Bluse. Und ich dachte: ›Die haste ja noch nie gesehen!?‹ und grüßte sie. Und als sie mich ansah, da huschte es mir durch den Kopf: Das ist die Seele, die du suchst, die du brauchst…! Huschte durch den Kopf – und war vergessen!

Ich zog mich dann um und trat vors Haus, sah mich sorgfältig nach links und rechts um – es rasten ja oft Militärfahrzeuge vorbei – und da denke ich, nanu, die kommt dir ja so bekannt vor..! Da stand eine, mit rotem Tuch und blauer Bluse, das Rad an die Mauer gelehnt, und ich trat zu ihr und fragte: ›Was ist denn geschehen?‹

Da hatte sie die Tasche voll Bohnen, und noch das Netz – dreißig Pfund hatte sie gekauft! Und das Netz war geplatzt, und da stand sie nun!

›Na‹, sagte ich, ›Moment mal!‹ Holte aus der linken Hosentasche Bast und aus der rechten das Messer (Ein Gärtner muss immer Bast und ein Messer dabeihaben, hatte ich gelernt) und flickte ihr das Einkaufsnetz.

Ich sagte: ›So viel Bohnen! Wieso haben Sie denn so viele Bohnen gekauft? Sie können doch immer wieder kommen und kriegen, soviel Sie wollen!‹ Da wurde sie ein bisschen verlegen, die waren ja froh, wenn sie irgendwas bekamen.

Und sie sagte: ›Ja, ich bin doch das erste Mal hier..‹ Da fragte ich: ›Wo kommen Sie denn eigentlich her?‹

Und sie erzählte mir, dass sie aus Dölau kam – das war ein vornehmer Stadtteil von Halle, im Grünen - und von einer Nachbarin von meiner Gärtnerei gehört hatte. Dölau war ja nicht weit.

›Wir haben da ein Haus in der Heide,‹ sagte sie, ›ein richtiges Hexenhaus!‹

Und dieses Wort, ›Hexenhaus‹, das beeindruckte mich irgendwie – weil ich doch schon immer was für Märchen übrig hatte. Und als ich das nächste Mal in die Gegend von Dölau kam, fuhr ich hin, um mir das Hexenhaus mal anzusehen. Na, ihr Vater war im Garten, und ich grüßte ihn, er kam mir recht bekannt vor…Ich erfuhr, dass sie Mehnert hießen, und ihr Name war Ruth. Da fiel mir die Geschichte der Ruth in der Bibel ein – die hatte ich in der Schule gehört – wo sie zu jemand sagt: ›Wo du hingehst, da will auch ich hingehn, und wo du bleibst, da bleibe ich auch!‹ - - -

Na, was sie mit den Bohnen gemacht haben, weiß ich nicht. Sie kam dann öfter mal und holte dies und das. Dreiundvierzig hatten wir uns kennen gelernt. Dann kam der Winter und es gab nichts, ich reiste als Vertreter umher, und wir sahen uns erst im Frühjahr wieder. Zu der Zeit hatte sie Arbeitseinsatz auf dem Rittergut in der Nähe, zum Rübenstechen. Sie tat mir leid, denn Rübenstechen war die schwerste Arbeit überhaupt, weil die Rüben so tief im Boden wurzelten.

So sah ich sie dann manchmal; ich besuchte ab und zu ihre Familie, brachte immer was zu essen mit. Ich fühlte mich wohl dort, Ruths Mutter war eine gebildete Frau, und Ruth war früher aufs Lyzeum gegangen. Sie spielte Klavier und liebte Operetten und Theater, hatte auch vor dem Krieg als Komparsin am Theater gearbeitet. Wir konnten über Dichtung reden, und ich trug ihnen meine eigenen Gedichte und Lieder vor, die fanden großen Anklang bei ihnen. Der Vater Mehnert war Baumeister und konnte mir viele praktische Hinweise geben, z.B. wie man an Material kam. Und so ging das eben weiter bis Kriegsende, also bis Mai 1945.

Dann kam die Besatzungszeit, zuerst waren die Amerikaner da, und da gab es immer noch Kämpfe, und eines Tages kam doch ihr Vater zu mir und war verletzt. Und er bat mich, bei seiner Familie in der Dölauer Heide Bescheid zu sagen, damit sie sich keine Sorgen machten. Da fuhr ich dann mit dem Fahrrad hin, und da war das ›Hexenhaus‹ ganz leer. Bis auf eine Flüchtlingsfrau, die dort einquartiert worden war. Die fragte ich: Wo sind denn die Mehnerts?
Und sie erzählte mir alles. Da waren doch eben erst die Amerikaner eingezogen, die hatten sich unten im Haus und in der Nachbarschaft einquartiert. Das waren ja alles große Villen. Und die beiden Mehnert-Frauen, Ruth und ihre Mutter, sollten im Obergeschoss mit der Flüchtlingsfrau in einem Zimmer schlafen. Aber zuerst wurden sie von den Amis verhört, weil sie von einer Nachbarin denunziert worden waren, sie seien Nazis gewesen. Und Ruth machte die große Dummheit, die Fragen der amerikanischen Offiziere zu beantworten. Da wollten sie sie in ein Lager für politisch Verdächtige bringen.
›Und dann,‹ erzählte mir die Flüchtlingsfrau, ›war ein Jeep vorgefahren, und zuerst trugen sie Fräulein Mehnert mit einer Binde ums Handgelenk runter. Frau Mehnert kam freiwillig mit.‹
Da war Ruth - sie sollte ein paar Sachen packen - nach oben gegangen und hatte sich mit einer Rasierklinge die Pulsader aufgeschnitten, weil sie Angst hatte, die würden ihr was tun....«

Er stockte; die Erinnerung überwältigte ihn. Fast 30 Jahre war es her... Nach einer Weile fasste er sich und erzählte weiter:

»Naja, die Amerikaner hatten einen Arzt dabei, der hat sie dann gleich verbunden, und dann wurden sie und ihre Mutter eben abtransportiert – niemand wusste wohin.
Und die Wochen vergingen, und es kam keine Nachricht, und der alte Mehnert verfiel immer mehr...

Was ich in der Zeit alles unternommen habe, um sie ausfindig zu machen und sie frei zu kriegen, kann ich gar nicht erzählen!
Und dann kam er eines Tages strahlend zu mir und sagte: ›Herr Klee, meine Tochter ist wieder da!‹

Da kam er zu mir, um Gemüse zu holen, weil sie ja nichts mehr zu essen hatten, denn er war doch arbeitslos.
Das war aber alles hinterher. Genau an dem Tag, als die beiden abtransportiert worden waren, da war er eben auch zu mir gekommen. Da hatte er einen Granatensplitter im Oberschenkel!
Da kommt das Pflichtjahrmädchen zu mir hinter in die Gärtnerei, ich war gerade beim Umgraben, und sagt, Herr Klee, Sie haben Besuch, ob Sie mal nach vorne kommen können? – Na, da habe ich noch ein bisschen weiter gegraben und bin dann vor. Und da liegt Vater Mehnert auf dem Sofa im Wohnzimmer und stöhnt. Da bin ich gleich zum Arzt, der wohnte ja nur zwei Häuser weiter, mit dem stand ich gut, mit unserm Doktor. Der kam dann sofort. Seine Sprechstunde hatten sie ihm ja damals geschlossen, die Amis; damit ja kein Versammlungsort entstehen sollte, wo sich ein ›Untergrund‹ bilden konnte.
Na, der Arzt hat ihn dann gleich operiert, den Alten, hat ihn örtlich betäubt und ihm den Splitter rausgeschnitten. Später habe ich dann erfahren, dass es gar kein Granatensplitter war, wie Mehnert meinte, sondern ein Mauersplitter. Das hätte zur Blutvergiftung geführt!
Denk nur, wie fanatisch und nazistisch der war: Geht der noch – die Amerikaner marschieren von allen Seiten auf Halle, was noch nicht eingenommen war – geht er mit der Panzerfaust zur Abwehr, die die Zivilisten an den Mauern von Halle gebildet hatten. Wo die Amerikaner schon fast ganz Deutschland besetzt hatten, da bildeten die sich ein, noch was ändern zu können! Sogar die deutschen Soldaten hatten sich zurückgezogen, und wie viele ihre Uniformen bei der Bevölkerung gegen Zivilkleidung getauscht haben, wird man wohl nie erfahren. Auch zu ihm war ein Soldat gekommen, der Zivilkleider haben wollte, und den hat er dann noch nach Halle begleitet. In seiner Zivilschutz-Uniform und mit Panzerfaust! Wenn sie die beiden geschnappt hätten, wären sie gleich an die Wand gestellt worden...

Da haben die Zivilschützler dann den Amis aufgelauert. Die kamen doch mit Panzern in alle Straßen eingefahren, und wenn sie Wider-

stand sahen, blieben sie stehen und warteten auf Kommando. Und so einen Stillstand hat der Alte ausgenutzt und mit der Panzerfaust auf einen Panzer gezielt. So eine Panzerfaust saugte sich fest und bohrte sich tief rein, um erst drinnen zu detonieren. Und er zieht ab, schmeißt, und der Panzer explodiert. Da ist er dann auch noch sinnlos zum Mörder geworden. Er konnte zwar entkommen, aber da hatte er schon den Splitter im Fleisch. Man musste ja ziemlich nah rangehen, denn eine Panzerfaust flog höchstens so 20 bis 25 Meter.
Das hat er mir dann alles erzählt, er musste ein paar Tage bei mir bleiben, der Arzt hatte mich gebeten, ihn eine Weile zu pflegen, denn er konnte nicht nach Hause laufen oder Rad fahren.
›Natürlich kann er bleiben‹, hab ich gesagt. Und dann räumten wir – meine frühere Frau und ich – das kleine Zimmer aus. Da war damals unser jüngster Sohn, Dieter, in Quarantäne, weil er nachts immer so viel brüllte und uns aufweckte. Wir steckten den Kleinen dann zum Peter, zum großen Bruder, ins andere Zimmer, da wurde er wieder ruhig. Und den alten Mehnert haben wir dann gepflegt.«

Leise war Mutter hinzugetreten. Sie war eben von ihrem Besuch zurückgekommen und hatte die letzten Sätze gehört. Nun nahm sie das Wort:

»Ja, und als er wieder nach Hause kam, da waren wir immer noch weg, Mutti und ich, und das kam durch mich. Genauer gesagt, durch unsere Nachbarin. Die hatte uns auf dem Kieker, weil wir immer mit ›Heil Hitler‹ gegrüßt hatten, das war ja vorgeschrieben. Vati war auch in der Partei gewesen, und ich beim BDM(1). Na, und außerdem war die so 'ne Hochgestochene, die tat sich immer so groß, als Frau Doktor und so. Ihr Mann war der Doktor. Deswegen hatte Mutti ihr mal die Meinung gesagt. Seitdem war sie wütend auf uns. Und bei der hatten nun die Amerikaner ihr Hauptquartier eingerichtet, weil sie so ein großes Haus hatte. Und da wurde ich gleich von zwei Uniformierten rübergeholt und wurde vernommen. Die stellten mir verschiedene Fragen nach unserer Vergangenheit unter Hitler. Und ich hielt auch nicht hinterm Berg, ich dachte doch immer, ehrlich währt am längsten, und ich sagte, wie es gewesen war.
Und da sagten sie zu mir, ich müsste noch woanders vernommen werden und sollte mich fertig machen zur Abfahrt. Als ich rüberkam und

das Mutti erzählte, sagte sie: ›Ich lasse dich nicht allein gehen, ausgeschlossen! Dann komm ich eben mit!‹
Und dann saßen wir beide im Jeep und wurden weggefahren, zuerst in eine Stadt in der Nähe, da wurden wir auf Waffen untersucht. Da mussten wir uns völlig entkleiden, und Mutti hatte schon wieder Angst, die könnten sich an mir vergreifen. Aber nichts dergleichen passierte. Dann mussten wir wieder in den Jeep einsteigen und wurden irgendwo nach Westfalen gebracht. Da war ein großes Lager eingerichtet worden, d.h. eine umzäunte Wiese, mit Stacheldraht unterteilt, auf der einen Seite deutsche Soldaten, auf der anderen Frauen. Die Soldaten waren viele, viele – vielleicht über fünfhundert. Wir Frauen an die hundert. Auf dem Boden lagen Bretter, damit man nicht direkt auf der Erde campieren musste. Es war ja Mai und noch ziemlich kühl. Da war zwar auch ein großes Zelt, aber darin hatten ja nicht alle Platz.

Da blieben wir dann eine Zeitlang – wie lang, das weiß ich nicht mehr – vielleicht ein paar Tage. Und eines Tages wurden alle aussortiert, und ich wurde ausgerechnet mit ausgesucht und auf einen Lastwagen verfrachtet, mit vielen anderen. Und meine Mutter konnte nicht mit. Das war so furchtbar für sie, wie wir da so zusammengepfercht wurden und nicht wussten, wo es hinging. Ich hatte auch Angst, natürlich. Solche Transporte hatten wir ja im Krieg öfter gesehen, davon waren schlimme Geschichten erzählt worden. Ich glaube, damals hat sie ihren ersten Knacks bekommen, und daraus ist dann ihr späterer Verfolgungswahn entstanden.
Die anderen Frauen und ich, wir kamen dann nach Göttingen und wurden in einer Schule untergebracht. Da standen dann in den einzelnen Räumen Feldbetten, und wir wurden eingeschlossen. Morgens wurden wir immer zum Waschen rausgelassen in so einen großen Waschraum. Wir wurden eigentlich nicht schlecht behandelt. Die Verpflegung war gut, aber wenig. Da hab ich dann noch mehr abgenommen als vorher. Ich glaube, die Amis wussten nicht wirklich, was sie mit mir oder den meisten Internierten machen sollten. Wir waren doch harmlos. Und eines Tages hieß es dann plötzlich, wir könnten gehen. Das war nach vier Wochen. Da mussten wir dann selber sehen, wie wir die vielen Hundert Kilometer nach Hause zurückkamen.

Ach, ich konnte laufen damals, wir sind von Göttingen bis nach Halle marschiert. Da war ich 28. Ich konnte mit den beiden Männern, die hatten denselben Weg – der eine war Bauer, der andere, ich weiß nicht mehr, ein jüngerer – ich konnte mit ihnen Schritt halten, sie hatten überhaupt keine Schwierigkeiten mit mir. Da sind wir am Tag etwa 30 Kilometer marschiert. Und dann, als wir im vorletzten Ort vor Dölau waren, in Zwickau, glaube ich, wurde ich sogar immer schneller. Die beiden machten schon ihre Witzchen und sagten, ›das Pferd riecht den Stall‹, und kamen kaum noch mit. Da hätte die eine auch nicht mithalten können, die am Anfang mit uns mitging. Sie war nur etwa 5 Jahre älter als ich. Die ist schon nach drei Orten sitzengeblieben, hatte immer Ausreden, damit wir noch einen Tag irgendwo blieben. Sie konnte doch nicht zugeben, dass sie nicht mehr konnte. Da mussten wir sie dann bei einem Bauern lassen. Wir übernachteten fast immer bei Bauern im Stall oder so. Von wegen, noch'n Tag Pause machen! Wir wollten ja endlich nach Hause. Und ich hatte glücklicherweise von einer Frau im Lager ein Paar Schuhe geschenkt bekommen. Herrliche Schuhe! Die reinsten – wie heißen die im Märchen – Siebenmeilenstiefel! Da bin ich gelaufen!

Na, mein Vater hatte ja keine Ahnung, wo wir waren. Wir konnten ja auch von keinem Lager irgendein Lebenszeichen geben. Und wir hatten ja auch nicht gewusst, wo er geblieben war, damals.
Und als ich nun nach Hause kam, ausgerechnet in dieser Sekunde, da saß Vati auf dem Klo, und da konnte er doch nun nicht so schnell runter, das war wohl 'ne ziemliche Sitzung, und der Schreck! Er war ganz weiß, als er dann rauskam, und seine Stimme zitterte. Und dann hat er seine ganzen Konservenbüchsen, die er gehamstert hatte, rausgeholt, weil er uns doch was Ordentliches auftischen wollte. Wir, die Männer und ich, sollten uns doch wieder mal sattessen. Na, die beiden haben dann auch tüchtig reingehauen. Und dann habe ich ihnen noch zwei Hemden vom Erik geschenkt. Und als der Erik aus der Gefangenschaft nach Hause kam, später, mit seiner alten Uniform, da fragte er mich: ›Ruth, wo sind denn die beiden schönen Hemden hin, die warn doch noch ganz neu…‹
Na, meine Begleiter sind dann weitergezogen. Und Vatis Büchsen waren natürlich auch hin.

Mutti kam erst zwei Wochen später, auch gelaufen. Sie war schwer krank gewesen und hatte wochenlang irgendwo im Krankenhaus gelegen, wo, das erfuhren wir nie richtig.

Glücklicherweise hatten sie bei uns im Haus ja die Flüchtlinge einquartiert, so eine kleine Frau aus dem Rheinland, mit zwei Kindern. Die hatte Vati inzwischen, während wir weg waren, die ganze Zeit mit versorgt, denn er war ja operiert worden wegen dem Splitter im Bein und konnte nichts machen.

Ja, dann war Mutti also wieder da. Zuerst merkte man noch nichts, aber dann wurde ihr Zustand immer schlimmer. Sie flüsterte nur noch und sah sich furchtsam um und konnte sich über nichts mehr richtig freuen. Sie glaubte, sie würde verfolgt und ging nicht mehr aus dem Haus. Uns beide, Vati und mich, hat das furchtbar gepeinigt, besonders ihn. Wir wussten nicht, was wir machen sollten, auch kein Arzt wusste was. Kein Gedanke damals an psychiatrische Behandlung oder so was. Man verstand ja auch gar nicht, dass es so schlimm war und sich nicht von selbst wieder geben würde. Vor allem ihre ständigen Selbstmordversuche waren schlimm. Sie litt ja auch unter ihrem Zustand. Wir konnten sie zwar immer rechtzeitig noch davon abhalten. Aber eines Tages hat sie es dann doch geschafft. Da hatten wir grade Besuch, Kurt war auch dabei.

Sie hatte noch zu allen gute Nacht gesagt, hatte jeden freundlich angeblickt und ging dann auf ihr Zimmer. Ich glaube, sie war ganz zufrieden. Inzwischen war ja auch der Erik wieder da, zwar mit furchtbarem Rheumatismus, denn er war als Rekrut in den Don gefallen, bei der Kälte. Und später in der russischen Gefangenschaft ging es ihm auch nicht grade rosig. Er war mit einem Wasserkopf nach Hause gekommen. Aber er war wieder da, und es wurde besser. Kurt kam auch damals schon oft zu uns, hat ihr auch alles gesagt, dass er mich liebte und so. Sie glaubte, dass er mich heiraten würde. Vielleicht dachte sie, jetzt sind alle versorgt.

Da hat sie sich am Balkenkreuz im Dachboden erhängt.«

Die Erzählerin, meine Mutter, verstummte. Noch nie hatte sie zu mir darüber gesprochen. Minutenlang schwieg sie und hing ihren Erinnerungen nach. Dann schüttelte sie etwas mit dem Kopf und sprach leise weiter, indem sie meine unausgesprochenen Fragen beantwortete:

»Ach, eigentlich war das damals nicht so sehr schlimm für uns, denn ihr Zustand hatte uns monatelang schrecklich zugesetzt, und deshalb war es für uns wie eine Erlösung. Es war ja auch für sie eine Erlösung, sie hatte fast die ganze Zeit irgendwelche Stimmen gehört, die ihr Angst einjagten.
Und dann war ich auch erst mal abgelenkt, denn wir hatten ja wirklich vor, zu heiraten; wenn Kurt auch noch verheiratet war. Mit der Frau hielt er es aber schon lange nicht mehr aus, nur wollte sie sich natürlich nicht scheiden lassen. Dann kam aber zum Glück dieser Obergärtner dazu, in den verliebte sie sich, und Kurt hat sie dann auf frischer Tat ertappt, und da konnte sie sich ja nicht mehr weigern. Das war alles sechsundvierzig passiert, kurz nach Muttis Tod.«

Vater nahm jetzt wortlos ihre Hand, und sie sahen sich lange an. Seit einigen Jahren hatte ich bemerkt, dass sie nichts mehr reden mussten, um sich zu verstehen.
Er fuhr nun fort mit seiner Erzählung:

»Inzwischen geschah also folgendes. Eines Tages gegen Kriegsende war ein Mann zu mir gekommen, mit dem Fahrrad, und der stellte sich vor und sagte: ›Ich komme vom Arbeitsamt und wollte fragen, ob Sie nicht einen Arbeiter gebrauchen können. Ich bin gelernter Gärtner.‹
Na, ich stellte ihm ein paar Fragen, und dann stellte ich ihn ein, mit 75 Pfennig Stundenlohn – das war damals fünf Pfennig mehr als normal. Und als ich später sah, dass er anstellig war und gut arbeitete, auch die Frauen anweisen konnte bei der Arbeit, gab ich ihm etwas mehr Verantwortung. Ich brauchte ja jemand, auf den ich mich verlassen konnte, während ich ›organisieren‹ ging. Es war doch so schwierig, Sämereien zu bekommen und auch Holz zum Bauen und Heizen undsoweiter. Man musste überall persönlich hingehen. Außerdem musste ich das Büro führen, das nahm auch viel Zeit in Anspruch.
Und dann ließ ich ihn im Laufe des Jahres auch den Laden versorgen und gab ihm fünf Prozent vom Verkauf; wir arbeiteten auf diese Weise gut zusammen.
Weil ich doch aber oft weg war, bahnte sich nach und nach zwischen ihm und meiner Frau was an, als er nun ›Obergärtner‹ war. Da imponierte er ihr. Sie war doch immer so elegant und nähte sich selbst Kleider… Wollte immer gefallen.

Ich hatte damals, noch Anfang '46, dreißig Frauen im Betrieb, denen bliebt so was ja nicht verborgen, und die gaben mir auch ab und zu einen Wink...Aber was konnte ich machen. Ich dachte, ach lass sie! Es machte mir zwar schon was aus, aber ich arbeitete eben dann noch mehr, suchte noch mehr die Arbeit...
Ich hatte auch Ruth und ihren Vater beschäftigt, nachdem sie wieder da war, denn ich suchte immer Leute, da banden die beiden dann Kränze zum Verkauf. Ruth ging in die Heide und sammelte Reiser und Zapfen, und zuhause machten sie Papierblumen, alles in Heimarbeit. Und eines Tages war sie wieder gekommen, um Kränze abzuliefern, und wir gingen ins Büro, und sie sagte zu mir – damals siezten wir uns noch - ›Herr Klee, Sie sind ja so dünn geworden, haben Sie jetzt selbst nicht mehr genug zu essen?‹
Und ich sagte, ach, schon, aber die viele Arbeit, ich bräuchte jemand fürs Büro... Und ich merkte, wie sie mich forschend ansah, und da erzählte ich ihr: so und so...
Da sagte sie dann: ›Ja, warum ziehen Sie dann nicht die Konsequenzen?‹ Und in dem Moment ging die Tür auf, und da stand meine Frau und sagte: ›So, Konsequenzen ziehen!‹ Und sie ging raus, ließ die Tür offen stehen und stieg die Treppe zur Wohnung rauf.
›Sehen Sie!‹ sagte ich zu Ruth, ›Da hat sie mich auch noch belauscht. Die versucht jetzt sicher einen Gegenschlag und denkt, weil Sie hier im Büro sind...‹
›Dann würde ich erst recht die Konsequenzen ziehen!‹ meinte sie. Und ich sagte, was soll denn aber dann aus den Kindern werden...

Bisher hatte ich die beiden, meine Frau und den Obergärtner, auch noch nie in flagranti ertappt, hatte also praktisch keinen Beweis.
Na, am selben Abend war in Nietleben eine Versammlung der neu gegründeten Genossenschaft am Ort. Nach Kriegsende hatten ja die Alliierten, also die Siegermächte, Deutschland unter sich aufgeteilt, deswegen gingen die Amerikaner schon nach wenigen Wochen wieder weg, und bei uns in Mitteldeutschland waren dann eben die Russen als Besatzungsmacht. Sie nannten sich Sowjetunion, aber für uns waren sie ›die Russen‹. Sie wollten uns alle zu Kommunisten machen, das heißt ›umerziehen‹, und sie organisierten alles neu. Das wollte ich mir also mal anhören. Auch zu meinem Obergärtner hatte ich gesagt, Walter, kommst Du mit? Und er hatte zugesagt.

Dann wartete ich also, bis acht Uhr, aber er kam nicht, und da ging ich alleine, kam eine Viertelstunde zu spät. Er war nicht da und kam auch nicht.
Und ich war ganz nachdenklich geworden. Ich blieb bei der Tür sitzen und sann und dachte: Pass auf, heute abend geht er zu deiner Frau! Der hat dir zugesagt, er kommt zur Versammlung, und hat es auch seiner Frau gesagt – denn er war ja selber auch verheiratet – und die Gelegenheit nutzt er aus!

Ich konnte der Diskussion kaum folgen, dachte nur an die beiden... Jetzt wurde es also ernst! - Und um halb zehn schnappte ich mir meine Mütze und ging.

Als ich ans Haus kam, war alles dunkel, und ich war schon beruhigt. Aber in dem Moment, als ich an die Haustür komme, geht sie auf, und mein Obergärtner kommt raus, und hinter ihm – meine Frau!
›So!‹ sage ich, ›so macht ihr das also!‹ Und die beiden sagten gar nichts, so verlegen waren sie.
›Na,‹ fragte ich dann, ›wie habt ihr euch das denn gedacht, will sich der Walter scheiden lassen, oder wie...?‹
Und wir gingen ins Büro und besprachen das da. Und ich sagte zu ihm, dass ich dann wahrscheinlich weggehen würde und meiner Frau die Gärtnerei lassen und auch die Kinder, aber ich müsste es noch überschlafen. Aber der wollte unbedingt sofort eine Entscheidung. Ich konnte aber nichts weiter sagen, ging rauf in die Wohnung und habe kein Wort mehr mit der Frau gesprochen. Die lag neben mir wie tot. Und ich – noch toter!

Ich lag die ganze Nacht wach und dachte: Der Gärtner ist's, der mir vom Schicksal geschickt worden ist, damit ich frei werde um ein neues Leben anzufangen, ein Leben im Idealismus! – (2)
Trotzdem tat es weh, so weh, wenn ich an die Kinder dachte.

Am nächsten Tag stand es für mich fest. Ich rief die beiden zusammen und sprach: ›Ich lasse mich scheiden. Ich nehme die ganze Schuld auf mich, damit die Scheidung schnell vonstatten geht. Ich lasse dir den ganzen Betrieb, die Hälfte gehört mir sowieso nur, dafür zahlst du mir monatlich zweihundert Mark und sorgst für die Kinder. Was ihr beide macht, ist eure Sache. Bist du damit einverstanden?‹ Da sagte sie sofort ja. Und am nächsten Tag suchte ich einen Rechtsanwalt auf.

Ich zog auch bald aus, noch ehe es zur Scheidung kam, zog nach Halle und nahm nur meinen Schreibtisch, den Stuhl und die Schreibmaschine mit, und das Eisengitterbett, das mir mein Vater mit in die Ehe geschenkt hatte.

Na, und dann kam die Sache vors Amtsgericht, und es gab auf einmal Schwierigkeiten, weil ich inzwischen in Halle wohnte, und da war ein anderer Richter zuständig. Da sollte ich nun bestätigen, dass ich nach Halle gezogen war, und der Richter fragte, warum antworten Sie denn nicht?
Und mir stand doch das Heulen im Hals…
Und dann rannten wir durch das ganze Gebäude, es war kurz vor Mittag, und suchten einen zuständigen Richter, der den einzigen Satz aussprechen sollte. Fanden auch einen, der sah sich das Schriftstück an, und das Ganze dauerte drei Minuten, und er sprach: ›Die Ehe ist geschieden!‹ Machte das Siegel darunter und seine Unterschrift, und das war's! Da war ich frei. Das war im Mai 1946.

Dann ging ich zu Mehnerts, und die schlugen die Hände überm Kopf zusammen und sagten: ›Um Gottes Willen, Herr Klee – da haben wir ja nun keinen Hoflieferanten mehr!‹

Ja, erst einmal musste ich Arbeit finden, und das ging eigentlich ganz schnell damals, in der sogenannten Ostzone. Im Mai '45 war der Krieg zuende und die Amis kamen. Schon im Juni waren sie wieder abgezogen, und seitdem hatten die Russen ganz Mitteldeutschland besetzt, ich sagte es schon. Die wollten nun, wie gesagt, alles anders machen, alles kommunistisch. Und nun suchten sie dringend Leute. Von Anfang an hatten sie mich schon dauernd gelöchert, die von der SED(3): Da hatten sie alle Lehrer, die in Hitlers Partei gewesen waren, entlassen, und als sie nun feststellten, dass das achtzig Prozent waren – und wie viele Männer waren nicht im Krieg umgekommen! - mussten sie ja von irgendwoher neue bekommen. Das durften aber nur Leute sein, die nicht in der NSDAP gewesen waren, und dann auch noch einigermaßen intelligente, damit sie sich dann schnell einarbeiten lie-

ßen. Aber davon gab's eben unheimlich wenige, in Nietleben waren es außer mir nur noch zwei, ein Kaufmann und ein Bäcker. Und zu mir kamen sie ungefähr zweimal pro Woche und zeigten mir die Liste mit den verfügbaren Posten. Alles gab es da, nicht nur Lehrer. Da hätte ich Regierungsrat und Direktor oder sonst was werden können, so nötig brauchten sie Leute. Da meldete ich mich nun und fragte, was hättet ihr denn für mich? Und da erfuhr ich vom Neulehrer-Seminar, das überall, in 41 Orten, durchgeführt werden sollte, und für das sie stellvertretende Direktoren einstellten. Diese Stelle nahm ich dann an, und so kam ich wieder in meine Heimat, nach Naumburg, in der Nähe von Weißenfels, das etwa 30 Kilometer von Halle entfernt ist. Das war eine Menge Arbeit, so eine Art Geschäftsführung. Dort wurden alle möglichen jungen Leute in einem neunmonatigen Kurs zu ›Volkslehrern‹, später ›Neulehrern‹, ausgebildet, und ich musste organisieren. Die pädagogische Seite machte der Direktor.
Was ich organisiert habe? Alles, einfach alles, was das Seminar brauchte. Ich habe dann halt Beziehungen hergestellt zur Beschaffung von Papier, Geld, Zigaretten, Stiften undsoweiter. Zum Beispiel habe ich auch einmal Bonbons organisiert.

Da bin ich zum Stadtkommandanten, der hieß Chenktschewitz oder so ähnlich, und sagte: ›Herr Kommandant, Sie haben mir doch immer Zigaretten und Zigarrillos für unsere Männer beschafft, aber die Mädchen kriegen nie was. Haben Sie nicht ein paar Süßigkeiten?‹
Na, der grinste, und dann ließ er mir eine Kiste bringen, noch aus Lagerbeständen der Deutschen Wehrmacht. Er wolle nächste Woche selbst kommen, um zu kontrollieren, ob ich auch ausgeteilt hätte.
Nun wollte ich doch sehen, was drin war. Als ich zurück war, nahm ich die Kiste mit in mein Büro, stellte sie auf den Tisch und machte mich daran, mit der Zange die Drähte, die sie umschlossen, aufzudrehen. Ich zog vorsichtig die Nägel raus und hob den Deckel hoch. Da lag vor mir, in feines Papier eingeschlagen, ein Riesenhaufen von solchen bunten Drageebonbons. Und da konnte ich nicht anders – ich musste mir zwei Hände voll rausnehmen, die tat ich in meine Tasche. Den ganzen Krieg über hatte man doch nichts Süßes bekommen, und nun gleich so viel! Dann verschloss ich die Kiste wieder.
Am nächsten Tag sagte ich dem Direktor Bescheid und ließ zwei junge Lehrer kommen, um die Kiste öffnen zu lassen. Und als sie die Bon-

bons sahen, wollten sie gleich, wie ich, zugreifen, aber ich sagte, halt, das ist alles für die Frauen. Ihr kriegt jeder eine Handvoll fürs Aufmachen, und der Direktor und ich auch, und dann kommt sie hier in meinen Schrank. Nun ging ich durch die Klassen und holte mir ein paar Mädchen zum Verteilen. Wir wogen, wie schwer 10 Bonbons waren, und eine, die eine Rechenmaschine im Kopf hatte, rechnete aus, dass es für jedes Mädchen 31 Bonbons geben würde. Dann bekamen die Helferinnen für den Rest des Tages frei, um Tüten zu drehen und abzuzählen, und alle bekamen ihren Teil. Das war ein richtiges Fest! Das war am Freitag, und am Montag kam Chenktschewitz und ließ sich durch alle Klassen führen und erntete überall Beifall. Da grinste er, das gefiel ihm. Er war auch eigentlich ein feiner Kerl. Aber nicht alle waren so.

Die Russen hatten sich doch das mit dem Neulehrer-Kurs ausgedacht, und da gehörte dazu, dass ich immer einen Bericht schreiben musste, alle vier Wochen. Das war ein Fragebogen, so groß wie der Tisch, mit ungefähr 200 Fragen. Jedesmal dieselben Fragen zwar, aber es wechselte ja ständig im Kurs, und alles musste in Prozent ausgedrückt werden. Fragen wie: Wieviel Prozent Ihrer Schüler sind weiblich bzw. männlich? – die gingen ja noch, aber dann kamen auch solche wie: Wieviel Prozent des Lehrstoffes ist durchgenommen worden? – und zwar in jedem Fach! Wieviel davon schriftlich und mündlich undsoweiter.
Und ich hatte immer die Kopie des vorigen Berichts vor mir liegen und schrieb eben immer was anderes.
Man hätte ja in alle Klassen gehen müssen, alle Lehrer befragen, und der Bericht nahm so schon einen ganzen Tag in Anspruch.
Na, und die letzte Frage war die gemeinste von allen: Wieviel Prozent des Lehrstoffes wurden aufgenommen? – Und eines Tages ließ ich die offen.

Da wurde ich gleich am nächsten Tag zu dem zuständigen russischen Hauptmann gerufen.

Der fing an: ›Haben Sie eine Frage?‹ – ›Ja‹, sagte ich, ›warum alle vier Wochen Bericht? Warum nicht nur am Monatsende? Auf diese Weise müssen wir dreizehn Berichte im Jahr schreiben!‹
›Das ist ein organisatorisches Prinzip‹, sagte er. ›Wir machen das eben so.‹

Dann nahm er sich meinen Berichtsbogen vor und sagte: ›Warum haben Sie letzte Frage nicht beantwortet?‹
›Das geht nicht‹, antwortete ich.
›Warum? Haben Schüler nicht gelernt?‹ - ›Doch‹, sagte ich.
›Dann warum ist Frage nicht beantwortet?‹
›Na, sie ist eben offen!‹ sagte ich.

Da hat der mich eine Stunde lang ausgequetscht und wollte von mir hören, entweder, dass ich die Frage nicht beantworten konnte, und dann wäre ich geflogen, oder, dass ich nicht wollte, und dann wäre ich auf jeden Fall geflogen aber vielleicht noch woanders gelandet...
Ich wich immer aus. Schließlich sagte ich, ich habe heute noch nichts gegessen, ich kann jetzt nicht weitermachen.
Der Hauptmann sagte: ›Noch nichts gegessen, warum? Gibt es bei Ihnen kein Essen zuhause?‹
Ich schüttelte den Kopf. Na, da pfiff der auf zwei Fingern, und ein Bursche kam herein, mit dem sprach er was auf Russisch, und dann ließ er mir auftischen: Büchsengulasch und Dauerbrot aus Wehrmachtsbeständen und irgend so ein Mixgetränk aus Starkbier. Da aß und trank ich erst mal – langsam, denn ich überlegte mir dauernd, wie machst du's nur, was sagst du dem nur? Jetzt isst du ja noch, aber wenn du fertig bist, verlangt er eine Antwort!
Und dann war ich fertig, und er bot mir eine Zigarette an, die ich ablehnte, weil ich noch nie geraucht habe.
›Nix gut!‹ sagte er. ›Ein Mann muss rauchen!‹ und steckte sich eine in den Mund. Und da kam mir eine Idee. Ich nahm seine Zündholzschachtel in die Hand und fragte: ›Herr Hauptmann, seit wann haben Sie diese Schachtel?‹ ›Seit gestern,‹ sagte er verwundert. ›Warum?‹
Ich fuhr fort: ›Wieviele Zündhölzer haben Sie davon gebraucht?‹ - ›Weiß ich nicht,‹ antwortete er.
›Wissen Sie, wie viele drin waren?‹- ›Nein‹, sagte er, und ich merkte, wie er langsam hellhörig wurde. Da fragte ich noch: ›Na, wissen Sie, wie viele von denen, die Sie benutzt haben, abgebrochen sind?‹
Da nahm er mir die Schachtel aus der Hand und sagte: ›Sie haben gewonnen. Man kann das nicht beantworten, und Sie haben recht!‹
Und er schrieb hinter die offene Frage: ›Achtundvierzig Prozent‹. –
Da war ich wieder mal gerettet.

Aber da gab es nun viele junge Leute, die da studierten, von denen war nicht jeder für diesen Beruf geeignet. Manche waren auch nicht linientreu genug, oder wegen ihrer wenn auch noch so harmlosen politischen Vergangenheit verdächtig. Da habe ich dann viele, die entlassen werden sollten, gewarnt oder zu halten versucht. Habe die Personalbogen, die von der SED-Zentrale schon verworfen waren, noch mal neu ausgefüllt zurückgeschickt und hier und da von den Betroffenen was ändern lassen, wenn sie zum Beispiel in der HJ gewesen waren oder so. Na, diese Manipulationen wurden mit der Zeit immer häufiger und für mich gefährlich. Aber für fast alle unsere Studierenden war ja der Neulehrerkurs die Existenzgrundlage, da konnte man doch nicht einfach gnadenlos entlassen. Auch der Bruder meiner lieben Ruth kam später so zur Lehrerausbildung. Vorher hatte er als Maurer gearbeitet, weil er zu der Zeit, als er in Friedenszeiten eine Lehre gemacht hätte, in den Krieg ziehen musste.«

Mutter nickte und sprach dann: »Ja, aber zuerst ging ich nach Naumburg. Kurt war ja da beschäftigt und konnte kaum noch nach Halle zu Besuch kommen. Und da schrieb er mir: ›Du musst unbedingt kommen, ich halte es nicht mehr aus, so allein!‹
Natürlich wollte ich Vati und Erik nicht gern allein lassen. Aber Vati war arbeitslos, und da war es ja denn doch gut, wenn ein Esser weniger im Haus war. Erik hatte ja dann die Maurerlehre angefangen – mit 23 Jahren! Und Vati hat dann für ihn gekocht und gewaschen und ihn versorgt.

Zuerst war ich ja gar nicht so begeistert von Kurt. Einmal, das war noch im Krieg, da begleitete er mich irgendwohin, und als die Straßenbahn kam, stiegen wir ein, ich ging schnell nach vorn durch, während er bezahlte, und stieg auf der anderen Seite wieder aus. Naja, mein Ideal war eben damals groß, blond, mit blauen Augen. Das hatte man uns ja jahrelang eingehämmert. Und Kurt war ja das genaue Gegenteil: klein, stämmig, mit dunklen Lockenhaaren und graubraunen Augen.
Aber als ich dann aus der Verschleppung zurückkam und hörte, wie er sich um Vati gekümmert hatte, und wie er uns dann immer noch half – das hat mich dann doch beeindruckt.
Es war halt, weil man in der Zeit froh war, jemanden zu haben, auf den man sich verlassen konnte. Und er war damals unser einziger Freund.

So heirateten wir also, und ich war erst mal versorgt. Was mir an Kurt ja sehr gefiel, war, dass er immer Lieder und Gedichte machte und auch Märchen schrieb. Er hatte vor, einen Märchengarten aufzumachen, und damals bekamen wir dann den alten Friedhof in Nord-Halle angewiesen von der Stadtverwaltung, denn Kurt wollte in Naumburg aufhören.
Aber nun gab es ja kein Material. Da ist er ins Erzgebirge gefahren, um Holz zu organisieren. Was hat er alles unternommen! Schreibmaschinenpapier hat er mitgenommen und gegen Holz eingetauscht. Er kam ja an allerhand dran als stellvertretender Direktor am Neulehrerseminar. Und dann hatten wir auch schon allerhand beisammen für den Märchengarten.«

»Ja,« knüpfte der Märchendichter hier an – »es wurde Zeit, denn allmählich wurde es für mich immer schwieriger in meiner Stellung als stellvertretender Direktor. Es war nämlich so, dass ich einem Funktionär der SED mal energisch die Meinung gesagt hatte, der bei uns sogenannte Schulungsveranstaltungen für die jungen Lehrer machen wollte. Ich sagte zu ihm, ihr wollt hier einen kommunistischen Laden aufmachen. Bei uns kann aber jeder aufgenommen werden, gleich, in welcher Partei er ist, oder wie seine Gesinnung ist. Zu der Zeit waren ja noch alle vier Parteien tätig.
›Das hier ist eine überparteiliche Bildungseinrichtung‹, sagte ich ihm, ›und jede Parteilichkeit muss aus unserem Programm herausgehalten werden!‹
Und das hatte der mir übelgenommen und bestimmt auch gemeldet an die Parteizentrale.
Na, und weil die Zeit abzusehen war, in der ich in Konflikt kommen würde, sah ich mich eben nach was anderem um. Ging überall mit meiner Thüringer Waldzither unterm Arm hin, um vorzuspielen. Und wenn mich ein Bekannter sah und auf das Futteral zeigte und fragte, was hast'n da, sagte ich, 'ne Panzerfaust!
Unter anderem bewarb ich mich auch beim Volksbildungsamt, Abteilung ›Werk der Jugend‹ in Halle, und da wurde ich dann auch angestellt – auf Honorar, damals gab es ja nirgends feste Anstellungen für so was. Da sollte ich in den Schulen mit den Kindern Freizeitgestaltung machen, basteln, singen, Theater spielen undsoweiter.

Da fing ich also im Frühsommer an zu arbeiten, im Juni zogen wir nach Halle zur Untermiete. Das war im Juni siebenundvierzig.
Ich wollte in Halle auf dem Friedhofsgrundstück, was wir zugeteilt bekamen, schon damals einen Märchengarten aufmachen. Bis das aber akut wurde, arbeiteten wir mit zwölf großen Mädchen, alle so etwa 14 bis 16 Jahre alt, die waren uns vom Arbeitsamt zugeteilt worden. Wir, Ruth und ich, lehrten sie Musik machen und basteln und Theater spielen, damit auch sie beim ›Werk der Jugend‹ als ›Freizeitlehrerin‹ eingesetzt werden konnten. Mit denen haben wir dann meine Märchenspiele einstudiert und Reigen und Lieder. Die haben wir dann in Sälen aufgeführt, und die Zwölf waren auch alle so goldrichtig, das hatte großen Erfolg.
Ruth und ich machten auch Märchennachmittage in verschiedenen Schulsälen. Ich hatte damals nämlich schon die ›Zauberbücher‹ erfunden, die meine Märchenerzählungen illustrierten. Zwar waren diese ersten Zauberbücher klein gegenüber den späteren, aber man klappte sie auf und stellte sie auf den Tisch, und da war eben das Schloss, oder eine silberne Brücke, oder etwas anderes, von dem grade erzählt wurde.
Und die Kinder strömten zu jeder Vorstellung herbei, und am Schluss stürmten sie immer die Bühne und wollten mitmachen. Und wir spielten auch mit Kindern Theater, Stücke, die ich selbst für sie schrieb.
Diese Kinder, die dann eine mehr oder weniger feste Gruppe bildeten, die führten mich dann auf den Kinderfriedhof von Burg Giebichenstein. Das ist doch die alte Burg von Halle, die auf einem Berg liegt, der war ganz von Dickicht umgeben. Sie sagten zu mir: ›Onkel Kurt, komm doch mal mit, wir wollen dir was zeigen!‹

Da sah ich es dann, an einem ganz versteckten Ort hinter der Burg, den nur diese kleinen Mädchen beim Spielen ungewollt gefunden hatten: Russische Soldaten hatten da Gräben ausgehoben, metertief... Zu dieser Zeit wusste noch niemand, wahrscheinlich noch nicht mal die betroffenen Familien selbst, dass in Halle etwa 3000 Kinder an Ruhr und Hungertyphus gestorben waren, und das unter den Augen der russischen Besatzungsmacht, die nichts dagegen unternahm. In Fällen, wo die Seuche festgestellt worden war, kam das Kind nur in ein bestimmtes Krankenhaus, und den Eltern wurde später nur ein

nichtssagender Totenschein ausgestellt. Sie erfuhren dabei von amtlicher Seite, ihre Kinder seien an dem und dem Tag beerdigt worden, aber nicht, an welchem Ort.
Den Ort sehe ich noch vor mir: die langen Gräben, vollgeschichtet mit Kindersärgen aus grobem Holz, ich glaube, es waren drei Reihen übereinander, dicht an dicht. So wurden sie dort von den Russen verscharrt, an geheimem Ort.

Das hat mich dann zu dem Gedicht ›Die Kindergräber von Giebichenstein‹ veranlasst (s. Anhang), eins von denen, die ich den Lehrern in den Schulen, an denen ich arbeitete, heimlich unterschob, und in dem schilderte ich alles, was ich inzwischen durch herumfragen erfahren hatte, und was von den Russen so sorgfältig vertuscht worden war.

Ja, es gab noch viele, schlimmere Greueltaten, die die Russen während der Besatzungszeit auf dem Gewissen hatten. Kurz nachdem sie nach Kriegsende nach Halle gekommen waren, hatten russische Soldaten eines Nachts in einem Haus eine Frau vergewaltigt, hatten ihr die Kleider vom Leib gerissen und sie nach draußen geschleppt, wo sie sie auf die Spitzen des eisernen Zaunes spießten. Am nächsten Morgen hing der Körper da, Oberkörper auf der Straße, Beine in den Garten, und die Menschen flohen entsetzt. Alle hatten Angst; sie hätten auch nichts verhindern können, obwohl die Nachbarn es praktisch mit ansehen mussten. Jeder war ja froh, wenn er die eigene Haut retten konnte, bei den Zuständen!
Ich kam da vorbei und ging in das Haus und suchte, und da fand ich so eine schwere Sofadecke, damit deckte ich die Leiche zu. ----

Naja, dann waren schon bald Sommerferien. Und da war ein Kollege von mir plötzlich verschwunden. Und als er später wiederkam, sagte ich zu ihm: ›Du riechst recht nach Hering, du warst wohl im Westen?‹
Da lächelte der und nickte. Er hatte von drüben einen großen Eimer Heringe mitgebracht, und davon lebten die nun. Bei uns gab's ja nichts zu ›fressen‹. Ich bekam pro Woche eine Zuteilung von 50 Gramm Butter. Und Ruth, weil sie Frau war, überhaupt nichts. Und das Brot, was man zu kaufen kriegte, war nur gebackener Mehlschlamm, mehr Wasser als Mehl. Aber du, als Säugling, sowie du ge-

boren warst, hattest eine Zuteilung von 150 Gramm Butter und 10 Kilo Kartoffeln! Davon haben wir dann die Hälfte meinem Vater in Teuchern gegeben, der nagte auch am Hungertuch.

Und als der Kollege nun im Westen gewesen war, kam mir eine Idee, und ich sagte zu Ruth: ›Ich will auch mal rüber und mich umsehen, vielleicht finden wir irgendwo was Besseres als hier.‹ Und da war die auch gleich einverstanden.
Sie ging dann in der Zeit, in der ich weg war, mit dir nach Dölau zu Erik. Der hatte da schon die Christa geheiratet, und sie lebten im alten ›Hexenhaus‹ zusammen. Vater Mehnert war inzwischen schon im Westen, denn er konnte in der SBZ ja nicht arbeiten.

So fuhr ich in Richtung Süden, Naumburg, Freiburg, viele Orte in Württemberg. Da brauchte man jedes Mal eine Genehmigung, um von einer Stadt zur anderen zu fahren. Da habe ich mich dann umgesehen.

Als ich dann wieder zurück war, eine halbe Woche vor Ende der Ferien, ging ich zum Vorstand des Jugendwerkes und fragte den: ›Soll ich so weitermachen wie bisher? Könnt ihr mich gebrauchen?‹
Und der antwortete: ›Ja, bis Ende des Jahres. Das wird alles aufgelöst, die Russen wollen das nicht mehr.‹

Da ging ich eben wieder in die Schulen, spielte und sang mit den Kindern. Ich hatte ja einen Kunstschein und hatte Zutritt zu allen Schulen. Ruth blieb nun allerdings meistens zuhause, weil du ja gerade geboren warst. Das war im September 1948. Und da geschah etwas Entscheidendes.

Eines Tages kam ich mittags nach Hause, wir wohnten in der August-Bebel-Straße. Da standen zwei Volkspolizisten an der Tür und suchten die Klingelschilder ab, die rechts und links an der Tür waren. In dem großen Haus wohnten ja viele Leute.
Und als ich vor die Tür kam, fragten sie mich: ›Wissen Sie, wo Klee wohnt? Der hat gar kein Schild.‹
Und ich sagte, ja, das ist, weil er bei Frau Ehrke zur Untermiete wohnt.
– Mir schwante nämlich schon was.

Da klingelten sie bei Ehrke, da stand ja dran ›Klee 3x klingeln‹, und ich ging mit rauf und eine Treppe höher, und verhielt mich ganz still. Und ich hörte, wie Frau Ehrke die Tür aufmachte und sagte: ›Klee? Ja, die wohnen hier, aber er ist nicht da, der arbeitet in der Schule, und sie ist mal weggegangen, ich weiß nicht, wohin.‹
Und die Vopos sagten: ›Sagen sie ihm bitte, er möchte bis heute abend um sechs mal in die Luisenstraße 13 kommen. Der Pförtner weiß bescheid.‹
Dann gingen sie weg, und ich ging runter in die Wohnung, und Frau Ehrke sagte zu mir: ›Da sind Sie ja, sind Sie nicht den Vopos begegnet?‹ - ›Welchen Vopos,‹ fragte ich. Und sie erzählte mir, wer nach mir gefragt hatte, und dass ich in die Luisenstraße dreizehn kommen sollte.
Ruth war noch nicht da und ich wartete, und nach kurzer Zeit kam ein Junge an, der einen Brief vom Rektor Seitzel brachte. Der war Rektor an einer meiner Schulen, und wir kannten uns schon von vor dem Krieg, weil wir beide im ›Reichsbanner Schwarz-Rot-Gold‹ gewesen waren, eine Widerstandsorganisation gegen die Nazis. In dem Brief stand, ich sollte so schnell wie möglich mal zu ihm kommen. Er wohnte nicht weit, und so ging ich inzwischen hin.
Er ließ mich gleich reinkommen und sagte zu mir: ›Herr Klee, sehen Sie hier dieses Gedicht: Ist das von Ihnen?‹ - ›Zeigen Sie mal her,‹ sagte ich. Und es war von mir. Es war eines von denen, die ich überall den Lehrern in die Mappen, Schränke oder Jacken gesteckt hatte. Ich hab vergessen, welches es war, aber sie waren alle gegen die Zustände unter der russischen Besatzungsmacht gerichtet (s. Anhang).

Und ich gab es ihm wortlos zurück, und er sagte: ›Wenn Sie nichts sagen, weiß ich, dass es von Ihnen ist. Ich gebe Ihnen einen guten Rat, Herr Klee: Hau'n Sie ab!‹ Na, da war ich gewarnt.

Und ich ging schnell wieder nach Hause. Dann kam Ruth und klingelte auch dreimal, und ich ging runter und trug den Kinderwagen mit nach oben, und dann, in der Stube, fragte ich sie: ›Sag mal, weißt du, was Luisenstraße 13 ist? Ich kenn mich doch in Halle nicht so aus.‹
Und sie nickte und sagte: ›Da musste doch die Gerda Schell hin. Zwölfmal haben sie sie nachts geholt und vernommen, und jedes Mal ging ihre Mutter mit, weil sie dachten, sie würden sie dort behalten. Aber dann mussten sie sie doch laufen lassen.‹

Gerda Schell war Freundin von Ruth und Gestapo-Sekretärin gewesen. Da wusste ich Bescheid.
Als ich Ruth nun erzählt hatte, ich sollte mich melden undsoweiter, da meinte sie, ja was sollen wir denn da jetzt machen?
›Abhauen!‹ sagte ich, ›Sofort!‹
›Aber wie machen wir das denn so schnell?‹ fragte sie weiter.
›Wir müssen alles hierlassen,‹ sagte ich. ›Du packst das Nötigste in den Kinderwagen, die Federbetten in den Seesack. Ich nehme meine Aktentasche, und die Waldzither nehm ich auch. Die Märchenbücher und Geschichten tun wir unten in den Kinderwagen. Dann nimmst du noch die Einkaufstasche und deine Handtasche, und das ist alles. Ich gehe jetzt zum Bahnhof und versuche, deinen Vater und Erik anzurufen. Auf dem Weg will ich mal sehen, ob ich noch was von unseren Sachen verkaufen kann.‹

Na, der Erik und die Christa sagten gleich, wir kommen mit und begleiten euch bis Berlin und helfen euch mit dem Gepäck. Und als ich die Fahrkarten hatte, ging ich zum SED-Zentralbüro, da saß mein Freund Brenner von der SPD in der Verwaltung. Und ich ging zu ihm und sagte, Kurt, ich haue ab. Der sagte gleich, ich auch, aber erst später. Was willste denn?
Ich fragte ihn, ob die Partei vielleicht meine Sachen brauchen könnte, einen Schreibtisch, Schreibtischstuhl, eine Kommode und eine Schreibmaschine. Da nahm er mich mit runter zur Materialsammelstelle, und die sagten, na klar, und wann sie's holen könnten.
›Jederzeit,‹ sagte ich. ›Am besten gleich.‹
Da forderten sie per Telefon so einen Eintonner an, einen kleinen Lastwagen, und ich fuhr mit in die August-Bebel-Straße, und sie holten das Zeug ab. Da habe ich noch etwa 600 Ostmark dafür gekriegt.
Und um sechs Uhr abends, zu der Zeit, als ich mich in der Luisenstraße hätte melden sollen, saßen wir schon im Zug und fuhren auf Berlin zu.
Der Zug war überfüllt, und es gab keine Kontrollen. Auch nicht in der S-Bahn vom Ost- in den Westsektor.
Am Bahnhof Zoo stiegen wir aus. Viel Verkehr gab es da, und wir wollten erst mit der Elektrischen fahren, ich hatte im SPD-Flüchtlingsbüro angerufen und mir den Weg beschreiben lassen. Aber das wäre so umständlich gewesen, und Taxi war zu teuer. Ich sagte, lau-

fen wir eben 'ne halbe Stunde. Und plötzlich kam ein Mann mit Pferd und so einem Zweiradkarren vorbei, der hatte nur eine Platte geladen. Den fragte ich: ›Sie! Wo fahr'n Sie hin?‹ –
So kamen wir zur Flüchtlingsstelle. Ein Riesengebäude. Weißt du, was das war? Das Stabsquartier des Führers! Völlig unzerstört, eine Art Bunker. Unten drin eine Küche, groß wie ein Tanzsaal, gekachelt, mit drei riesigen Herden, und die hatten ständig Gas – in dieser Zeit der Rationierung wo jeder nur ein paar Stunden am Tag Gas bekam, da konnten die jederzeit kochen, und elektrisches Licht hatten sie auch. Der Hausmeister hatte da eine Kammer mit Vorräten entdeckt, die stammten noch aus der Kriegszeit. Die kannte nur er, und da gab er dann immer den Flüchtlingen davon: Konservenbüchsen mit Fleisch und Gemüse, getrocknete Kartoffelschnitzel und Zucker und Salz. Da konnten wir kochen.
Und dann gab es da eine Menge Zimmer, eins neben dem andern, jedes mit einem doppelstöckigen Bett. Da hatten Hitlers Offiziere, seine Leibwache, geschlafen. In so ein Zimmer zogen wir jetzt ein.
Und Erik und Christa waren wieder nach Halle zurückgefahren.

Dann, nach drei Wochen, war es soweit, dass wir ausgeflogen werden sollten in die Westzone. Berlin war ja die Insel der Alliierten, umgeben von der Sowjetischen Besatzungszone, da konnte man nur fliegen. Bei uns war noch ein Ehepaar, das hatte auch im ehemaligen Stabsquartier gewohnt, und zuerst wurde ich mit dem Mann transportiert, dann sollte Ruth mit unserem Säugling – also mit dir - und der Frau zusammen fliegen. Es ging alles gut, aber als Ruth auf dem Flughafen war, durfte sie auf einmal nicht fliegen, weil das Kind, also du, nicht mit angemeldet war. Da musste sie noch eine Woche in Berlin bleiben, bis das alles geregelt war.

Dann waren wir alle drei in Hannover wieder vereint. Warum Hannover – ich wollte da anfangen, wo die SPD saß, weil ich wusste, dass ich dort Hilfe finden würde. Die hatte da ja auch eine Flüchtlingsaufnahmestelle, da ging ich dann hin und zeigte meinen Parteiausweis. Und der Angestellte, ein älterer, würdiger Herr, sagte: bitte, nehmen Sie Platz! Und dann ging er mit meinem Ausweis weg, und ich wartete.
Nach einer Weile kam er wieder und sagte, ich sollte mitkommen.
›Wo ist denn nun mein Ausweis?‹ fragte ich.

Dort oben, deutete er die Treppe rauf, da gehen wir jetzt hin. – Die machten doch ziemlich strenge Kontrollen, wenn da einer kam und sich als Mitglied ausgab, denn manchmal schickte die SED ja Spitzel. Er ließ mich also in ein großes Büro eintreten, darin stand nur ein Schreibtisch, und daran saß einer, der las in der Zeitung und war ganz dahinter verborgen.
›Guten Tag!‹ sagte ich und blieb stehen. Da lugte links vom Zeitungsrand ein Auge vorbei, und dann sah ich es schon an der Glatze, das war.... ›Kurt!‹ rief ich, ›Ja, was machst du denn hier?!‹
Mein alter Freund Brenner, der gesagt hatte, er wolle noch eine Weile drüben bleiben! Und nun war er eher da als ich und saß schon wieder hinter einem Schreibtisch!
Wir fielen uns in die Arme, und ich war von allen weiteren Kontrollen entbunden.

So kamen wir also in den Westen. Die Maschen des Eisernen Vorhanges waren damals noch weit genug zum Durchschlüpfen. Trotzdem waren wir nicht aus allem Schlamassel raus, die Schwierigkeiten fingen gewissermaßen erst richtig an. Und es war ein großes Glück, dass wir uns das mit den Märchenspielen und Liedern schon erarbeitet hatten, Ruth und ich. Das hat uns in der Nachkriegszeit gerettet. Alles hat deine Mutter mitgetragen und mitgemacht – sie war eine Ruth wie die in der Bibel. Und all das, was ich später gemacht habe, war nur möglich, weil sie es auch wollte. Ihr verdanke ich das alles«, endete er.

Lange schwiegen wir. --- Es war dunkel geworden. Mutter machte Licht.
»Das alles wusste ich nicht«, sagte ich bewegt.
»Aber du sprachst am Anfang von zwei Frauen – wer war denn die andere? War es deine erste Ehefrau?«
»Oh nein!« er schüttelte den Kopf. »Das erzähle ich dir morgen. Für heute ist es genug!«
Ja, es hatte ihn angestrengt, ich sah es nun. –

Am nächsten Morgen sagte er zu mir: »Hier hast du fünf Mark. Geh runter ins Dorf zum Schreibwarenladen und kauf mir zehn große Schulhefte. Ich habe mir heut nacht überlegt, dass ich am besten alles Weitere aufschreibe, was du wissen willst. Denn es ist eine lange Geschichte, und du kannst nicht so lange bleiben, um sie ganz zu hören.«

So geschah es dann; aber es hat dann noch fast ein Jahr gedauert. Als ich zu Pfingsten 1974 wieder mal da war, übergab er mir tatsächlich die zehn Hefte, jede Seite vollgeschrieben mit seiner kühnen, schrägen Handschrift. Und so begann das erste Heft:

»DIE GOLDENE ZEIT

Schnee in der Hochzeitskutsche

Einst haben zwei Mutteraugen den Lenz geschaut, und das Grünen, Blühen und Duften tief in das Herz eines Knäbleins versenkt. Darum ward er ein Gärtner.
Der Gärtner säte und pflanzte und erlebte die Rätsel der Natur; da ward er ein Denker.
Der Mensch, der Gärtner und Denker ist, weiß um die Dinge, die da wachsen in der Erde und im Geiste. Alles fängt einmal winzig klein, ja unsichtbar an. Alles ist irgendwann einmal Same gewesen, auch geistiger Same.
Und um das anderen Menschen zu sagen, wurde der Gärtner und Denker zum Dichter ….

Meine Mutter war Dienstmädchen in einer Bäckerei. Früh um 6 Uhr fing für Lieschen – ihr richtiger Name war Elisabeth, aber alle nannten sie Lieschen – der Arbeitstag an. Um sieben ging sie Brötchen austragen, frische, knusprige Brötchen. Die Leute hängten seinerzeit einfach einen Beutel außen an ihre Türklinke, und Lieschen legte die Anzahl Brötchen hinein, die immer gleich blieb.
Zuerst wollte sie nur ein Jahr dienen, dann wurden zwei, dann drei daraus. Die Bäckersfrau war mit ihr sehr zufrieden. Und wenn am Abend der Laden geschlossen wurde und Lieschen mit dem Putzzeug anrückte, klagte die Frau: ›Lieschen, heirate mal ja keinen Bäcker! Was denkst du, wie jeden Abend meine Beine schmerzen! Den ganzen Tag im Laden stehn, das ist schlimm! Früher musste ich auch deine Arbeit noch mit machen. Na, hoffentlich geht's dir mal besser!‹
Im dritten Dienstjahr konnte Lieschen an einem Tanzkurs in Weißenfels teilnehmen. Sie war auch Mitglied im Gesangverein ›Liederkranz‹. Tanzen und Singen, das waren in jener Zeit so wichtige Unterhaltungsmittel wie heute Kino und Schallplatten. Überall wurden die Tanzbeine schon frühzeitig geschwungen. Kaum waren die Mädchen aus der Schule, lehrten ältere Mädchen sie schon die ersten Schritte des Walzers, des Rheinländers und der Polka und der anderen alten

Tänze. Da war Bewegung drin, obwohl die Jugend damals bei der Arbeit schon genug springen musste.
Im Tanzkurs tanzten dann vor allem zwei Brüder, zwei flotte Tänzer, mit Lieschen. Der eine war groß, blond und kräftig, der andere kleiner, dunkel und schmächtig. Beide waren von Beruf Bäcker – und den Kleineren hat sie später geheiratet.

Sie heirateten am 8. April 1905. ›In meine Hochzeitskutsche hat's geschneit!‹ erzählte Lieschen uns Kindern oft; wir wussten nicht, was sie damit meinte. Aber drei Wochen nach der Hochzeit schenkte sie dem ersten Schreihals das Leben. – Die Kutsche hatte Lieschens Vater für sie bestellt, ihr Mann hatte dafür kein Geld übrig, denn er hatte in die junge Familie viel investieren müssen.
Ich wurde als zweiter Sohn geboren. An mir aber hat Lieschen weniger Spaß gehabt als an Artur, meinem älteren Bruder. Die ersten zwei Jahre war ich zumeist krank und sah oft blau oder violett aus. Der Arzt vermutete, dass etwas mit dem Kreislauf oder dem Herzen nicht stimmte. Aber was konnte man damals schon tun? Manchmal soll ich auch ganz rot ausgesehen haben, so dass Schwager Otto, der einmal zu Besuch kam, sagte: ›Passt auf, ihr beiden – das wird mal ein Roter!‹
Und sie lachten über diesen Scherz, denn er und mein Vater waren beide junge Sozialdemokraten.

Acht Kinder gebar Lieschen in ihrer Ehe, alle lebend, keines starb, obwohl die Kindersterblichkeit am Anfang des Jahrhunderts groß war. Ich wäre vielleicht ein Kandidat dafür gewesen, doch Lieschen brachte mich durch.
Außer den üblichen Kinderkrankheiten hatte ich auch noch viel Pech und zog mir zahlreiche Verletzungen zu, besonders am Kopf, so dass es schon wieder Glück genannt werden kann, dass ich noch lebe.

Zu jener Zeit, als ich geboren war, muss wohl für die Familie eine gute Zeit gewesen sein, denn wir ersten Kinder hörten die Mutter Tag um Tag immer singen. Sie war eben ein fröhlicher Mensch, und sie ging nach den Geburten immer wieder zu den Singstunden des Gesangvereins. Eine Bäckersfrau musste alles können – Lieschen konnte obendrein noch singen und erzählen. Ob ich sie wohl schon zu der

Zeit, als sie mich unter ihrem Herzen trug, singen gehört habe? Oft fühle ich dunkel, wie Klänge aus fernen Zeiten an mich herangespült werden, und früh lernte ich die Lieder der Mutter, die mir noch heute im Ohr klingen. Das war eine goldene Zeit für uns. Sie dauerte nicht lange.

Als der erste Weltkrieg kam, 1914, wurde es still im Weißenfelser Haus. Ich ging schon zur Schule, als eines Tages der Vater den Befehl zur Ausbildung für den Kriegsdienst erhielt. Und ein paar Monate danach hörten wir Kinder plötzlich die Mutter laut weinen. Da hatte sie mit der Post eine Karte bekommen, die der Vater ihr schrieb, und er teilte ihr mit, dass er drei Tage auf Urlaub käme und dann nach Russland in den Krieg ziehen sollte.
Er kam - und neun Monate, nachdem er fortgezogen war, kam das siebte Kind, Gertrud, zur Welt. Dann aber wurden dem geplagten Lieschen fünf kinderlose Jahre geschenkt.

Wir Kinder vermissten den Vater nicht. Als der Krieg im November 1918 zu Ende war und er Weihnachten schon wieder zuhause, mussten wir die Mutter mit ihm teilen.

Es kamen auch Dinge vor, die wir nicht verstanden als Kinder. Einmal war abends eine fremde Frau gekommen und Lieschen hatte auf dem Herd einen großen Topf mit Wasser stehen. Am nächsten Morgen wunderten wir uns, dass die große Zinkbadewanne im Flur und nicht im Waschhaus stand. Und die Mutter lag auf der Chaiselongue, nicht im Bett. Aber wir fragten nicht.
Ein anderes Mal fuhren die Eltern beide nach Leipzig. Danach lag sie einige Tage krank und den Haushalt versorgte eine Nachbarin.- Doch eines Tages im Mai hörte man unten in der Wohnküche etwas quäken. Da hatte keine fremde Frau, kein Leipzig geholfen: Da war Bruder Herbert als achtes Kind zur Welt gekommen. Und dann zog die ganze Familie um nach Teuchern, wo der Vater eine Bäckerei übernehmen konnte.
Oft hat Lieschen uns aus ihrer Jugendzeit erzählt, und immer wieder sagte sie seufzend: ›In meine Hochzeitskutsche hat's geschneit!‹
Wir wussten es doch, warum sagte sie es immer wieder? Ihr Gesicht verfinsterte sich dabei, und wir wagten nicht zu fragen. Alte Leute,

die ich danach fragte, hörten sich das aufmerksam an, aber schweigend winkten sie ab. Eine Antwort gab dem heranwachsenden Jungen niemand. Was für ein Aberglaube war das bloß? Glaubten sie vielleicht, dass das Aprilwetter mit Schnee, Hagel, Regen, Sonne und Wind schon eine Vorhersage des Lebens der Braut sein könnte? Aber was wusste ich schon vom Leben...

Der jüngste Bruder hatte jahrelang kein Kindergesicht. Er trug ins Gesicht eingezeichnet all das Leid einer Mutter und einer Zeit, die schwere Blutopfer und Seelenqualen gekostet hatte. Darum wurde er verwöhnt, zuerst vom Vater; dann, als er doch zu einem hübschen, blondköpfigen Jungen geworden war, auch in der Schule, von den Lehrern. Und die Mutter hatte unter seinen Launen zu leiden. Aber sie klagte nie, weder über ihren Mann, noch über den Sohn.
Nur einmal – ich arbeitete schon in der Papierfabrik – weinte sie, als ich heimkam: der Kleine hatte sie gar zu sehr gepeinigt!
Da nahm ich den Jungen – 14 Jahre lagen zwischen uns – auf beide Arme und trug ihn hinaus bis zum Bach, der vor dem Haus in einem tiefen Graben entlang der Straße floss. Langsam setzte ich ihn dort mit dem Hintern ins kalte Wasser und ließ ihn sitzen und brüllen.
›Wenn du so weitermachst – das nächste Mal mit dem Kopf zuerst!‹ rief ich ihm zu. Und – das hat längere Zeit angehalten.

So erzogen die Großen die Kleinen. Aber wir lernten auch im Guten von einander, musizierten zusammen und sangen mit der Mutter deren Lieder.
Wenn aber Weihnachten nahte, da saßen wir alle beisammen in der großen Wohnküche, und Lieschen erzählte Geschichten und Märchen. Dann wurden in der Ofenröhre des Kachelofens Äpfel gebraten, und der Duft durchzog das ganze Haus. Die Adventabende waren voller Gemüt, und wir hielten stundenlang im Dämmerschein der Kerzen aus. Gibt es das heute noch?
Mit Malen und Basteln vergingen die längsten und trostlosesten Winter. Es gab damals, in meiner Kindheit, nur die eigene Familie zum Zeitvertreib. Gewiss, es wurde auch viel ›geschusselt‹ auf vereisten Wegen und auch Schlitten gefahren, doch ein Schlitten aus einem Eisengestell mit einem Brett darauf reichte ja nur für zwei Kinder. Und wer kei-

ne richtigen Winterschuhe hatte, konnte kaum ins Freie, denn in den Wintern meiner Kindheit lag der Schnee jedes Jahr einen Meter hoch und blieb oft bis in den März hinein liegen. Das änderte sich erst Anfang der Zwanziger Jahre, seitdem ist das Wetter wechselhafter, seitdem gibt es auch die herrlichen langen Sommer nicht mehr. Aber es ist ja alles anders geworden, nicht nur die Jahreszeiten. –

Die Menschen waren damals arm, aber nicht arm im Geiste, denn sie wussten sich zu helfen. In den Jahren des I. Weltkriegs gab es einmal eine Sonderzuteilung an Winterstrümpfen, für jedes Kind ein Paar. Mutter musste im Geschäft anschreiben lassen, sie erhielt ja nur 50 Mark Kriegsunterstützung für die ganze Familie. Also, wir besaßen wieder einmal schöne dicke und lange Strümpfe.
›Nicht gleich waschen, die Strümpfe!‹ hatte die Inhaberin des Geschäfts gesagt. Das war Lieschen gerade recht; sowieso gab es zum Waschen nur Tonseife, und das Waschen und Trocknen war mühsam. Als aber der Frühling kam, nahm uns Lieschen die inzwischen hart gewordenen Strümpfe weg und wusch sie. Sie wurden mit anderen Wollsachen in einen Riesenzuber auf dem Herd getan, zusammen mit Wasser und Seife erwärmt und mit einem Stock umgerührt. Nach einiger Zeit nahm Mutter die Wollsachen heraus, aber – großer Gott! – wo waren die Strümpfe? Nichts mehr vorhanden, völlig aufgelöst – es war Wolle aus Papier gewesen. Echte Wolle gab es ja kaum. Aber man hatte sich etwas einfallen lassen. Bei allem mussten wir uns etwas einfallen lassen – und das schulte mich schon früh.
Das Kinderzimmer war groß und eiskalt. Lieschen sprach zu uns Kindern: ›Hinten im Hof stehen Backsteine aufgeschichtet. Holt euch ein paar herein und legt sie in die Backröhre. Wenn sie warm sind, nehmt ihr sie mit ins Bett!‹
Artur und ich gingen hinaus. Die Steine waren vom Eis zusammengefroren. Nur ganz unten, wo kein Schnee hinkam, waren sie noch locker. Da zogen wir ruckend und fluchend ein halbes Dutzend heraus, und – juchhei! – wir hatten Wärmsteine!
Als dann das Tauwetter kam, senkte sich der Steinehaufen recht bedenklich und wir nannten ihn ›Der schiefe Turm von Pisa‹. Wir wussten, wie das kam, doch der, dem die Steine gehörten, hatte keine Ahnung. Trotzdem beschuldigte er uns, als der ganze Haufen eines Tages umfiel, ihn umgestoßen zu haben. Daran fühlten wir uns zwar un-

schuldig, aber wir halfen dem Nachbarn, die Steine wieder aufzuschichten. Nur die, die wir in der Wohnung hatten, die blieben auch drin, denn der nächste Winter war mit Sicherheit wieder kalt, und Wärmflaschen gab es nicht in den Kriegsjahren.

Märchenheft und Kriegsgeschrei

Inzwischen war es wieder einmal Weihnachten geworden, ich war gerade erst sieben Jahre, und wir gingen zu einer Weihnachtsfeier, die die Bäckerinnung veranstaltete. Es wurde gesungen und geredet, Gedichte aufgesagt und Theater gespielt. Zuletzt wurden die Gaben verteilt. Jedes Kind durfte zur Bühne kommen und holte sich sein Geschenk ab. Was gab es da nicht alles! Baukästen und Puppen, Musikinstrumente und Bücher, Trommeln, Holzsäbel und -gewehre.
Unter uns war ein Junge, der hieß mit Nachnamen Kaiser. Der bekam einen Helm, eine glänzende Küraße, man sagte damals Panzer dazu, und einen langen ›Schleppsäbel‹. Hei, wie funkelte alles an ihm, er musste ein paar Mal über die Bühne marschieren, die Musikkapelle spielte, und die Leute klatschten im Takt. – Das war der Höhepunkt gewesen, der letzte Beschenkte trat ab.
Und dann kam ich. Für mich war aber nichts mehr da, es waren mehr Kinder mitgebracht worden, als angemeldet waren. Nur noch ein dünnes Heftchen, das wahrscheinlich als Zugabe dienen sollte, war liegengeblieben. Ein Groschenheft mit Märchen war's: ›Märchen aus aller Welt‹ stand darauf, das bekam ich nun. Da waren die Schenkenden verlegen, doch der Innungsmeister rettete die Situation und zog seine Geldbörse: ›Damit du auch was Schönes bekommst, kriegst du von mir noch ein Geldstück.‹

Der kleine, silberne Fünfziger glänzte in meiner Hand – nie hatte ich soviel Geld besessen! Und ich sagte: ›Danke, Herr Innungsmeister!‹ und machte einen Diener, so tief ich nur konnte.
Und dann war es zu Ende, und alle gingen nach Hause.

Draußen stolzierte an den Weihnachtsfeiertagen Walter Kaiser mit Helm, Küraße und Schleppsäbel auf der Straße herum, andere Kinder kamen mit Trommeln und Pfeifen, auch ein ›Fähnrich‹ fand sich ein.
Ich aber las immer wieder in meinem Groschenheft die Märchen aus aller Welt. Für meinen Fünfziger kaufte ich mir noch fünf Hefte, und auf einmal besaß ich ein ganzes Reich für mich allein. Ein Märchen-

reich, vom Gläsernen Berg weit im Norden bis zum verzauberten Meer tief im Süden. Auf Riesenvögeln flog ich von Land zu Land, und in Siebenmeilenstiefeln entkam ich drohendem Unheil.

Die da draußen aber marschierten immer nur auf dem kleinen Stückchen Straße umher, dem ›Kaiser‹ hinterher, der bald eine kleine Streitmacht besaß, die sich selber Säbel aus Holz geschnitzt hatte, bemalt mit Silberbronze. Sie konnten sich nichts Schöneres vorstellen, als in den Krieg zu ziehen. Kein Wunder, es wurde ihnen ja auch von den Erwachsenen ständig vorexerziert!

Da waren zum Beispiel schon lange vor dem I. Weltkrieg die großen Manöver, von denen eines bei Lützen stattfand, wo einst Gustav Adolf, König der Schweden, 1632 gefallen war.
Da zogen die Truppen tagelang mit Rossen, Wagen und Kanonen durch die Kreisstadt Weißenfels. Wir waren damals ja schon fünf Gören, Zwei davon saßen im Kinderwagen, drei hingen am Rock der Mutter. Durch die Beine der Männer, die auf dem Fußweg standen, sahen wir die Beine der Soldaten, hörten wir den harten Schritt der Krieger, die bald Frankreich schlagen wollten. Die Frauen trugen ja damals alle lange Kleider, da war absolut nichts zu sehen. Wenn dann wieder eine Musikkapelle nahte, Trommeln und Pauken dröhnten, verkrochen wir uns unter Lieschens Rock. Und wenn Reiter und Geschütze vorbeizogen, kamen wir wieder heraus – man hörte es von weitem schon daran, dass das Brüllen näherkam. Was haben die Leute an solchen Tagen ›Hurra‹ gebrüllt, wie glaubten sie das Deutsche Reich groß und stark!

Am 1. August 1914 brach also der erste Weltkrieg aus. Auch da brüllten die Massen überall auf den Straßen, Tage, Wochen, Monate. Wo aber die Trauer einzog, da wurde es still. Und es wurde in den meisten Häusern still…
In unsere Familie brach der Tod nicht ein. Artur war 13 Jahre alt, als es zu Ende war. Mit 16 hätten sie ihn geholt.

Kohlrüben und das Stiefmütterchen-Wunder
oder Ein Gärtner wird zum Märchenerzähler

Wir wuchsen heran wie das Gras auf den Wiesen. Wir zwitscherten wie die Vögel in den Bäumen und konnten fressen wie die Kaninchen im Stall. Die müssen nämlich immer nagen.
Sieben Kinder mit den Kriegsrationen satt zu kriegen, war ein Kunststück. Wie vollbrachte Lieschen das? Wir gingen in den Sommern mit der Mutter Ährenlesen, und die Getreidekörner, die wir heimbrachten, wurden in der Kaffeemühle zu Schrot zermahlen und zu Suppe gekocht. Wir gingen herbstens Kartoffeln stoppeln und sammelten Blätter für Tee und Hagebutten für Mus. Und wenn der Frühling kam, pflückten wir junge grüne Blättchen von Löwenzahn, Sauerampfer und Wegerich, daraus machte uns Lieschen grünen Salat. Alles trug zur Bereicherung unserer Ernährung bei. Vor allem aber gab es Kohlrübensuppe, Kohlrübensalat, Kohlrübenbrot und andere Gerichte aus Kohlrüben. ›Iiih!‹ riefen wir, wenn wir aus der Schule kamen. ›Alle Tage Kohlrüben!‹

Hinter unserem Haus gab es auch einen Garten mit vielerlei Obstbäumen. Im Krieg wurde er in drei Teile geteilt, jede Familie des Hauses bekam einen Teil zum Bewirtschaften. Wir hatten den größten Teil, weil wir die größte Familie waren.
Wir Kinder waren hell begeistert und gruben den Boden, harkten die Erde und säten Gemüse aus, wie wir es von den Nachbarn sahen. Bei uns sollte aber auch noch ein Blumenbeet herauskommen. Für zehn Pfennig bekam man beim Gärtner Luft ein Dutzend Stiefmütterchen-Pflanzen. Da stürmten Artur und ich los, jeder einen Groschen in der Hand. Dann setzten wir die Pflanzen ein. Schön sah es aus, und stolz waren wir. Doch was sind 24 Pflanzen? Der alte Herr Viereckel vom Haus gegenüber hatte vielleicht hundert, und außerdem noch Rosenstöcke.
Ich erbettelte von Lieschen noch einen Groschen. Der Gärtner sagte: ›Das konntest du doch vorhin gleich mit machen! Jetzt muss ich wegen dir noch einmal die hundert Meter zur Aussaat hinterlaufen!‹ Es gab schon nicht mehr viele Stiefmütterchen dort.

Als ich so ziemlich eben fertig war mit dem Pflanzen, kam Tante Berta zu Besuch. Und von ihr erschlich ich mir noch zehn Pfennige und raste noch einmal los. Diesmal wurde Gärtner Luft ärgerlich und rief: ›Denkst du, ich latsche noch mal für einen Groschen da hinter? Hier, nimm den Spaten und das Papier! Geh allein hin und nimm alle restlichen Pflanzen mit. Ich will dich nicht wieder sehen!‹
Schnell nahm ich den Spaten und tat es still, aber im Herzen war ich so froh, das ahnt ihr nicht!
Dann stand das Beet voll bunter Blumen – es war mein erstes Gärtnerglück. Ich war zehn Jahre alt. So zeigte sich schon früh, was in mir schlummerte.

Wir wurden alle groß und kräftig, kamen in die Lehre oder in Dienste zu Bauern, Händlern und Geschäftsleuten. Walter Kaiser wurde ein Schmied, er liebte das Eisen und den Stahl.
Ich aber wurde Gärtner und erlebte nun selbst Wunder über Wunder, wie in meinen Märchen. Zum Feierabend saßen wir Lehrlinge vor unserer Haustür, oder im Winter im Dunkeln in unserem Zimmer um den großen runden Esstisch, denn am Licht musste gespart werden wie an allem anderen. Da musste ich dann Märchen erzählen, denn die anderen hatten bald gemerkt, dass ich das konnte. Ich hatte es von Mutter Lieschen an den langen Winterabenden gelernt. Und ich erzählte immer wieder und erfand sie alle Abende neu. Und sie wunderten sich, wo ich das alles nur herwusste! Dorchen, die Tochter des Chefs, kam auch, und das Dienstmädchen Mariechen, alle wollten mithören. Ja, es gab noch kein Radio und kein Kino damals.-

Abgesehen aber von den Natur-Wundern, die ich sah, und vom Märchenerzählen war meine Gärtnerlehre eine leidvolle Zeit. Ich werde später noch einmal darauf zurückkommen. In jener schweren Zeit aber wurde ich zum Märchenerzähler und bin es noch immer. Wie ich aber zum Dichter und später zum Liedermacher wurde, will ich auch erzählen.

Ins Land der Mütter

Lieschen hatte in Thüringen, dem grünen Herzen Deutschlands, noch Angehörige, die ihren Mädchennamen – Haller – trugen. Die Familie der Hallers war früher weit verbreitet und sehr geachtet. In Laucha an der Unstrut war sie beheimatet.
Eines Tages, noch bevor meine Gärtnerlehre begann, erzählte Lieschen davon. Das war ganz neu für mich. Dort lebte noch ein Vetter von ihr, ein Kaufmann Haller mit seiner Frau. Da war auch noch die Mutter des Vetters mit Namen Sophie.
Nichts hielt mich – ich war vierzehn Jahre alt! – ich musste die Familie kennenlernen und das Land, das grüne Thüringer Land! Ich schrieb nach Laucha, teilte den Verwandten meinen Wunsch mit, sie kennen zu lernen und erhielt eine Einladung, zu kommen. Es war ein Sonntagmorgen, als ich ins Land meiner ›Mütter‹ reiste. Er wurde unvergesslich für mich.

Noch nie war ich allein so weit gefahren. Noch nie hatte ich so viele Hügel, Täler und blühende Gärten geschaut. Und die kleinen Bahnhöfe, das Umsteigen und Erkundigen bei den Schaffnern – alles war ein richtiges Abenteuer. Da fuhr ich an der Rudelsburg vorbei, an der Schönburg und Schloss Goseck. Da musste ich in Naumburg in die Unstrutbahn umsteigen und sah die Stromschnellen des Flüsschens. Ich erblickte die Stadt des Turnvaters Jahn, Freyburg, und nach einer weiteren Stunde durch das Tal, umgeben von Wäldern, Wiesen, Feldern und immer wieder blühenden Gärten – erreichte ich Laucha.

Unterwegs war ich aber, infolge des zeitigen Aufstehens und langen Laufens zum Bahnhof, infolge der vielen Eindrücke auch, müde geworden. Und nachdem der Schaffner meine Fahrkarte kontrolliert und unten abgestrichen hatte, wurde mir auf meiner Bank im Zug so wohlig, dass ich den Schlaf gar nicht bemerkte. Das Schubsen und Rütteln verstärkte wohl noch die Schläfrigkeit…
Da windet sich die Unstrut ob der zahlreichen grauen Kalksteinfelsen in vielen Windungen durch das Tal. Und eben so oft gehen die Gleise über eine Brücke, wo der Zug besonders hell rattert. Und da sah ich

noch einen Bahnwärter, wie er den Schlagbaum etwas spät herunterließ. Bums, schlug er in die eiserne Gabel. Ein wenig hob und senkte er sich noch, bis er ruhig lag. Da hob er sich auf einmal wieder und wurde ein langer Arm des Bahnwärters, der die andere Hand grüßend an seine Mütze hob … Und dann plötzlich wurde der Schlagbaum, der verlängerte Arm des Bahnwärters, zum Lindwurm, der mir den Weg versperrte. Ich aber ging weiter, und er zog sich immer mehr zurück, hob sich, senkte sich, und manchmal öffnete sich dabei eine Felsengasse, durch die ich hindurch wollte. Davor aber war ein Wasser, der Fluss, den musste ich überspringen. Und ich sprang…!!! Gerade bin ich glücklich drüben, da kommt der lange Arm, der Lindwurm, der Schlagbaum, zurück. Eine starke Kraft packt mich, ich torkle, taumle und stürze in das Wasser hinab. Dabei klappert etwas hell, wie ein hölzernes Lachen oder das Klatschen von Holzpantoffeln …

Dann befinde ich mich im Halbdämmer, höre Rauschen und helles Klirren, höre wispernde Stimmen. Und über mir sehe ich Fische. Ich stehe auf dem Grunde des Wassers und – siehe da – die Fische kommen zu mir geschwommen, wollen mich mit ihren Mäulchen fassen. Nein, nicht beißen wollen sie mich, sondern irgendwohin führen. Ich merke es, weil einige, wenn sie mich angestupst haben, immer wieder fortschwimmen, und immer in dieselbe Richtung. Aha, denke ich, dort soll ich hin! Also drehe ich mich um und folge ihnen.
Schon sind wir, die Fische und ich, bei einer steilen Wand angekommen. Da erblicke ich auf einmal unzählige Wurzeln, die durch die Wand hindurchgewachsen sind. Und was ist das? Da kommen ja Fische mit Gefäßen aus glänzenden Muscheln. Und in den Muscheln ist etwas Flüssig- Rotes.
Und auf einmal steht da ein Mann, ein kleiner weißhaariger Mann mit weißem Bart, der sagt zu mir: ›Da, schau hin, die Fische bringen den Wurzeln den roten Saft, der ist aus Gold gemacht!‹ Und ich frage: ›Wofür ist der rote Goldsaft?‹
›Den bekommen die Weinreben zu trinken. Weißt du nicht, dass die roten Reben Goldsaft brauchen und die weißen Reben Silbersaft?‹ -
›Nein, das weiß ich nicht!‹
›Und weißt du denn, dass hier an der Unstrut Wein wächst?‹ ›Nein, woher soll ich das wissen?‹

›Dann sieh mal zu, wie die Fische das machen, und sieh, wie die Wurzeln lebendig sind!‹

Ich schaute zu, und die Fische benahmen sich wie junge Mädchen, die den Gästen auf einem Fest Getränke reichen; und die Wurzeln waren wie Jungen, die nie genug bekommen können.

Hinter mir stand der kleine alte Mann. Ich drehte mich um und sprach: ›Das ist sehr schön! Wo bin ich denn hier?‹

›Du bist bei uns im Reiche des Anfanges,‹ antwortete er geheimnisvoll.

›Was ist Der Anfang?‹ fragte ich weiter..

Doch das Männchen zeigte mit der rechten Hand nach rechts, und dann mit der linken Hand nach links. Und überall, wo es hinwies, sah ich, wie sich etwas regte. Da wurden Steinchen im Wasser gespalten, und es war keine Hand da, die es tat; da öffneten sich Kristalle und gaben Blasen frei, und da waren kleine Muscheln, die die Blasen auffingen und wegtrugen. Aber auch die Muscheln wurden selbst so getragen, als trügen sie Hände…!

Ich fragte den Mann danach, und der sagte: ›Komm mit, jemand soll dich sehen lehren!‹

Und schon waren wir in einer Grotte unter dem Wasser, da war es hell wie Sonnenlicht; da saß eine Frau mit rotem Kleid und um sie herum viele hübsche kleine Kinder.

Und die Kinder standen auf vor mir, und ich musste mich hinsetzen. Der kleine Mann aber sprach zu der Frau: ›Hier, Mutter Erde, hier bringe ich dir einen, der noch nicht sehen kann, der aber dazu geboren ist, zu sehen, was viele andere nie erblicken können. Lehre ihn das Sehen!‹

Das war also Mutter Erde. So hatte ich sie mir nie vorgestellt in all meinen Märchen – in Rot. Aber, na ja, warum eigentlich nicht in Rot? Ich fragte: ›Mutter Erde, was soll ich denn hier zu sehen bekommen? Gibt es denn hier was zu sehen?‹

›Ich will dir die Augen öffnen für das, was es gibt und doch nicht gibt!‹ sprach Mutter Erde, und ihre Stimme klang wie das Rauschen des Windes im Laubwald.

›Und was wäre das?‹ fragte ich verwundert.

›Sieh hier, die Steine, wie sie zerfallen, sieh hier die Muscheln, die die Bläschen aufnehmen. Das alles ist keine Wirklichkeit, geschieht aber doch die ganze Zeit. Du musst dir das einfach vorstellen… Und jetzt gib mir mal deine Hand!‹

Ich reichte sie ihr. Da fuhr es von ihrer Hand durch die meine wie ein Blitzstrahl, wie ein kleiner elektrischer Schlag – und auf einmal konnte ich sehen, wie aus den Bläschen etwas entstand: eine Form, in rasender Schnelligkeit – eine Gestalt – ein Mensch – ein junges Mädchen.

›Siehst du,‹ sagte die Frau in Rot, ›so entstand alles, was lebt, auch du, vor Millionen von Zeiten, und so wird immer Neues gebildet und geschaffen.‹

Und das Mädchen war ganz nackt, wurde beiseite geführt und bekleidet, und nun trug sie ein lindgrünes, langes Seidenkleid. Und auch ich wurde beiseite geführt und neu bekleidet.

Dann standen wir uns gegenüber, das Mädchen und ich, und sie lachte mich freundlich an. Mutter Erde aber sprach:

›So wirst du einmal eine Frau finden. Sie ist jetzt noch nicht fertig für dich, und du bist auch noch nicht fertig für das, wofür du bestimmt bist.‹

›Ich? Wofür bin ich denn bestimmt?‹ – ›Da, sieh das Männlein an: Weißt du, wer das ist?‹ – ›Nein, wie kann ich das wissen?‹

›Das wirst du einst sein. Einer wirst du sein, der wie dieser hier im weißen Haar und Bart den Kindern wie diesen hier ein Freund ist. – Nun setz dich mal zu ihnen und frag, worauf sie warten!‹

›Worauf wartet ihr?‹ fragte ich. ›Dass du uns was erzählst!‹ riefen die Kinder.

›Was soll ich denn erzählen?‹ fragte ich ratlos, ›Ich weiß ja selber nichts!‹ Und zu der Frau gewandt fragte ich: ›Was soll ich ihnen denn erzählen?‹

›Alles, was du sehen wirst mit Augen, die nur wenige Menschen haben! Doch das wird alles noch werden. Aber es wird sein wie hier, und ich werde bei dir und in dir sein.

Und diese hier‹ – sie deutete auf das Mädchen im grünen Kleid – ›sie wird dir helfen, merk dir nur das grüne Gewand, daran wirst du sie erkennen. Und auch an ihren Augen wirst du sie wieder erkennen. Und pass auf, es wird viel geschehen, was eigentlich nicht geschieht. Es wird sich auch vieles in deinem Leben wiederholen. Auch träumen wirst du viel, sogar mit offenen Augen. Und trotz des vielen Unglücks, was du schon hattest, wirst du noch mehr Unglück haben. Aber auch viel Glück.

Und sieh, das Mädchen hat Gold mitgebracht. Es ist aber nicht das Gold, wonach die Menschen trachten. Nimm es ihr nicht weg, sonst werdet ihr arm werden, arm in der Seele. – Verstehst du mich?‹
›Nein,‹ sagte ich, und alles drehte sich um mich her. ›Wie soll ich das verstehen können!‹
›Es ist gut!‹ antwortete sie. ›Es ist gut, dass du hergekommen bist in das Reich, wo alles anfängt. Vergiss es nicht! Vergiss es nicht!‹

Dann machte sie eine Handbewegung, und es wurde dunkel da unten unter dem Wasser. Alles versank im Dämmer. Ein Weilchen noch sah ich die lieben erdbraunen Augen des Mädchens und dann noch einmal den kleinen alten Mann. Im selben Augenblick hob er die Hand, und aus seinem Arm wurde ein Lindwurm, weiß und rot. Aus ihm aber wurde der Schlagbaum am Bahnübergang, wo sich der Bahnwärter verspätet hatte. Dann klapperte und ratterte es wieder, der Zug fuhr über eine Brücke, und dann blieb er ruckhaft stehen, so dass ich derb geschüttelt wurde, von der Bank rutschte und aus meinem Märchentraum erwachte.
Eine Station war erreicht, aber es war noch nicht Laucha.

Sinnend setzte ich mich wieder auf die Bank und dachte an meinen Traum. Ob das was zu bedeuten hatte?
Heute glaube ich, dass der Traum damit zusammenhing, dass ich in das Land meiner Vorfahren reiste. Ihr werdet mir vielleicht zustimmen, wenn ihr noch erfahrt, was ich im Land meiner Mütter erlebte. Die Poesie, die Musik, all das Wandelbare, das Unbegreifliche - das hatte seine Wurzeln hier, im ›Reich des Anfangs‹, genau wie ich selber; und das formte allmählich aus einem, der nichts war und nichts als ein Träumer war, einen Menschen, der aus nichts etwas machen konnte; der da, wo nichts ist, doch etwas erblickt. Ja, ich sollte viel zu erzählen haben!

Ich war also hellwach in Laucha angekommen. Einmal nur musste ich fragen, da fand ich mein Ziel. Niemand hatte mich abgeholt, aber das wunderte mich nicht, erst recht nicht, als es aus dem Hause heraus schon nach Braten und Kuchen duftete.

Dann sah ich das Ladenschild mit dem Namen der Mutter: Haller. Ich war in Lieschens Heimat angekommen. Was würde sie mir vielleicht geben? Ich wollte auf alles gefasst sein.
Ich sah noch einmal an mir herab, kämmte mein Haar noch mal und läutete an der Haustür. Eine ältliche Frau öffnete mir.

Muhme Dichterin

Tante Sophie – sie war es, die mich empfing – war die Mutter von Kaufmann Haller. Der hatte mit seiner Frau einen alten, kleinen Laden in der Fabrikstraße. Über den Bahngeleisen drüben lag eine Zuckerfabrik, von dort her hatten sie in der Saison die meiste Kundschaft.

Gleich als erstes wurde ich von meinen Verwandten mitgenommen in die evangelische Kirche. Dort trennten sich Männlein und Weiblein; ich saß beim Onkel Haller.
Später saßen wir um den großen, runden Esstisch. Tante Sophie hatte den Herr Jesus mit zu Tisch gebeten – es lag auch ein extra Teller nebst Besteck auf der schönen gestickten Tischdecke, und ein Stuhl stand leer – und blieb leer. Wir aber ließen uns schmecken, was man dort aß: Thüringer Klöße, Schöpsenbraten(4) und Gurkensalat. Und das Gespräch drehte sich um alles, was uns eben bewegte – Familiengeschichten hier und dort, der Laden hier, die Bäckerei dort, der Garten…
Danach gingen wir spazieren, sie führten mich durchs Städtchen. Es war Frühling, und da blühten in den Gärten alle die Blumen meiner Jugend – die weißen, einfachen Narzissen mit dem roten Rändchen, und Goldlack in duftender Fülle. Zum Friedhof führten sie mich – wie konnte es anders sein – an die Gräber der verstorbenen Hallers. Hier ein Grab, dort ein Grab, keines beim andern. Die Tante sprach zu mir: ›Dahinten in der Ecke ruht deine Urgroßmutter, Luise Haller. Da kommen wir noch hin. Jetzt folge mir mal dorthin!‹ Und sie zeigte auf ein hohes, altmodisches Grabdenkmal. Darauf las ich vorn einen ganz fremden Namen, aber auf der Rückseite, wie mir Tante Sophie zeigte, war ein kleiner, vierzeiliger Vers eingemeißelt und schwarz ausgemalt. Den Vers habe ich vergessen; aber das Monogramm darunter war ›L.H.‹ – Luise Haller!
Wohl hinter zehn Grabsteine wurde ich geführt. Oft waren auch zwei oder drei Verse zu sehen. Immer waren sie mit ›L.H.‹ gezeichnet.
›Sie konnte dichten?‹ fragte ich leise. - ›Und wie!‹ bemerkte Tante Sophie. ›Viele Leute kamen zu ihr und bestellten Verse und Gedichte

für Beerdigungen, Hochzeiten, Geburtstage und so weiter. Oma Luise fand für alle die richtigen Worte.‹
›Das ist aber schön!‹ sagte ich. ›Wie kommt es aber, dass sie Haller hieß?‹
›Ja,‹ die Tante lachte leise, ›weil eine Haller einen Haller geheiratet hatte. Du weißt ja, dass es viele Hallers gibt in unsrer Stadt. Es blieb sozusagen alles in der Verwandtschaft.‹
Stumm wunderte ich mich über das Gehörte, aber die tote Urahne interessierte mich nun ungemein. Dann standen wir vor ihrem Grab, und auf einmal dachte ich an das Bibelwort – da heißt es irgendwo: ›.... bis ins dritte und vierte Glied‹.
Ich war einer aus der vierten Generation nach ihr!
Ich fragte Tante Sophie: ›Hast du diese Luise gekannt?‹ –
›Natürlich, sie war ja meine Tante! Ach, sie war ein guter Mensch!‹
›Und wer hat nach ihr wieder Gedichte gemacht in der Familie?‹ –
›Das weiß ich nicht. Wahrscheinlich niemand.‹

Nach ein paar Tagen nahm ich Abschied von den Hallers. Die ganze Heimfahrt lang beschäftigte mich all das Gehörte und Gesehene. Zuhause erzählte ich alles Lieschen.
›Schade!‹ endete ich, ›Sowas wie das Dichten-Können, das müsste sich fortpflanzen!‹
›Ja, das finde ich auch!‹ stimmte Lieschen mir zu. ›Wie wär's denn, wenn DU es tust? Versuch's doch mal!‹
›Ja,‹ antwortete ich, und hatte es schon lange beschlossen.
›Ja, ich werde es versuchen!‹

Aber erst einmal geriet im Trubel der Ereignisse alles in Vergessenheit. Mein Interesse am Dichten schlief, wie das Korn im Winter in der Erde schläft, während Schnee und Hagel drüber hingehen. Und doch wächst das Samenkorn unsichtbar auch im Winter...

Gärtner werden

Vielleicht, weil dichten und säen viel miteinander zu tun haben, ging ich erst einmal zu einem Gärtner in die Lehre. Vier Jahre Volksschule und vier Jahre Mittelschule hatte ich hinter mir, und ich war gewohnt, dass viele Lehrer die Schüler schlugen. Aber dieser Herr Bescherer, mein Chef, war ein besonders Strenger, und die Lehre war eine ›Bescherung‹ in vieler Hinsicht. Bei geringsten Anlässen gab es sofort Maulschellen, zumindest wütendes Schimpfen. Und oft mussten wir zwei Lehrlinge 12 Stunden am Tag arbeiten. Bei 20 Grad Kälte im Winter Gräben ausheben – das fror uns durch die Handschuhe, die Ohrläppchen waren gefühllos, die Nasenspitzen weiß.
Aber der Chef hatte eine hübsche Tochter namens Dorchen. Ihr zuliebe hielt ich immer wieder aus. Sie war sanft und blond. Dorchen aber hatte einen sechs Jahre älteren Bruder, der in der Gärtnerei seines Vaters ›Volontär‹ spielte und uns rotznasig immer fühlen ließ, dass er Sohn des Chefs war.
Der andere Lehrling, der mit mir zusammen lernte, hieß auch Kurt. Er war älter als ich und wurde deshalb Kurt genannt – mich nannten sie bei meinem zweiten Vornamen, Erich.
Alle zwei bis drei Wochen kam ich mal nach Hause und nahm meine Wäsche mit. Der Weg war weit, und ich musste zu Fuß gehen. Einmal, es war Pfingstsonntag, gab es in der Gärtnerei schon reife Erdbeeren. Ich fragte den Chef, ob ich ein paar Pfund mitnehmen durfte. Natürlich durfte ich – das Pfund zu 20 Pfennig! Ich hatte geglaubt, ich bekäme sie geschenkt, hatte ich sie doch nach Feierabend selber gepflückt. Aber nein, er zog mir eine Mark vom Taschengeld ab, und das betrug pro Woche drei Mark. Lehrlinge bekamen keinen Lohn damals, und mussten froh sein, wenn sie kein Lehrgeld bezahlen mussten.
Sonntag morgen marschierte ich los, drei Stunden musste ich laufen von der Kreisstadt, wo die Gärtnerei war, zu unserem Ort, und es war heiß! In einer Tüte die Beeren, im Rucksack die Wäsche. Aber die Beeren ›sufteten‹, und die Tüte weichte kaputt. Was sollte ich machen?

In einem Dorf erbat ich mir eine andere Tüte, aber als ich zu Hause ankam, war alles darin ein einziger Matsch. Mutter war gar nicht erfreut und sagte: ›Das darfst du nicht wieder tun! – Nun press' mal schnell hier durch den kleinen Leinensack den Saft, den können wir dann zum Pudding nehmen.‹ – Oh je – und ich hatte gedacht, ich machte Lieschen eine Freude! Dass ich die Beeren bezahlt hatte, getraute ich mich gar nicht zu sagen! –

Es war eine traurige Zeit, meine Lehre! Das Beste war, wenn ich am Abend Märchen erzählen konnte, wie schon erwähnt. Und noch eine Abwechslung gab es: Ich durfte zweimal die Woche abends zum Turnverein gehen. Den hatte ich kennengelernt durch einen Freund des Chefs, der war Guttempler. Und der kam eines Tages und fragte uns beide, den Kurt und mich, ob wir nicht mal mit zur Versammlung der Guttempler(5) kommen wollten.
Das war ein sehr schönes, aufgeschlossenes Leben und Treiben dort. Durch die Ideale der Guttempler, nicht zu trinken und nicht zu rauchen, erfuhr ich viel von der Welt und wie wir bei uns selbst anfangen konnten, sie besser zu machen.
Und als ich dann immer hinging, wenn ich frei hatte – jeden zweiten Sonntag nur, wohlgemerkt! – bekam ich auch Kontakt mit der Arbeiterjugend und eben mit dem Turnverein. Damals existierte ja die sogenannte bündische Jugend, ein Zusammenschluss aller fortschrittlichen, freiheitlich gesinnten Jugendbünde, dem auch die Jugendgruppe der Guttempler(5) angehörte, wie auch die SAJ(6) und später die sozialdemokratische Jugend Die Falken(7), die Arbeiterturner(13), das Jungbanner(10) und andere. Als dann 1923 die Reichsarbeitsgemeinschaft der Kinderfreunde(8) gegründet wurde, waren einige der oben erwähnten Gruppierungen mit von der Partie. So entstanden vielverwobene Aktivitäten, in die ich mich später immer mehr einschaltete, bis all diese dann von den Nazis verboten wurden.

Im Turnverein kam ich dann durch viele Gespräche bald dahinter, dass andere Jugendliche oder Lehrlinge zum Teil schon viel mehr Freizeit hatten als wir in der Gärtnerei. Aber zu der Zeit konnte ich noch nicht viel dagegen unternehmen, konnte nur immer wieder meinem Vater sagen (denn er war ja Sozialdemokrat), er sollte sich in der Partei für uns junge Leute einsetzen. Es gab ja auch noch keine Gewerkschaftsjugend. Gewerkschaften gab es zwar massenhaft, aber da hat sich noch niemand um die Lehrlinge gekümmert. 1924 wurde ich dann vom Kreisjugendring delegiert in eine Versammlung von Gewerkschaftsvertretern, und da berichtete ich dann, wie die sogenannten Herrschaften ihre Dienstboten überstrapazierten, wie die Lehrherrn – vor allem die ›Krauter‹, also die Gärtner – ihre Lehrlinge bis zum Umfallen arbeiten ließen und unmenschlich behandelten. Aber geändert hat sich da nicht gleich was. Erst als wir, die Jugendlichen, die Sache selbst in die Hand nahmen, wie ich noch berichten werde – erst dann hat sich manches gebessert. Aber da hatte ich schon in der Gärtnerei aufgehört.

Ja, wir hatten wenig Zeit für uns, oft nicht einmal soviel, um unsere Wäsche wegzubringen und unsere Schuhe reparieren zu lassen. Da lief ich oft barfuß in der Gärtnerei, und eines Tages stach mich eine Wespe in die kleine Zehe des rechten Fußes, und ich bekam eine Blutvergiftung und hohes Fieber. Ich wurde zu einem Arzt in der Stadt geschickt, zu dem musste ich die vier Kilometer hinhumpeln.
Und dabei fuhr der Chef eine Stunde später mit Pferd und Preschwagen zum Bahnhof. Der andere Kurt lenkte das Pferd. So fuhren sie an mir vorbei, ich stand am Rinnstein und wollte über die Straße. Sie lachten mir alle beide zu, ich aber fing vor Wut und Erschöpfung an zu heulen und humpelte weiter.
Beim Arzt kam ich sofort unters Messer, denn die Blutvergiftung war schon weit fortgeschritten. Er konnte meinen kleinen Zeh aber noch retten. Dann wurde ein dicker Verband angelegt, mit dem ich kaum gehen konnte. Wieder musste ich den langen Weg laufen. Meinen Schuh trug ich in der Hand, aber der Strumpf über dem Verband war bis zur Gärtnerei vor der Stadt durchgelaufen. Ächzend und stöhnend sank ich auf mein Bett. Mein Lehrkamerad holte mir das Mittagessen, das war schon zweimal aufgewärmt worden.

Als der Lehrherr sah, dass ich nicht arbeiten konnte, schickte er mich nach Hause: Da sollte ich bleiben, bis der Fuß wieder heil war. – Doch jetzt ließ ich mir Zeit. Vier Wochen dauerte mein Krankenurlaub, von denen ich zwei nicht mehr laufen konnte. Die Narbe war zehn Zentimeter lang, und es gab einige Komplikationen.

All das hat mich dann erst recht zum Kampf angespornt und zur Arbeiterjugend gebracht. Und eines Tages hatte ich die Drangsal in der Gärtnerei einfach satt. Das kam so:

Im Frühjahr und im Herbst wurden überall Bäume gepflanzt und von uns verschickt. Im Schuppen packten wir die jungen Bäumchen ein, die in der Gärtnerei gezogen worden waren, sie wurden fünf-stückweise mit Weidenruten zusammengebündelt, die Wurzeln zusammen, die Stämme, die Zweige, und dann wurde dazwischen Gras gestopft. Immer fünf Bäume nach oben und fünf nach unten - ›um und dumm‹ wurde das genannt. Und immer fünf dieser Bündel wurden zusammen auf Unterlagen aus Reisig gepackt, mit Schilf oder Stroh ausgestopft und sorgfältig mit Draht verschnürt. Diese etwa drei Meter langen Pakete sollten dann zum Bahnhof gebracht werden.

Es war ein neunzehnter Februar, der Chef hatte Geburtstag, war fein angezogen und arbeitete nicht. Und wie wir nun am Verladen auf dem Wagen sind, geht so ein Ballen auf, und in dem Moment kommt gerade der Chef aus dem Haus und schreit noch auf der Treppe: ›Halt! Halt! Runter mit dem Ballen!‹
Und ehe wir uns überhaupt besinnen konnten, war er schon da und knallte mir eine, knallte dem anderen eine, dass wir taumelten. Und das Pferd ging hoch.
›Wer hat das gemacht!‹ brüllte er. Da mussten wir Draht bringen, und er stieg auf den Wagen und legte den Draht neu um den Ballen herum, um ihn am Ende mit der Zange zusammen zu drehen. So zog er am Drahtende, und zog und zog – und peng! war der Draht gerissen, und der Chef flog vom Wagen. Er fiel aber auf die Knie, weil er sich noch im Fallen gedreht hatte. Und weil das nun so komisch war, und wir alle beide lachen mussten, trat er den Kurt in den Hintern, und mir gab er etwa ein halbes Dutzend Ohrfeigen. Und in derselben Minute sagte ich mir: Heute ist Schluss!

Die Ballen auf dem Wagen kamen nun zum Bahnhof, der Kurt besorgte das, und ich fuhr mit und ging zum Onkel Wilhelm, der in der Nähe wohnte. Ich fragte: ›Onkel Wilhelm, kann ich heute mal deinen Handwagen kriegen?‹ - ›Was? Wozu?‹ fragte der.

Ich sagte: ›Ich mache nicht weiter beim Bescherer. Heute hat's wieder Schläge gegeben!‹
›Ich komme raus!‹ sagte Onkel Wilhelm da. ›Wann soll ich kommen?‹
- ›So gegen neun am Abend,‹ antwortete ich, ›wenn alles still ist!‹
So packte ich meinen Koffer, während der andere Kurt am Abend zu seiner Großmutter ging, die auch im Ort wohnte. Er war der einzige, der bescheid wusste. Dann kam Onkel Wilhelm mit seinem Pferdewagen, und ich ging raus, mit dem Holzkoffer, den mir Artur gemacht hatte, auf der Schulter.
Es lag Schnee, und sicher hat man am nächsten Tag meine Spur gesehen. So fuhr ich mit Onkel Wilhelm nach Hause.
›Was willst du nun aber machen?‹ fragte er mich unterwegs.
›Ach,‹ meinte ich, ›bei euch nebenan ist doch eine Schuhfabrik, vielleicht finde ich da was. Du kennst doch die Leute da…‹
Und wirklich, am selben Abend noch fragte er bei dem Chef der Schuhfabrik an, ob sie mich gebrauchen konnten. Und am nächsten Tag, dem zwanzigsten Februar, war der Geburtstag meines Vaters, und ich arbeitete schon in der Schuhfabrik, ohne dass er es wusste. Ihn habe ich dann nur noch meine Papiere von der Gärtnerei abholen lassen.

So kam ich von der Gärtnerei weg; ich hatte nur zwei Jahre gelernt, aber das machte nichts – meine eigene Gärtnerei später war größer als die von Bescherer.

...aber auch Dachdecker, Bauer und Bäcker

Ich hatte dann mehrere kleine Arbeitsstellen hintereinander. Einmal war ich drei Monate bei den Dachdeckern, dann war ich in der Ziegelei – da habe ich mir meinen ersten Beinbruch geholt und musste 12 Wochen liegen, zuhause natürlich! Und Lieschen hat mich gepflegt.
Überall lernte ich vieles, was ich später in der Gärtnerei, aber auch beim Aufbau des Märchengartens gut gebrauchen konnte.
Auch auf einer Glashütte arbeitete ich, als Glasbieger. Da hatte ich Uhrengläser einzeln in einer Form zu ›biegen‹, das heißt, sie wurden glühend heiß gepresst. Da wurde nur im Akkord gearbeitet, das war anstrengend, aber im Winter hatte man's wenigstens schön warm in der Glashütte.
Auch in der Landwirtschaft habe ich einmal gearbeitet, bis es im Winter keine Arbeit mehr dort gab. Dann kam ich schließlich wieder nach Hause, in die Bäckerei. Es war Anfang Dezember 1924. Die Stollenbäckerei fing gerade an, und dabei konnten sie mich gebrauchen. Ich tat alle Handlangerdienste, heizte morgens früh den Backofen an mit Kohle, reinigte die Bäckerei, machte Bleche sauber und trug Brötchen und Brot aus.
Bis zum Frühjahr hatte ich mir durch Trinkgelder soviel gespart, dass ich mir meine Uniform fürs ›Reichsbanner Schwarz-Rot-Gold‹(9) kaufen konnte: Mütze, Schulterriemen, grünes Hemd, braune Hose, Wickelgamaschen. Über die Arbeiterjugend, die bei uns damals ganz klein angefangen hatte – ich erzählte es schon – kam ich später zum Reichsbanner. Aber zu der Zeit wusste ich noch nicht viel von politischem Kampf. Der fing für mich bewusst erst an nach der Wanderschaft, und zwar in der Papierfabrik, wo ich direkt in Berührung kam mit den Arbeitskämpfen: Lohnstreiks, Rausschmiss aus Betrieben, Strafen, wenn man sich mal mittags, zur Pause, ins Altpapier legte – all das hat mir den Kampf der Arbeiterschaft bewusst gemacht. Aber die Lehre hatte mir schon ein Bewusstsein erweckt für das, was recht war und was nicht.

Zu Hause aber, beim Vater in der Bäckerei, hatte ich es auch nicht viel besser als bei den anderen Chefs. Ich bekam in der Woche auch bloß 3,

4, höchstens mal 5 Mark, wenn es sehr gut ging. Und fürs Eisverkaufen im Sommer bekam ich gar nichts, das strich der Vater alles ein.
Schwer war die Arbeit auch, man musste oft Mehl holen von der Mühle, zwei bis drei Zentner auf dem Handwagen, die Berge um Teuchern hinunter und hinauf. Doch es war für die eigene Familie, und so konnte ich es eher ertragen.

Anderthalb Jahre habe ich beim Vater mit gebacken. Artur war schon Tischlergeselle, Else und Hedwig waren im Dienstverhältnis, die anderen – Ernst, Gertrud, Elisabeth und Herbert – gingen noch zur Schule.
Ich musste ganz schön 'ran. Um fünf Uhr morgens ging es raus, Sonnabend sogar um vier; das war kein Spaß! Und vom Vater hörte ich kein gutes Wort. Im Gegenteil – einmal beschuldigte er mich sogar, ich hätte Geld aus der Kasse gestohlen. Ich aber wusste, dass es nur eine Freundin meiner Schwester gewesen sein konnte, die ihn von unsrer Küche aus im Laden beim Geldzählen beobachtet hatte. Immer war er so. Wenn er irgend etwas verlegt hatte, wusste er gleich jemanden, der es gestohlen haben sollte. Das wurde später zur Krankheit bei ihm. Das Geld holte ich später zurück von dem Kind. Alles fand sich wieder. Aber entschuldigen? Das tat er nie!
Nur wegen Lieschen hielt ich es so lange aus. -
Einmal, im Spätsommer, hatten wir Kuchen gebacken, und die stellten wir zum Abkühlen bei gutem Wetter immer in den Hof, hinters Backhaus. Und da war so eine Lattentür, die den Hof vom Garten trennte, und im Garten waren die Ziegen. Da machte die schwachsinnige Anna, die meiner Mutter im Waschhaus half, als niemand guckte, das Gatter auf, und die Ziegen rannten in den Hof und trampelten auf den Kuchen rum. Dann hat sie sie wahrscheinlich wieder rausgelassen und das Gattertor zugemacht.
Und als der Alte die zertrampelten Kuchen sah, schrie er mich an, ich hätte die Gartentür offengelassen, damit die Ziegen reinkämen, und er machte einen Riesenskandal.
Welchen Grund hätte ich wohl gehabt, die Tür aufzumachen?
Na, da hatte ich es wirklich satt, ließ knall-auf-fall alles liegen und schnappte mir mein Fahrrad und fuhr weg. Ins Nachbardorf bin ich gefahren, da wohnte damals mein Mädchen, deren Vater arbeitete auf der Grube. Ich wartete auf ihn, und als er Feierabend hatte, sprach ich

gleich mit ihm, und er sagte: ›Tja, ich habe keine Arbeit für dich, da musst du mit dem Steiger sprechen.‹
Und der Steiger sagte dann, na gut, am Montag kannst du anfangen, als Hauer.‹
Das war am Donnerstag. Und da blieb ich dann dort über Nacht, und am nächsten Abend erst fuhr ich nach Hause, um meine Sachen zu holen. Ich wusste ja, dass der Alte abends immer weg war, in der Kneipe.
Aber als mich die Mutter sah, sagte sie: ›Geh doch nicht weg, Kurt, sonst muss ich alles alleine machen!‹ Und der Vater hätte gesagt, wenn ich wiederkäme, sollte sie mir sagen, dass es ihm leid täte.

Na, dann bin ich ins Backhaus gegangen und überlegte. Dort lag alles rum, und die Bleche waren noch dreckig. Wir hatten vierzig Bleche, der Alte hatte alles liegen gelassen. Da habe ich erst mal sauber gemacht. Bis elf Uhr abends gewartet, da war er immer noch nicht da. Als er endlich kam, sagte er's mir dann auch selbst, dass es ihm leid täte, und ich solle doch dableiben.
Und weil ich an Mutter dachte, bin ich dann eben noch geblieben. Seitdem nahm er sich auch zusammen.

Ein halbes Jahr später ging ich dann doch weg, auf Wanderschaft. Es zog mich fort, ich musste die Welt kennenlernen, die ich bedichten sollte. Mutter nahm es hin, übernahm stillschweigend meine Arbeit...

Hier ist es Zeit, meiner Mutter ein Kapitel zu widmen!

Das fleißige Lieschen

Nachdem ich in der Gärtnerei aufgehört hatte, konnte ich endlich in den verschiedenen Jugendgruppen richtig mitmachen.
Nun war da die Arbeiterjugend und die Turnerschaft, es gab Tanzbälle der verschiedenen Vereine, Ausflüge – immer war etwas los. Auch Marionettenspiele, Wandertheater und –zirkus – alles war damals gut besucht. Es gab ein reges Gesellschaftsleben, nicht nur in der Stadt, auch auf dem Lande bei uns.
Irgendwann kam das Kino auf und breitete sich aus. Zuerst waren die Filme rostrot, dann gelb, und schließlich weiß, d.h. schwarz-weiß. Herrliche Filme wurden da gedreht! Die Goldenen Zwanziger Jahre waren angebrochen!

Für mich begann eine ›Gründerzeit‹ – im nächsten Dorf bei Teuchern gründete ich mit Freunden einen Turnverein, ich selber wurde Turnwart und besorgte alle Turngeräte. Was gab es da alles zu tun!
Zum Turnerball beim Gründungsfest kam Lieschen mit. Sie tanzte wundervoll Walzer, ich hatte einen Tanzkurs gemacht, und sie schwenkte mich herum, dass die Gäste sich lachend freuten und Beifall klatschten.
Später tanzte ich noch auf vielen Bällen mit ihr, die nie müde wurde, auch wenn wir vorher und nachher sechs Kilometer zu Fuß gehen mussten. Das war eine Frau!
Als wir alle noch zur Schule gingen, oder auch später zur Arbeit, versorgte sie das Haus und die Tiere – früher hatte jede Familie Hasen, Hühner, Ziegen, Schweine -, sie bediente im Bäckerladen, half in der Backstube, kochte all das viele Essen für eine zehnköpfige Familie – und es gab früher meist zwei warme Mahlzeiten! Sie nähte und strickte auch für alle. Als ich in die Lehre kam, als die anderen Geschwister von zu Hause weg mussten zu Lehr- und Dienstherren, waren alle gut mit Strümpfen und Jacken aus Wolle versorgt. Jedes Kind hatte genügend Wäsche, keine Glanzstücke, aber eigene Handarbeit. Es gab damals auf dem Lande wenig fertig zu kaufen, und einfache Leute konnten sich das sowieso nicht leisten.

Außerdem hatte Lieschen den Laden zu säubern, wie auch das ganze Haus. Ich muss natürlich sagen, dass wir acht Kinder bei allem mit anpacken und helfen mussten, denn das war in jenen Zeiten selbstverständlich!

Aber Mutter Lieschen verstand sich nicht nur auf Handarbeit – sie konnte auch auf alle Fragen antworten, und sie wusste so gut wie alles, konnte jedes Wort richtig schreiben und hatte eine schöne Handschrift. Sie wusste jedes Land mit Namen und kannte alle europäischen Kolonien - kurz: von ihr konnte man lernen, lernen und nochmals lernen.

Woher sie das alles hatte? Ich weiß es: Ihr Vater war, obwohl taubstumm, ein kluger, gebildeter Mensch. Ab und zu besuchte er uns mit seiner ebenfalls taubstummen Frau. Dann saßen sie zu dritt beisammen und unterhielten sich in Gebärdensprache, kein Mensch vernahm einen Laut. Lieschen konnte die Taubstummensprache mit allen Zeichen, als wäre sie selber auf einer entsprechenden Schule gewesen. Ihr Vater, unser Opa also, sammelte im Auftrag des Taubstummenwerks Spenden. Fein gekleidet erschien er zweimal im Jahr im Städtchen mit amtlich bestätigtem Sammelausweis und Listen. Mit seiner Goldrandbrille und kurzem, graumeliertem Bart wirkte er wie ein Professor.

Wo kommen die Gedichte her?

Noch immer dachte ich hin und wieder an Laucha und an die Urahne, die gedichtet hatte, Luise Haller. Ob ich es wohl auch konnte? Oft versuchte ich es, doch welchen Stoff sollte ich bedichten? Woher bekam ich Anregungen?
Ungezählte Zettelchen mit Versuchen steckte ich in den Ofen. Und wieder verlor sich alles zwischen Veranstaltungen und Verabredungen.
Ich hatte zwei Freunde gefunden, Robert und Reinhold, genannt Reini, die machten alles mit, was ich vorschlug. Darüber wunderte ich mich oft; schließlich aber kam ich schon in jungen Jahren darauf, dass es eben Menschen gibt, die nicht selbst etwas unternehmen oder ersinnen können, sondern sich lieber anderen anschließen, sich führen lassen. Wir hatten auch bereits eine gewisse Demokratie, denn sie sagten: ›Denk dir was Neues aus, dann stimmen wir ab!‹ Und – sie stimmten zu!

So wanderten wir also an einem Pfingstsonnabend ins Mühltal. Das lag etwa 50 Kilometer von unserem Wohnort Teuchern entfernt und ist ein Zipfel von Thüringen, da, wo Preußen- und Sachsenland zusammenstießen; ein Dreiländereck.
›Fünfzig Kilometer,‹ sagte ich, ›können wir mit Essenspausen in zehn Stunden schaffen. Da sind wir um sechs Uhr nachmittags in Eisenberg, dem Tor zum Holzland‹ – so wurde die Gegend genannt, wegen der riesigen Wälder.
Im Rucksack Lebensmittel, Kochgeschirr für Spiritus, Handtuch, Geschirrtuch – alles, was dazugehörte: So zogen wir los. Auch eine Decke hatte jeder mit und einen Mantel, der innen gummiert war (das war die jüngste Errungenschaft der damaligen Bekleidungsindustrie). Nur die Zündhölzer vergaßen wir, aber die kauften wir in einer Wirtschaft, wo wir nach dreistündigem Marsch zum Frühstück einkehrten. Das war in Königshofen, dem letzten Ort im preußischen Land. Und auf einem Meilenstein am Ortsausgang, rund, klobig, etwa einen Meter und zwanzig hoch, konnten wir lesen: ›Bis Eisenberg 25 km‹.
Wir starrten uns an: Was, in drei Stunden 25 Kilometer gelaufen? Da stimmt doch was nicht! Und wir fragten den Wirt.

Der antwortete: ›Es stimmt schon, 25 Kilometer nach Eisenberg! Ihr aber seid wahrscheinlich nicht immer auf der Landstraße gelaufen. Seht mal her, hier hängt die Landkarte. Hier ist das Dreiländereck. Das hier ist sächsisch,‹ zeigte er uns, ›das hier ist preußisch. Und hier, auf diesen alten Straßen, romantisch, aber schlecht, da ist die Entfernung 25 Kilometer. Wo seid ihr denn hergekommen?‹ - ›Aus Teuchern.‹ - ›Aha!‹ Und er holte seinen Zollstock und maß die gerade Linie. Dann rief er lachend:
›Achtzehn Kilometer! Da seid ihr aber gut gelaufen über Stock und Stein! Ja, wenn man so jung ist und in so ein schönes Land will, kann man beinahe fliegen! – Wollt ihr nun die neue Landstraße entlanglaufen oder die alten?‹
›Die alten,‹ entschieden wir uns. Da guckte er uns an, indem er die Brille auf die Stirn schob, und sprach freundlich: ›Also, es gibt doch noch Romantiker, auch bei den jungen Leuten! Das freut mich sehr! Seht her, ich zeig euch den Weg: hierhin und dorthin. Auf diesen Wegen ist schon vor Jahrhunderten die ganze Prominenz dahergeritten. Ein schönes Fleckchen Erde, immer an den Bächen entlang, an Wäldern und Wiesen. Dann kommt ihr da bei meinem Freund vorbei, der sitzt im Wirtshaus ›Zur fröhlichen Wiederkehr‹. Dem bestellt ihr einen schönen Gruß und nehmt ihm hier diese Ansichtskarte mit. Die habe ich von unserem Dorf mit der Wirtschaft machen lassen, Stück fünf Pfennige. Wollt ihr jeder eine mitnehmen?‹
Wir wollten und nahmen auch die für den anderen Wirt mit. Doch – wir haben wohl einen anderen Weg genommen, oder sind in unserem Drang nach dem Holzland vorbeigelaufen. Jedenfalls kamen wir nie zum Wirtshaus ›Zur Fröhlichen Wiederkehr‹…
Das merkten wir, als wir vor einem weiten Tal ankamen. Unten lag eine Stadt, für unsere Begriffe riesig groß. Das musste Eisenberg sein! Und dahinter – alles voller Wälder, Wälder, Wälder. Über Höhen und Täler zogen sie sich hin, nach allen Seiten. Das war also das Holzland!
Wir wanderten weiter und schwiegen; keiner von uns hatte je solch große zusammenhängende Wälder erblickt. Abwärts ging's in flottem Gang. Keiner besaß eine Uhr. Als wir kurz vor der Stadt waren, hörten wir eine Kirchenuhr schlagen.
Jeder zählte leise mit … zwei, drei, vier, fünf – aus. Fünf Uhr nachmittags erst!

›Mensch, wir haben es in acht Stunden geschafft!‹ rief der Robert.
Reini aber sprach leise: ›Ich habe Hunger!‹
Da erst merkten wir, dass wir gar nicht zu Mittag gegessen hatten, und auch nichts getrunken! Das Zitronenwasser in der Feldflasche war nun richtig körperwarm geworden. Und unsere Essvorräte waren entweder weich wie Matsch, oder hart wie alte Brotrinde. Es war ein heißer Tag gewesen.

Der Funke!

Wir erreichten eine Kiesgrube, und dort, an einer Quelle, wuschen wir uns und kochten zum ersten Mal im Leben ›ab‹!
Das war herrlich, und es schmeckte wie noch nie!
Am Abend schlenderten wir durch die stille Stadt. Überall duftete es aus den offenen Fenstern nach Braten und Kuchenbäckerei. Es waren die Düfte vor einem Fest, an dem wir diesmal keinen Anteil hatten, denn wir waren ja Fremde hier, Wanderburschen mit nur wenig Geld im Beutel.
Hinter dem letzten Haus begann der Wald. Dunkel die Kiefern, Fichten und Tannen, und auch sie dufteten geheimnisvoll.
›Waldesduft – Waldesluft – reimte ich. Und plötzlich war ein Funke übergesprungen, von irgendwoher, und ich war wie verzaubert. Ich werde ein Gedicht machen, ich muss ein Gedicht machen! Aber es dauerte noch bis zum nächsten Morgen, und die Nacht, die dazwischenlag, war die Romantik selber.
Irgendwo wollten wir übernachten, nur in keinem Bett. Bei Mutter Natur sollte es sein. Wir suchten einen Lagerplatz. Doch als es dunkel wurde, ward es kühl am Bach. Im Halbdunkel stiegen wir einen Berg hinan. Da lagen gefällte Baumriesen und Fichtenreisig. Damit bauten wir uns ein richtiges Nest und ließen nur oben ein Luftloch. Von der Seite krochen wir hinein und verstopften das Seitenloch von innen. Dann rollten wir uns in die Decken, unterm Kopf den Rucksack. Der kienige Duft hatte etwas Beruhigendes, und schnell schliefen wir ein. Mitten in der Nacht erwachten wir von den lärmenden, schreienden und raschelnden Geräuschen des Waldes. Der Mond schien schräg durch unser Luftloch. Staunend erlebten wir die Waldnacht. Ein größeres Tier kroch an unser Nest heran. Wir rührten uns nicht. Aber Freund Robert musste plötzlich nießen, und mit einem Mal war draußen alles still. Ich sagte: › Robert, deck dich richtig zu!‹ Ein Kauz ließ von weitem seinen klagenden Ruf hören. Dann schliefen wir wieder ein.

Die Kühle des Morgens weckte uns, und wir beschlossen, uns Kaffee zu kochen. Dem Nest entstiegen, lief einer hinunter zum Bach und holte im Henkeltopf Wasser, herrliches, klares und feinschmeckendes

Wasser. Der Kaffee erwärmte uns, und dann liefen wir alle drei zum Bach, um zu baden. Und plötzlich war er wieder da, der Gedanke, ein Gedicht zu machen.

Meine beiden Wandergenossen gingen noch einmal ins Nest. Ich jedoch stieg den Berg bis ganz hinauf und sah unter mir im leichten Nebel die Welt, meine Welt, liegen. Da erscholl in der Ferne ein Waldhorn, und der Klang stieß an unzählige Berge und hohe Wälder an und eilte immer weiter und weiter. Es war ganz feierlich... Und dann kam der Durchbruch – diese Verse fielen mir zu:

>›Ich war so wach am Morgen heut,
>noch eh ein Hahn gekräht.
>Da stieg ich auf den Berg hinauf
>Und hab umher gespäht.
>Zu Füßen lag die schöne Welt,
>mein Herz war leicht und sang –
>und drüben klang ein Horn hellauf,
>des' Ton sich weithin schwang.
>
>Horch nur, wie es schallt
>Über Busch und Wald –
>Wie es in der Ferne leise widerhallt!
>(Echo:) Horch nur, wie es schallt,
>Über Busch und Wald,
>Wie es in der Ferne hallt!
>
>Wo schwingen all die Töne hin?
>Wo endet jeder Klang?
>Hinüber in die Ewigkeit
>schwingt jedes Tones Sang!
>Es ward uns Menschen große Gab'
>vom Schöpfergeist geschenkt:
>Es bleibt uns die Erinnerung,
>von Herz und Hirn gelenkt...

> Horch drum, wie es schallt
> Über Busch und Wald,
> dass es in Erinn'rung
> ewig widerhallt!
> (Echo:)Horch drum, wie es schallt
> Über Busch und Wald,
> dass es in Erinn'rung hallt!

Es war mein erstes kleines Gedicht, was später, viel später, auch eine Melodie bekam und Lied wurde. Ich sandte es Tante Sophie nach Laucha, und sie dankte mir mit einem einzigen Wort: ›Danke!‹ stand auf der Postkarte.

Ich war still enttäuscht, ich hatte wohl großes Lob erwartet. Ich zeigte die Karte meiner Mutter, die ja mein Gedicht kannte, und sie sagte: ›Das ist eine Auszeichnung für dich! Zuviel schöne Worte sind nicht gut!‹

JUGEND IN BEWEGUNG

Eine neue, bessere Welt!

Robert und Reini wanderten nie wieder mit mir. Ich aber, in der Guttempler-Loge zur Jugendbewegung(11) gestoßen und in der Deutschen Turnerschaft leidenschaftlich mitgewirkt, brauchte und suchte Gleichgesinnte. Turnen, wandern, sich bewegen, das bedeutete damals Freiheit. Von alters her hat die Jugend immer nach Freiheit gestrebt, und nach Gerechtigkeit.
Diese Ideale fand ich in der Sozialistischen Arbeiterjugend von vielen erstrebt. Das Wort ›sozialistisch‹ aber beinhaltete damals nicht das, was heute, 1973, nach einem halben Jahrhundert, hineingelegt wird. Es entstammte dem einfachen Wunsch, einen sozialen Staat aufzubauen, in dem Gerechtigkeit und Brüderlichkeit regieren sollten.
Rauchen und Alkohol waren in der SAJ streng untersagt, genau wie bei den Guttemplern. Wir hatten es uns selbst auferlegt. Wir wollten bei uns selber anfangen, eine neue, bessere Welt zu schaffen. Das war eine Jugendmannschaft, aus der noch lange nach dem Zweiten Weltkrieg die besten Politiker kamen.

Damals nun – Anfang der Zwanziger Jahre - fuhr ich jede Woche zwei- oder dreimal zu meinen Turnbrüdern in den Nachbarort. Der ›Jung-Deutsche-Orden‹, ein nationaler Verband, machte sich breit, und auch im Turnverein wurde über Politik diskutiert. Ich wollte aber den Verein nicht politisieren lassen und hatte heftige Auseinandersetzungen mit der Turnerschaft. So fuhr ich eines Abends wütend mit dem Fahrrad nach Hause.
Meine Karbidlampe am Rad war ersoffen – das machte nichts, ich fuhr ohne Licht, der Mond schien ja. Ganz in Gedanken fuhr ich wohl auch noch auf der linken Seite der Straße – da gab es plötzlich einen derben Stoß an meinem Kopf, und ich stürzte vom Rad auf das Straßenpflaster. Was war denn passiert? Ein anderer Radfahrer, ebenfalls ohne Licht, war auf mich gestoßen. Wir lagen beide am Boden. Es rann warm über mein Gesicht. Ich ergriff mein Fahrrad, dem nichts passiert war, und raste bergab in mein Städtchen, direkt zum

Doktor. Der aber war an dem Abend beim Stammtisch im Ratskeller. Ich raste also weiter, ohne Licht durch ganz Teuchern, an einem Polizisten vorbei. Der schrie vergeblich: ›Halt!‹.

Ich kam also zu Dr. Haupt, unserem Familienarzt, in den Ratskeller, und er fragte erschrocken: ›Wer bist du denn?‹ ›Ihr Unglücksrabe!‹ antwortete ich leise. Da wusste er bescheid: Er selber hatte mir diesen Spitznamen gegeben, als er mir eine andere der vielen Wunden an Kopf und Fuß verarztet hatte. Auch diesmal bekam ich einen Kopfverband und ging dann ins Bett. Welch Erschrecken der Mutter am Morgen, als sie mich mit Kopfverband in die Backstube kommen sah! Wie oft war sie schon so erschrocken: Als Kind war ich einmal fast erblindet, getroffen direkt unterm linken Auge von einer Eisenstange, die ein anderer Junge im Kampf gegen seine ›Feinde‹ um sich geschleudert hatte; noch früher war mir, als ich spielend vor dem Haus saß, aus dem ersten Stock ein Blumentopf auf den Kopf gefallen. Als Säugling im Stubenwagen fiel mir das Oberteil des Küchenschranks auf den Kopf, als der Wagen einmal dagegenrollte; und als Zweijähriger hinterließ eine brennende Wunderkerze, die ich am Weihnachtsbaum bestaunte, eine Narbe in meiner Kopfhaut. – All das muss ich erzählen, um zu zeigen, was Mutter Lieschen mit mir auszustehen hatte, und wie ich doch im Pech immer wieder Glück hatte.

Die Wunde heilte auch dieses Mal. Zu den Turnbrüdern ging ich bald nicht mehr hin, weil sie sich immer mehr national beeinflussen ließen. Mächtig kämpfte zu jener Zeit, um die Mitte der Zwanziger Jahre, die junge Weimarer Republik gegen die Angriffe von Rechts und Links. Die drei Parteien der Mitte – Zentrum, Sozialdemokraten und Deutsche Demokraten – gründeten das ›Reichsbanner Schwarz-Rot-Gold‹, einen Kampfverband zum Schutz der Republik. Auch mein Bruder Artur und ich traten ihm bei, und wir wurden in der Jugendabteilung, genannt ›Jungbanner‹ tätig. Vieles, was ich dort tat, konnte ich mit meiner Arbeit in der SAJ verbinden, denn wir wirkten in beiden Verbänden kulturell in der Jugend. So machten wir zum Beispiel in der SAJ Sing-Kreise und sogar ein Kabarett, genannt ›Die Rote Horde‹. Da spielten wir auf Bühnen von Gasthäusern kurze politische Stücke und Lieder, die meist von mir verfasst waren, aber auch Ernst Tollers(12) ›Maschinenstürmer‹ oder Hauptmanns ›Weber‹.

Und als ich später von der Wanderschaft die Thüringer Waldzither mitbrachte (das erzähle ich später noch), wollten etliche andere deren Spiel von mir erlernen. So besorgte ich ihnen im Vogtland fünf Waldzithern, und bald spielten wir zusammen. Dann kam Artur dazu, der Mandoline spielte, und meine Schwester Gertrud, ebenfalls mit Mandoline. Schwester Hedwig und ihr späterer Mann spielten Gitarre – und dann waren wir auf einmal 15 Saitenspieler, nannten uns ›Der Mandolinenklub‹ und veranstalteten in Teuchern Konzertabende. Selbstverständlich spielten wir alle Lieder nach Gehör, ohne Noten.

Im ›Jungbanner‹ bildeten wir einen Spielmannszug mit Trommlern, Pfeifern, Lyra-Spielern, Paukern und Beckenschlägern. Artur, der Begabteste, bekam die Lyra, das Glockenspiel mit den schönen schwarz-rot-goldenen Fuchsschwänzen rechts und links. Immer vorneweg marschierte er. Ich selber ging im dritten Glied als Querpfeifer. Hier wurde zwar jeder Marsch nach Noten gelernt. Ich erlernte alles nach dem Gehör, denn ich konnte damals noch keine Notenschrift.

Was denkt ihr, wie die Fenster aufgerissen wurden, wenn wir mit klingendem Spiel durch das Städtchen zogen! Ja, wir hatten viele Freunde und Anhänger!

Wir gingen auch in Zivil zu Versammlungen von Nazis und Kommunisten, um uns auf dem laufenden zu halten, was sie für Machenschaften planten. Und wenn uns dann die Polemik dabei zuviel wurde, riefen wir im Sprechchor: ›Geistloser Quatsch! Geistloser Quatsch!‹ Viele drohten uns Prügel an, aber wir lachten nur drüber.

Im Stillen aber bemühten wir uns um soziale Verbesserungen. Wo etwa bekannt wurde, dass irgendwo im Ort Lehrlinge oder Hausmädchen zuviel arbeiten mussten oder schlecht behandelt wurden, da gingen wir als Gruppe hin. Wir sprachen mit den Lehrherren und Gasthausbesitzern, und die zeigten sich auch oft zugänglich. Denn wir traten immer ruhig und gesittet auf.

Einmal wurden wir bei einem Wirt nicht vorgelassen. Da gingen wir nach vorne und setzten uns in den Gastraum und bestellten uns was zu trinken. Der Inhaber kam immer und begrüßte jeden Gast persönlich, das wussten wir. Er kam auch und wollte uns die Hand geben, aber wir zogen die Hände zurück.

›Wer sind Sie denn, meine Herren?‹ fragte er erstaunt - ›Mit kurzen Hosen und solchen blauen…‹ ›…Blusen‹ sagte ich.

›Wir sind eine Jugendgruppe und gehen überall hin, wo junge Leute zu lange arbeiten müssen. Bei Ihnen ist ein Lehrling in der Küche, der noch über zwölf Stunden täglich arbeitet!‹
›Und was wollen Sie von mir?‹ fragte er.
›Dass Sie es so machen, wie der Besitzer vom Gasthof am Marktplatz!‹ Der hatte seinen Lehrlingen nämlich zwei Stunden pro Tag erlassen.
Da klopfte der Chef kurz mit der Faust auf den Tisch, als wollte er sagen: gemacht! Und dann setzte er sich zu uns und bestellte eine Runde für alle. Er staunte noch mehr, als wir alle alkoholischen Getränke ablehnten.
Am nächsten Tag kam der Küchenlehrling freudestrahlend in die Jugendgruppe und sagte: ›Ich hab jetzt zwei Stunden früher Feierabend!‹
So wirkten wir im kleinen. Aber viele junge Menschen wagten gar nicht, etwas zu sagen, und da erfuhren wir nichts, bis es zu spät war. Damals kam es oft vor, dass junge Hausmädchen, die vom Meister bedrängt wurden (einer hatte sich sogar den Zimmerschlüssel des Mädchens besorgt!), sich in der Not aus dem Fenster stürzten, oder dass Lehrlinge einfach wegliefen.

Die Jugend-Bewegung aber wurde immer stärker. Zum Mitteldeutschen Jugendtag in Leipzig 1924, den die SAJ veranstaltete, marschierten Tausende auf. Da kamen Jugendliche aus vielen europäischen Ländern zu gewaltigen Demonstrationen zusammen. Das war ein Erlebnis!
Da hing aus einem der schönen Bürgerhäuser an der Straße, wo unser Zug vorbeiging, eine riesige schwarz-weiß-rote Fahne – die Farben des Kaiserreiches. Einer aus unserer Gruppe wollte hin, um sie runterzureißen, aber ich rief laut:
›Lass den Lappen doch hängen! Der hat doch ausgedient! Du riskierst nur, dass sie dich verhaften!‹
Und als das Wort ›Lappen‹ gehört wurde, lachten viele, und der Bursche wurde zurückgehalten.
Wir wussten, dass wir von der Welt beobachtet wurden. Wir durften uns nichts zuschulden kommen lassen, und so kämpften wir mit friedlichen Mitteln und hofften auf die Einsicht der Menschen…

Der Jugendtag bewirkte bei mir, dass ich zunehmend Lust bekam, auf Wanderschaft zu gehen. Zwar brachte mir das Jahr 1925 unter anderem meine erste Liebschaft mit einem gleichgesinnten Mädchen, doch die Ferne lockte. Zwei Jahre hatte ich beim Reichsbanner mitgewirkt. Monat um Monat schob ich meine Wanderschaft hinaus, weil, wie ich glaubte, ich überall gebraucht wurde. Doch das war nur Einbildung. Ich merkte es, als ich Vorsitzender des ›Jungbanner‹ werden sollte und sagte, dass ich eine Weile auf Wanderschaft gehen wollte. Da wählten sie sehr schnell einen anderen Jungen – und ich hatte gedacht, sie würden mich bitten, zu bleiben.

Auf Wanderschaft

So bereitete ich meinen Abschied vor. Ich ließ mein Fahrrad überholen, kaufte mir verschiedene neue ›Klamotten‹, und eines Morgens, Anfang Mai 1926, fuhr ich los. Zuerst an die Orte, wo meine Eltern gelebt hatten. Dann ins Erzgebirge, von wo aus ich durch Böhmen und Mähren nach Wien fahren wollte. Doch zunächst kam es anders. In einer Jugendherberge erfuhr ich nämlich, dass in Weimar die Schiller-Festspiele stattfanden und im Landestheater viele Stücke aufgeführt wurden, die ich noch nicht kannte. Vor allem aber Weimar, die Stadt der ersten deutschen Republik – dort wollte ich hin, das zog mich mächtig an.
In nur zweieinhalb Tagen war ich dort und war glücklich. Diese Stadt mit ihren Bauwerken und ihrer Geschichte, ihrer Umgebung und ihren Dichtern erfüllte und beeindruckte mich unendlich. Ich sah ›König Lear‹, ›Wilhelm Tell‹, ›Macht des Schicksals‹ und viele andere berühmte Stücke in den zwei Wochen meines Aufenthalts – es war in jeder Hinsicht ein goldener Lenz. Es gab frohe Stunden bei örtlichen Jugendgruppen; bei einem Märchenerzähler; in Goethes Gartenhäuschen.
Schloss Tiefurt wurde besucht, ein Vorort Weimars, das der Sage nach mit einem Mörtel aus Kalk und – Hühnereiern erbaut worden war, Mitte des achtzehnten Jahrhunderts. Dieser Mörtel sollte Jahrhunderte und Jahrtausende überdauern. Aber in welcher Not war das Land damals! Und doch musste jeder Bauer Eier abliefern, und wehe, wenn einer seine Hühner deswegen schlachtete! - Dort standen wir auch vor der Tür, die der Schlossherr später über Nacht zumauern ließ. Dahinter lag der Trakt, den seine Schwiegermutter bewohnte, die herrschsüchtig und böse gewesen sein soll. Nur durch ein Fenster konnte sie versorgt werden, und sie starb in diesem Gefängnis.
Das waren alles tiefe Eindrücke für eine junge und suchende Seele...
Da war auch ein Mädchen in Weimar, das ich bei einem Tanzabend kennenlernte. Sie trug eine echte Rose am Ausschnitt, wegen der ich wieder zum Dichter wurde, nämlich als wir zusammen im nächtlichen Park nach Ersatz für die verlorene Rose suchten... Ein Gedicht auf ›Die Mädchen von Weimar‹ wurde daraus.

Noch ein Abstecher nach Eisenach und auf die Wartburg – welche Wucht in der Einsamkeit zwischen Bergwäldern und engen Tälern! Hier wurde mir alles lebendig – der Wettstreit der Sänger und Martin Luther.
Dann aber wurde es Zeit, mich wieder auf die Fahrt zu begeben, wie ich es immer in dem alten Lied vom jungen Wandersmann sang, um mich anzufeuern. Über Sonneberg, talabwärts über den Rennsteig, nach Kulmbach. In einer Schenke dort kehrte ich durstig ein. Alkoholfreies Getränk gab es nicht. So lernte ich das dunkle, schäumende Kulmbacher Bier kennen. Ich war der einzige Gast in der großen Wirtsstube. Auf den breiten Fensterbänken stand es voller blühender Zimmerlinden. Eine alte Kuckucksuhr tickte fleißig, Fliegen summten. Und als ich gegessen und getrunken hatte, schlief ich selig am Tische ein. Es war der Schlaf des Gerechten. – Verwundert wachte ich auf, als die Wirtin nach langer Zeit mit ihren Holzpantoffeln hereingepoltert kam.

Weiter hinunter, gen Nürnberg über Bamberg. Es war eine herrliche Fahrt - die große Ebene in einem einzigen Zug durchflogen. Durch die großen Wälder dann im weißen Sandboden, dann weiter nach Süden, Regensburg entgegen. Da war das Lied vom Fährmann lebendig, dem Strudel und den ›schwäbischen bayerischen Dirndln‹ und vor allem von der Prinzessin, die ob ihrer Jugend noch nicht ›lieben kunnt‹. Ach du schöne, du goldene Zeit! Es war die Zeit der Rosen. Überall in den Gärten an den Straßen nach Passau blühten sie in betäubendem Duft – und in manchem Winkel blühte auch das Glück der Liebe.
›A sauberer Bua!‹ hörte ich oft in meiner Nähe sagen – verstehen konnte ich's nicht. Ich war in Deutschland, doch ich kannte die Sprache nicht. Da gab es viel heiteres Lachen über meine Hilflosigkeit mit der bayerischen Sprache. Mein Hochdeutsch aber ging in alle Ohren. Auf der Fahrt nach Passau wurde es mit der Radelei immer schwerer. Kein Berg hinderte, sondern die Sehnen in Füßen und Waden machten nicht mehr mit. Überanstrengung! Aber ich musste ja weiter. Und kurz vor der Stadt stürzte ich vom Rad und zog mir eine Wunde am rechten Knie zu. Da saß ich ein paar Stunden am Straßenrand.
Ein Bauer mit Pferd und Wagen nahm mich samt Stahlross mit bis zum Bahnhofsplatz. Ich dankte und sagte, wie ich es im Land gelernt hatte: ›Vergelt's Gott!‹ – Da lachte der biedere Mann und antwortete: ›Jo, vergölt's du, wann du jemand hölfn koscht!‹

Und während ich noch über den Spruch nachdachte, rief da jemand nach mir: ›Kurt!‹ – Wer kannte mich hier an diesem unbekannten Platz?

Es war Grete, ein Mädchen aus meinem Heimatort! Sie hatte hierher geheiratet und war Wirtsgattin geworden.

Grete bewirtete mich und kümmerte sich um meine Wunde. Ihrem Mann passte das nicht so recht. Ich wollte am nächsten Tag abfahren, aber mein Knie entzündete sich und Sehnen und Muskeln gehorchten mir nicht mehr. Grete besorgte mir um die Ecke eine Übernachtung für wenig Geld und riet mir, entweder mit der Eisenbahn oder mit einem Schiff nach Wien zu fahren. Oh ja – mit einem Schiff! So war ich ja noch nie gefahren. Dann aber musste ich ihr alles über Zuhause erzählen, denn ihr Heimweh war groß.

Am nächsten Morgen stelzte ich zur Dampfer-Anlegestelle. Dort erfuhr ich, dass am andern Morgen um vier ein Schleppdampfer abfahren sollte. Ich kaufte gleich eine Karte. Sie kostete 1,32 Goldmark – für 300 Kilometer!

Punkt vier Uhr morgens tutete mein Dampfer auf der Donau. Mein Fahrrad hatte ich bei meiner freundlichen Wirtin gelassen. Viele junge Burschen und Mädchen, auch ältere Leute mit großen Bündeln, waren an Bord. In die Mitte des Stroms fuhr das Schiff, und ich sah den Zusammenfluss des Inn und der Donau. Es schien mir ein Weltwunder und war doch wenig, im Vergleich mit den Dingen, die ich noch sehen sollte.

Über Linz und St.Pölten ging's flussabwärts. Der Tag ging schnell vorbei, wie die Landschaft zu beiden Seiten. Schlafen konnte man in einem großen Raum unter Deck, da waren Hängematten aufgehängt. Ich bekam Nummer 12 – die Glückszahl aus meiner Kindheit...

Die Entdeckung

In der Nacht aber, unter Deck, wurde es zuerst gar nicht still, bis eine Trillerpfeife tönte und eine scharfe Stimme ›Ruhe!‹ gebot. Das war der Kapitän, der nahm wohl oft so unruhiges Jungvolk mit.
Um sechs Uhr morgens wieder die Trillerpfeife. ›Aufstehn, alles aufstehn! Waschen nebenan! Alles aufräumen! Um sieben Uhr Kontrolle!‹
Dann rauschten wir weiter, Wien entgegen. Alles Volk war oben an Deck, und alles sang, und zwar sehr laut. Ich schlich wieder hinunter, weil ich mich da oben nicht wohl fühlte. Und ich hatte etwas im Sinn, hatte etwas gesehen. Etwas Neues begegnete mir auf diesem Schiff, das meinem Leben eine neue Sehnsucht, eine neue Richtung geben sollte… An einer Holzwand im Schlafraum, hatte ich gesehen, hing ein Zupfinstrument. Es war aber keine Mandoline und auch keine Gitarre, denn die kannte ich. Vorsichtig strich ich mit dem Finger über die vielen Saiten. Oh, wie melodisch das klang, wie harmonisch! Wie das nach weiterem Streicheln lockte, wie da die Hände danach griffen und das Instrument herunternahmen!
Ich drückte die Saiten zwischen den Stegen nieder, und sogleich entstanden andere Töne. Ich legte den Mittelfinger der linken Hand über alle Saiten zugleich, und sofort hatte ich einen neuen, vollen Akkord hervorgezaubert. Ich fühlte mich wie ein Zauberer. Ich suchte eine Tonleiter und fand ihrer vier. Ich klimperte aufwärts und abwärts und summte mit; probierte eine Melodie. Es wurde ›Hänschen-Klein‹ daraus und ›Nun ade du mein lieb Heimatland‹. Da stand plötzlich der Matrose, dem das Instrument gehörte, hinter mir und fing an, mich anzubrüllen: ›Was fällt dich inn?! Du Lümmelsack, du Rotzenase, wüllste woll meine Musik widder hinhänge!‹
Und er tobte und brüllte weiter, am liebsten hätte er mich verprügelt. Zu meinem Glück hatte es angefangen zu regnen, und der große Raum füllte sich mit Fahrgästen.

Ich entschuldigte mich bei dem Aufgebrachten, und siehe da, der junge Matrose war sehr schnell versöhnt. Dann erfuhr ich auch, was das für ein Instrument war: die Thüringer Waldzither!

Ich fragte den Matrosen. ›Bist du aus Bayern?‹ - ›Nö!‹
›Bist du ein Schwabe?‹ - ›Nö!‹ - ›Bist du Österreicher?‹ –
›Nö, warum?‹ - ›Weil du solch sonderbare Aussprache hast!‹
›Nö, ich bin e Sachse!‹ - › Ach Mensch!‹ rief ich aus, ›Da sind wir ja beinahe Landsleute! Wie kommst du denn bloß auf den Kahn?‹
›Hm,‹ machte mein Sachse, ›das Wandern ist des Müllers Lust. Ich bin lieber uffs Schiff gegang, da braucht mor nich ze loofen!‹
Ich musste lachen. Und er erlaubte mir, noch ein bisschen zu spielen, ja er zeigte mir sogar einige Griffe, und das klang gut. So möchte ich auch mal spielen können, dachte ich. Ha – wenn ich wieder heimkomme, kauf ich mir so ein Ding, aber gleich mit einem Lehrheft!
So vergingen Stunden des Suchens nach Tönen, ganzen und halben, denn ich hatte ein musikalisches Gehör.

Dann, als es dämmrig wurde, entstand auf einmal ringsherum eine sonderbare Stille, voller Erwartung… Jeder dachte schon an die Landung, alle wollten Wien sehen, die alte, schöne Stadt. Und fast alle wollten, wie ich, zum großen Arbeiter-Turn- und Sportfest(13). Acht Tage sollte es dauern. Für mich wurden drei Wochen daraus.

Wien

Immer breiter wurde die Donau, ich schätzte 250 Meter! Schon fuhren wir unter der ersten hohen Brücke hindurch. Es regnete. Ich stand auf der Bank im Aufenthaltsraum und guckte hinaus durch ein Bullauge. Das Wasser lag höchstens 75 Zentimeter tiefer. Sonderbar, aus diesem Blickwinkel weit, weit drüben die großen Häuser zu sehen! Kirchtürme, Schornsteine, Pappelbäume in Reihen – ob die wohl noch aus Napoleons Zeiten stammten, als er Wien besetzte? In der Schule hatte ich gelernt, dass er überall seine Heerstraßen mit solchen Bäumen bepflanzen ließ, damit die Truppen sie von weitem schon sehen konnten.

Nun folgte Brücke auf Brücke. Ich zählte – seit meiner Kindheit musste ich immer alles zählen: Stufen, Fenster, Leute, Bäume. Neun Brücken hatten wir passiert. Da erscholl die Trillerpfeife wieder. Der Kapitän meldete sich sehr freundlich zum Abschied: ›Es war eine glückhafte Fahrt, und wir wünschen weiter viel Glück in der schönen alten deutschen Kaiserstadt(14)! In zehn Minuten landen wir!‹
Diese letzten zehn Minuten waren lang und voll Spannung. Die zehnte Brücke – die elfte – die zwölfte. Na, ob noch eine kam? Ja, dort spannte sie sich gewaltig, aus Eisen, über den mächtigen Strom. Dann setzten die Dieselmotoren aus, langsam trieb das Schiff weiter und steuerte rechts heran. Mit sanftem Ruck hielt der Kahn.
Da kam noch einmal der sächsische Matrose und reichte mir die Hand: ›Leb wohl! Ob wir uns noch mal sehen?‹ - ›Wer weiß?‹ ----
Nie wieder hab ich ihn getroffen. Aber durch ihn und seine Waldzither begann daheim mein Leben in Musik weiter zu gehen.

Aber jetzt war Wien erreicht. ›Wien, Wien, nur du allein…!‹ sang es in mir . ›Wie komme ich…?‹ Meine Frage tauchte unter im Tuten des Dampfers. –
›Wie komme ich nach Schönbrunn?‹ fragte ich einen Schiffer. - ›Weiß i doch net! Frag halt da vorn im Schiffsbüro!‹
Im Schloss Schönbrunn war nämlich eine Jugendherberge, da wollte ich hin. Zu Fuß wanderte ich durch die Stadt. Noch nie war ich in ei-

ner solch großen Stadt gewesen. Aber als ich hinkam, war die Jugendherberge voll belegt. Was nun? Fremde Stadt und keine Bleibe... das gibt's doch nicht!
Jemand zeigte mir ein Plakat, das da an der Wand hing. Darauf stand: ›Angesichts der zu wenigen Betten in der Jugendherberge hat die Städtische Feuerwehr Abt. Ständige Bereitschaft Schloss Schönbrunn ihren Schlafsaal für Festbesucher zur Verfügung gestellt. Anfragen und Anmeldungen HIER!‹
Gottseidank, da bekam ich nun ein Bett. Doch im Schlafsaal befanden sich über 40 Betten. Das war eine Unruhe bis Mitternacht!
Am nächsten Morgen begrüßte uns ein Feuerwehrhauptmann und meinte: ›...und an rechten Krach ham's gmacht, des hat uns gfreit, nächtiglich!‹ –
Dieser Hieb saß – in der nächsten Nacht war es still im Saal. Es kann aber auch sein, dass sich alle Besucher – zum ersten Mal in der großen Stadt – müde gelaufen hatten.

Das war nun die Donau-Metropole. Was gab es in dieser Riesenstadt zu sehen und zu erleben! Die Paläste, die Kirchen, den Prater besuchte ich. Im Wiener Wald lief ich alle Wege und Pfade ab. Das erste Freilichtkino meines Lebens konnte ich sehen, und dann ein Riesen-Feuerwerk, zuerst bei Tage, mit buntem Rauch, dann abends – etwas noch nicht Erlebtes für den Handwerksburschen aus dem Thüringer Land!

Julia

Und dann traf ich dreimal am selben Tag Julia, eine lustige und sehr schöne Wienerin mit ihren Freundinnen, wie zum Aussuchen. Aber Julia, die zierlich, liebenswürdig und voller Geistesblitze war, gefiel mir doch am besten. Wie alt? Vielleicht 17 oder 18 Jahre. Wer fragte danach? Ich selber kurz vor dem Zwanzigsten.
Und ausgerechnet mit mir wollte sie tanzen, scherzte mit mir und wollte mich immer wieder sprechen hören. Mein Thüringer Akzent klang ihr so ›süß‹, wie sie sagte, dass sie mich mit Beschlag belegte und mich nicht mehr ›hergeben‹ wollte. Die ganze Stadt war zu einem Tanzplatz geworden. Und überall Menschenmengen zu Fuß oder per Rad. Julia wollte aber mit mir allein sein. Sie winkte einem Fiaker. Das war eine Kutsche mit einem Verdeck, das je nach Wetter auf- oder zugeschlagen werden konnte.
Im Fiaker fuhren wir am Prater vorbei und hinaus in die Natur. Der Kutscher sollte warten, sie gab ihm einen Schein.
In der sommerlichen Natur wandelten unzählige Pärchen, hinter vielen Büschen, dicken Bäumen und auf Seitenwegen konnte man sie sehen. Es war Sonntag, ein herrlicher Sommer-Sonnen- Sonntag…
Als wir zurückkamen, war der Fiaker weg. Zwei Stunden konnte der Kutscher vielleicht noch warten, aber vier…?
Es gab auch keinen anderen Fiaker mehr. Wir mussten eine halbe Stunde bis zur Straßenbahn gehen. Das tat nichts – Julia war selig, und ich – ich war betört worden! Gegen diesen Charme, gegen solche Zuneigung kann sich keiner wehren.
›Oh Julia!‹ sagte ich leise, ›Was hast du aus mir gemacht?‹
›s'gschieht dir recht, du – du Schneckerl!‹ Und sie fuhr mit der Hand durch meine Locken.
›Ja, Schneckerl werd ich dich jetzt immer heißen. Komm Schneckerl, gib mir a Busserl!‹
Schneckerl und Busserl, eine ganze Woche lang. Das war Julia.
Und dann wollte sie mich beim Aufmarsch der Turner sehen.
In tausend Reihen und Gliedern angetreten, so zogen wir durch die prachtvoll geschmückte Stadt. Fahnen, Musikkapellen, Spielmannszüge, Trachtengruppen, Blumen- und Rosenbögen, die von allerlieb-

sten Schulmädchen getragen wurden. Sängerabteilungen und Wagen mit frohen Menschen, von geschmückten Rossen gezogen. Und immer wieder die Turnmannschaften aus ganz Europa. Das war der Festzug, stundenlang, bis zum späten Nachmittag. Keiner im Zug fragte, wohin, jeder folgte dem Vordermann.
Und da war ein riesiger Platz, der Trabrennplatz, der noch größer war als das Stadion. Den füllten wir aus. Und auf dem Platz eine Tribüne mit abertausend Menschen, ganz vorn die grüßende und winkende Prominenz der Turnerschaft aller Länder mit ihren Landesfahnen. Vor der Tribüne defilierten in Achter-Reihen die Fahnenträger aller Turnerbünde vorbei und senkten ihre Banner, so dass das Tuch, alle die bunten Tücher der Fahnen, im Staub schleiften. Wie zu einer Riesenpolonaise waren wir aufmarschiert und sahen die Banner sich senken und nach 24 Schritten wieder erheben. Was sollte denn das bedeuten?

Wir erfuhren es am nächsten Morgen durch die Zeitungen. In waagerechter Stellung hielten die Träger ihre Fahnenstangen, einer Phalanx von Speeren gleich, zum Gegenangriff bereit, der kommen würde, sollte die Reaktion versuchen, die Republik anzugreifen.
Das war ein großes Gefühl in diesem Triumphzug der Arbeiter in ihrem Kampf um Recht und Freiheit. Der Arbeiter-Turn- und -Sportbund(15) wirkte hier mit im politischen Kampf der Arbeiter, als Gegengewicht zu den Deutschnationalen Turnverbänden.
Der Angriff kam, wenn auch Jahre später. Und die Arbeiterschaft mit allen ihren Organisationen, die aus Idealismus aufgebaut worden waren, wurde in fürchterlichem Bürgerkrieg zwischen 1930 und 1933 zerschlagen. Wohl wehrten sich die republikanischen Schutzbünde, aber die nationalistischen Terrortruppen waren besser bewaffnet, und zu Hunderten starben die Kämpfer der Republik.

Im Juli 1926 aber – da war goldener Sonnenschein in Wien, da sang und klang es, da zogen wir im Festzug, zu zehn oder zwölf jungen Menschen, untergehakt über die breiten Straßen. Die Straßenbahnen blieben stehen. All die Fiaker warteten und die Massen von Zuschauern, bis unser Zug vorüber war.

Und da – ich hatte sie in diesem Aufruhr, in dieser Begeisterung vergessen – da rief es an einer Straßenecke gellend laut und fröhlich: ›Schneckerl, Schneckerl! Hier! Hier!‹
Es war Julia. Sie trug einen blitzenden Stab, an dessen oberem Ende ein Blumenstrauß befestigt war, wie ich das schon bei vielen Mädchen in Wien gesehen hatte. Sie rief und winkte, und alles schaute nach ihr hin. Wem winkte denn das strahlende Maderl?
Mir winkte es, und ich antwortete mit lautem Ruf, ebenfalls winkend. Da blickten alle nach mir, und es ging ein Raunen durch die Reihen der Turner und Zuschauer auf Straße und Tribüne: Der da, mit den dunklen Locken, das war Schneckerl!
Dann lief Julia neben meinem Marschblock her, denn in der Masse der Zehntausenden hätten wir uns sonst nie mehr gefunden. Das war Julia. Ein ›Pfunds-Maderl‹!

Eine ungeheure Euphorie herrschte in der Stadt an jenem Abend, kein Stuhl war in irgendeinem Lokal mehr zu haben.
Wir wanderten umher und tanzten überall, konnten nicht genug bekommen. Selbst auf den Straßen tanzten die Menschen, und kleine Kapellen spielten lustig auf. Da lernte ich Fröhlichkeit und Liebe kennen. Die Schillinge rollten, und die Kellner flitzten, denn alles hatte Durst. Und Julia bezahlte alles, alles.
›Ich bin nur ein armer Wandergesell, gute Nacht, liebes Mädel, gut' Nacht! sang ich ihr an jenem Abend zum Abschied vor der Herberge. Julia lebte in diesem Glauben und sprach immer wieder: ›Ich tu des Guten nicht zuviel, Schneckerl, gelt? Wann musst du aber fort von hier?‹
›Ach,‹ antwortete ich, ›ich kann noch bleiben, ich hab noch was im Säckel. Außerdem erwarte ich einen Geldbrief mit 80 Goldmark!‹
Und das stimmte! Abgeschickt wurden sie wohl, aber bekommen habe ich sie nie. Der, der die Post in jener Zeit für alle Schlafgäste von Schloss Schönbrunn vom Postamt abholte, schwor mir, dass für mich nichts dabei war…
Am andern Tag ging ich selber zur Post und – da war ein Brief angekommen von Lieschen. Dabei lag ein kleiner Geldschein von 5 Mark. Ach du liebes Mütterlein!
Am selben Tage sah ich Julia wieder. Ihre erste Frage war gleich: ›Ist dein Geldbrief angekommen?‹ - ›Ja und nein!‹ - ›Des gibt's doch net!‹

›Doch, doch!‹ sagte ich und zeigte ihr den Brief der Mutter.
›Aber es ist nicht der große Geldbrief.‹
›Von wem soll der denn kommen?‹ - ›Ach, von jemand anderem, der mein Geld verwahrt.‹ - ›So? Hast du vielleicht einen Bruder?‹ - ›Oh ja, ich habe drei Brüder. Und vier Schwestern!‹ sagte ich, froh, vom Thema ablenken zu können, denn der Geldbrief hatte von einem Mädchen kommen sollen.
Sie war sprachlos. ›Wie kann man nur so viele Kinder haben?‹ - ›Ich bin nur eins von acht!‹ sagte ich, ›Manche Familien bei uns haben mehr – zehn, zwölf…‹ Aber gleich fuhr ich fort: › Du hast natürlich überhaupt keine Geschwister, oder?‹ - ›Woher weißt du das?‹
›Ach 'Julia, ich weiß es nicht. Aber dir ist sicher jeder Wunsch erfüllt worden, gelt?‹ - ›Ja, das stimmt, und Geschwister habe ich wirklich keine – wie kannst du das ahnen?‹
›Du bist anders als die Mädchen in meiner Heimat. Bei uns hat jeder Geschwister.‹ - ›Wie, anders?‹ - ›Hm, du bist freier, fröhlicher; fühlst dich wahrscheinlich an nichts gebunden. Ist es so?‹ - ›Ja!‹ bestätigte sie, ›es ist so wie du sagst! Jetzt erzähl mir doch was aus deiner Kindheit und deiner Schule!‹
Ja, da gab es plötzlich jemanden, der aus meinem Leben etwas wissen wollte, und ich wusste gar nicht, wo ich anfangen sollte.
›Ach, Julia, da ist nicht viel zu erzählen. Ich weiß nur, dass ich immer viel Pech hatte, und unser Doktor nannte mich den Unglücksraben!‹ Und dabei zeigte ich ihr die Narbe vom Blumentopf auf meinem Kopf, unter den Haaren.
›Oh!‹ sagte sie und nahm meinen Kopf in beide Hände. ›Das hat aber wehgetan, gelt? Ich tu des Guten nicht zuviel, Schneckerl – halt mal still!‹ Da zog sie meinen Kopf zu sich hernieder und küsste die Narbe. Dann aber griff sie in mein Haar und wuschelte es wild durcheinander, umarmte mich und sagte: ›Du bist ein liebes Schneckerl! Erzähl' weiter!‹
›Ja – wir haben viel draußen gespielt, meine Geschwister und ich, und die Kleidung ging immer kaputt. Und Mutter konnte nicht nachkommen mit nähen, flicken oder kaufen. Da bekam ich immer die noch tragbaren Sachen von meinem älteren Bruder.‹ - ›Wart ihr arm?‹
›Hm, eigentlich nicht, aber acht Kinder, bedenk' mal!‹

›Ja, freilich! Und was für Schulen hast du besucht?‹ fragte sie mich weiter aus. ›Volksschule, Mittelschule, Fachschule‹.
›Hör halt auf, s'ist schon g'nug! Ich hab nur Mittelschule, das heißt bei uns Lyzeum. – Und was willst du später mal machen?‹
›Ach, am liebsten möchte ich auswandern!‹ sagte ich halb im Spaß.
›Auswandern?‹ rief sie aus, ›O je, wir wandern auch aus, nach Amerika!‹ - ›Warum?‹ fragte ich betroffen.
›Ja, mein Papi ist Diplomat. Der muss da hin, von der Regierung.‹ - ›Ich wusste, dass wir uns nicht wiedersehen werden!‹ sprach ich betrübt. ›Aber – ich muss dir etwas sagen…‹ - ›Was denn? Bitte!‹ fragte sie.
›Der Geldbrief sollte von einem Mädchen kommen, mit dem ich gut befreundet bin. Ich habe mein Versprechen nicht gehalten, ihr treu zu bleiben.‹
›Aber Schneckerl, Schneckerl – tut dir das leid? Denk doch mal, die schöne Zeit, du und ich! Tut's dir wirklich leid? Ich glaub, wenn du sie recht geliebt hättest, wärst du ihr nicht untreu worden. Überleg mal!‹
›Du hast recht, Julia! Mir tut nichts leid – ich liebe dich! Obwohl ich weiß, dass….ach ja, du weißt schon!‹ Wir wussten nicht, was wir sagen sollten. Ein unfassbares Ende stand drohend über unsrer jungen, unbeschwerten Liebe. Aber dann fragte Julia: ›Hast du Lust, mit mir nach Simmering hinauszufahren?‹ - ›Gern, Julia! Aber ich muss mir Quartier suchen. Das Fest ist vorbei, die Feuerwehr will ihren Saal wiederhaben, es wird schon alles saubergemacht. Mein Gepäck, das habe ich zum Bahnhof gebracht.‹
›Ach Schneckerl, du willst doch nicht schon fort?‹ –
›Nein, aber ein Quartier will ich mir suchen.‹
›Ach,‹ sagte sie, ›das trifft sich gut! Komm, jetzt holen wir dein Gepäck und fahren nach Simmering. Dort, am Stadtrand, haben wir einen Garten mit einer Wohnlaube. Da kannst du bleiben, solang du willst. Schau her, hier hab ich schon den Schlüssel!‹
›Ja – aber gibt's denn da draußen was zu essen?‹ - ›Das kaufen wir im letzten Krämerladen. Kommst du mit?‹
›Und ob, Julia – du bist ein Prachtkerl! Wenn aber dein Vater kommt, der schmeißt mich bestimmt raus!‹
›Der? Der tut keiner Fliege was zuleid!‹

Also taten wir, was sie vorhatte. – Und dann kamen wir am Garten an. Oh je, wie der aussah! Aber ich sagte noch nichts. Sie aber war sofort im Bilde und sagte: ›Gelt, den Garten, den nimmst du dir morgen mal vor. Sagtest du nicht, du seiest Gärtner?‹

›Jaja, aber schon lang nicht mehr!‹ – ›Du kriegst ihn schon zurecht, morgen und übermorgen, meinetwegen bis zum 30. Juli…‹

›Was ist mit dem Dreißigsten?‹ fragte ich schnell.

›Ach Schneckerl, liebes Schneckerl, das sag ich dir lieber ein andermal. Heut wollen wir hier lieb und lustig sein, und ich mach uns einen Kaffee, willst du?‹

Natürlich wollte ich. Ich machte die Fensterläden der Laube auf – ach du meine Güte, Staub überall. Ich suchte und fand Besen, Schaufel und Lappen und machte sauber. Indessen kochte Julia auf dem Spirituskocher einen Kaffee - einen echten ›Weaner‹.

Dann saßen wir vor der Laube, denn drin war es zu heiß. Zwei große, verblühte Fliederbäume gaben Schatten.

›Da auf dem Kanapee kannst du schlafen‹, sagte sie. ‚Bringst mich heut abend zur Staßenbahn, und morgen um ein Uhr komm ich wieder her. Da bring ich dir was zum Mittagsmahl. Brauchst nicht zu hungern bei mir!‹

Nein, hungern musste ich nicht, das merkte ich schon. Aber ich würde hier draußen ja sehr einsam sein, meinte ich.

›Ach Schneckerl,‹ sprach sie, ›wenn du den Garten machst und denkst an mich, so wird's dir doch nicht langweilig!‹

›Hast recht, Julia!‹ antwortete ich. Und dann gab ich ihr noch meinen Pass mit, damit sie auf dem Weg Post für mich abholen konnte.

Es wurde Abend, es wurde allmählich dunkel. Die Lampe im Gartenhäuschen brannte nicht, das Petroleum war verdunstet. Aber wozu brauchen zwei Licht, wenn sie sich lieben?

Fast hätten wir die Zeit vergessen.

Um elf Uhr in der Nacht fuhr sie ab, mit der letzten Straßenbahn, und ich ging zurück zur Hütte, wo ich selig einschlief.

Am frühen Morgen weckte mich ein Vogelgesang, wie ich ihn nie gehört hatte, noch nicht einmal im Holzland. Ich – raus an die kleine Wasserpumpe und mit perlklarem Wasser gewaschen.

Nach einem bescheidenen Frühstück ging ich hinaus, um den Garten in Ordnung zu bringen. Zuerst den Hauptweg, dann die Seitenwege. Die Rabatten und Beete waren vor Unkraut kaum noch zu erkennen.

Ich holte alles heraus. Und siehe da, dort blühten ja noch Primeln und gefüllte Gänseblümchen drunter! Schnell noch die Erde gelockert, die Pflanzen begossen. In fünf Stunden hatte ich den Garten sauber. Für Julia hätte ich noch viel mehr getan! Während der Arbeit träumte ich vor mich hin – wie wäre das, wenn ich hierbliebe, in diesem Garten, als Gärtner. Ich könnte in der Laube wohnen, wenigstens im Sommer, in Julias Nähe… Aber dann fiel mir schmerzhaft ein, dass sie ja fortziehen würde! Wie sollte das noch werden…?

Dann wusch ich mich wieder, zog was Sauberes an und erwartete meine Gastgeberin. Ich lief zur Straßenbahn.
Die kam grade an mit meinem ›Goldstück‹.
Julia brachte duftendes Essen und von der Post einen Brief, wieder von der Mutter.
›Nanu!‹ sagte ich, ›schon wieder! Wie kommt denn das?‹
Aber zuerst wollte ich essen, und Julia wollte mir zuschauen. Der Brief lag ungeöffnet auf dem Tisch.
Julia war neugierig: ›Ich hab noch nie einen Brief von meiner Mutter bekommen, und die ist schon drei Jahr' weg!‹
›Was, sie ist weg? Wohin denn, und warum?‹
›Ach Schneckerl, das ist a traurige G'schichtn. Papa und Mama sind doch auseinander – geschieden!‹
›Das ist bitter!‹ sagte ich leise. ›Du hättest doch gern noch die Mutter gehabt?‹
›Ja, freilich! Aber da kann man nix machen! – Du, Schneckerl, darf ich deinen Brief mal aufmachen? Ich möcht' gern wissen, wie das ist!‹
›Aber natürlich!‹ rief ich. ›Guck doch mal nach, wann er abgestempelt ist!‹ – ›Ja – vor drei Wochen! Du, Schneckerl, der Brief war schon in Weimar und ist vor drei Tagen nachgeschickt worden. Warst du denn dort?‹
›Ja, ein paar Wochen!‹ – ›Darf ich den Brief herausnehmen?‹ – ›Natürlich! Kannst ihn mir auch vorlesen!‹
Und als sie ihn entfaltete, da flatterte ein rotbedruckter Zweimarkschein heraus wie ein Schmetterling.
›Ach, wie lieb!‹ rief Julia. ›Da schau, deine Mutter schickt dir noch mal Geld!‹ Dann las sie den Brief vor – fein, in bestem Hochdeutsch. Wie wohl das klang!
Was Lieschen schrieb, das weiß ich nicht mehr. Aber Julia war gerührt, und ich gab ihr zum Dank ein paar ›Busserl‹

Dann hatten wir viel zu erzählen, und sie berichtete, dass sie mit ihrem Vater und der Haushälterin am 31. Juli nach Hamburg fahren würde, und dann mit einem großen Dampfer weiter, nach Amerika....

Lange schwieg ich, und sie forschte mit ihren schönen Augen mein Gesicht aus. Doch ich sagte nichts mehr, bevor sie nicht wieder anfing.
Später legte sie die Arme um meinen Hals, küsste mich still und flüsterte: ›Lass' dich nicht unterkriegen, Schneckerl! Mir fällt's auch schwer, glaub's mir! Aber was kann ich machen, wenn Papa weg muss? – Komm, sei lieb!‹
Ja, lieb sein, das war in dieser Situation das Beste. Was hätten wir machen können? Durchbrennen? Oder sollte ich um ihre Hand anhalten? Der Diplomat, ihr Vater, hätte mich ausgelacht! Ein reisender Turner und Dichter! Ich war niemand, ich hatte nichts.
Nur noch fünf Tage, dann hieß es Abschied nehmen. Ich fragte Julia: ›Sagtest du nicht, du hättest im Juli Geburtstag?‹ - ›Ja, schon vorbei!‹ - ›Wann?‹ - ›Am Tag des Umzugs!‹
›Das war erst vor drei Tagen! Ich gratuliere dir noch herzlich, und morgen werde ich dir etwas schenken. Es soll etwas fürs ganze Leben sein.‹
›Und was wird das sein?‹ - ›Ein Gedicht!‹ - ›Von dir?‹
›Ja, morgen, wenn du wieder hier bist, ist es fertig. Meiner Mutter will ich auch schreiben. Im Garten ist ja jetzt nicht mehr so viel zu tun...‹
›Im Garten? Hast du schon was getan?‹
›Sicher! Schau doch mal raus!‹
Du liebe Zeit! Das hatte sie gar nicht bemerkt, als sie kam. Sie hatte ja nur Augen für mich gehabt! Da stand sie nun vor dem Häuschen und staunte. Und ihr Staunen machte mich froh.
›Das hast du alles gemacht?!‹ - ›Freilich, wie befohlen!‹
›Aber ich habe doch nicht befohlen!‹ - ›Nein, hast du nicht! Aber dein Wunsch war mir Befehl. Wünschen Prinzessin noch etwas?‹ - ›Ja, einen Gärtner hab ich – einen Dichter wünsch ich mir noch!‹ - ›Morgen bekommst du beides!‹

Und dies war ihr Gedicht am nächsten Morgen:

>Wär' ich ein Maler – Julia,
ich würd' sofort dich malen,
und dir dafür – nur heute nicht! –
noch tausend Mark bezahlen!

Wär' ich ein Sänger – Julia,
ich würd` dir Lieder singen
und heute abend, glaube mir,
sogleich ein Ständchen bringen!

So aber bin ich, Julia,
nur solch ein kleiner Dichter,
und hoffe – ja, ich bitte drum:
sei mir ein milder Richter!‹

Wie freute sie sich über die einfachen Verse! –
Was ich aber als Lohn für mein Gedicht bekam, darüber sei der Mantel des Schweigens gebreitet... Noch nie war ich so glücklich gewesen! Und in vier Tagen sollte das alles vorbei sein?!
Ich dachte mir etwas aus, um wenigstens noch ein paar Stunden länger bei ihr zu sein, und fragte: ›Fahrt ihr über Passau und München?‹
– ›Ich glaub' ja!‹ – ›Fragst du deinen Papa, mit welchem Zug?‹
›Ja, morgen weißt du's. Ich ahne schon, was du vorhast!‹
›Du hast recht, wie immer, Julia! Ich bleibe keine Minute länger in Wien ohne dich! Ich fahre mit dir bis Passau. Dort steht noch mein Fahrrad, das will ich abholen.‹

›Nun komm' ich noch dreimal!‹ sprach sie am nächsten Tag, wie die verzauberte Königin im Märchen.
›Und was wird aus eurem Garten hier?‹ fragte ich, während sich mir das Herz umdrehte.
›Verkauft, schon verkauft! Und ich sorge dafür, dass der Gärtner seinen Lohn fürs Saubermachen bekommt!‹
›Meinen Lohn – den hab ich schon hundertfach!‹
›Aber nicht von den Käufern! Morgen bring' ich ihn mit!‹ ---

›Nun komm' ich noch zweimal, und dann nimmermehr!‹
›Ja, ich weiß!‹ - Und sie wurde täglich stiller und inniger.

›Nun komm' ich noch diesmal, und dann…!‹
›Sei still! Ich weiß!‹
Und wir feierten Abschied. Zum letzten Mal brachte ich sie zur Straßenbahn.
Am nächsten Morgen erwartete ich sie am Bahnhof. Da war sie schon, machte ihren Vater aufmerksam und winkte mir.
Ich trat heran, in meiner guten Wanderkluft mit weißem Schillerkragen, und lächelte, obwohl mir wahrlich nicht danach zumute war. Julia stellte mich vor. Der Papa war ihr so ähnlich, dass man sie für Geschwister hätte halten können, wäre nicht der Altersunterschied gewesen.
Wir stiegen in den Zug. Dann kam noch die Haushälterin, eine kleine, dickliche Frau.
Ich fuhr, Julia gegenüber sitzend, zum ersten Male in einem D-Zug. Bald standen wir auf dem Gang Hand in Hand am Fenster. Und als die Lobau näherkam, sang ich ihr leise das schöne Lied ins Ohr: ›Drunt' in der Lobau, wenn ich das Platzerl nur wüsst'…!‹
Da hielt sie mir die Hand vor den Mund und blickte mich schweigend und traurig an. ›Bitte, deine Adresse, deine Adresse!‹ – Ich gab sie ihr.

Ehe der Zug in Passau einfuhr, verabschiedete ich mich von ihrem Vater, dem Diplomat, und der Haushälterin. Julia kam mit zur Wagentür. Und dort, als wir glaubten, dass keiner zuschaute, gaben wir uns den letzten Kuss, den allerletzten.

Dann ein Winken, ein paar Tränen – und aus! Aus für alle Zeiten! Die Romanze war zu Ende. Noch konnte ich's nicht fassen und nicht glauben. Ich blickte dem Zug nach, der immer kleiner wurde, und ein ungeheurer Schmerz schnürte mir den Hals zu.

Plötzlich allein, nach solchen Tagen, das war grausam! Draußen auf dem Bahnhofsplatz ging das Leben weiter; ich ging weiter, wie, wusste ich nicht.
Wie damals, rief mich Grete: ›Juhu, Kurt! Komm rein!‹

Schon war ich aus meinem traurigen Traum gerissen und saß in der Gaststube hinter einem Glas Bayerisch Bier. Das war gut! Denn wenn ich zu dieser Stunde allein gewesen wäre, ich glaube, ich hätte bitter geweint! Wie mag es Julia ergangen sein?
Nun wurde ich abgelenkt von denen, die mich kannten.
Gretes Bruder war aus Mitteldeutschland gekommen. Er hatte bei meinem Onkel Reinhold, Bruder meines Vaters, der in Teuchern die andere Bäckerei besaß, Bäcker gelernt. Nun konnten wir uns gegenseitig erzählen, wo wir in den vergangenen Jahren gewesen waren, und was wir erlebt hatten.
Mittags lud uns Grete zum Essen ein. Das war wieder einmal heimatliche Kost! In Wien war das Essen zu zart für meinen Geschmack.
Am Nachmittag ging ich nach meinem Fahrrad sehen. Schnell war es wieder flott gemacht. Bis zum Abend half ich in Gretes Garten, der so ganz anders war als der verwilderte in Simmering…!
Am dritten Tag beschloss ich, wieder abzufahren, ins Erzgebirge, wo ich schon einmal war.
Dieser Abschied war so leicht, dass ich mich wunderte…

Wolken ziehen drüber hin

Über Regensburg, Nürnberg, nach Weiden in drei Tagen. Ich schlief in Heustadeln, die dort groß wie Häuser waren.
Kurz vor Weiden stellte ich fest, dass es Sonntag war, und ich kein Brot mehr hatte. So sehr war ich in Gedanken gewesen – Gedanken an Julia wohl. – Bei einem Bauern bekam ich einen Kanten geschenkt.
Am vierten Tag ging's über Hof nach Plauen im Vogtland. Das war ein hartes Stück Arbeit, denn die Berge dort sind hoch, und aufwärts musste ich oft stundenlang mein Rad schieben.
›Wer sein Rad liebt, der schiebt!‹ riefen mir zwei Radler zu, die talwärts fuhren.
Dann konnte auch ich wieder bergab fahren. In einem Tal begegnete ich einem Trupp Nazis, die auch mit Fahrrädern unterwegs waren. Ich hatte noch nie welche in Uniform gesehen, erkannte sie aber an ihren braunen Uniformhemden, und vor allem an ihren Schmährufen, als sie mich sahen.
›Ein Republikaner!(15) rief einer, der mich an meiner blauen Hemdbluse erkannt hatte. Ich hatte auch einen schwarz-rot-goldenen Wimpel am Rad festgemacht, und über den zogen sie nun her (Es hieß damals in jenen Kreisen ›Schwarz-Rot-Scheiße‹!), sie wollten mich provozieren.
Ich hielt den Mund, trat in die Pedalen wie noch nie und flog vorbei. Niemand hätte mir geholfen, wenn sie mich angehalten hätten. Und man hörte ja damals oft, dass Nazis Einzelne – egal ob jüdische Mitmenschen, Sozialisten oder Sozialdemokraten – überfielen und schwer verletzten.
Sie waren feige und traten nur in Gruppen auf, wo sie sich dann stark fühlten.
Das war der Vorgeschmack auf die Heimat! Ich hatte in Wien vergessen, wie es um Deutschland stand. Immer mehr wurde ich aus meinen Träumen in die Wirklichkeit gerissen. Da wusste ich, warum ich nach Hause fuhr: Ich musste für die Sache der Arbeiterbewegung, der Republik, weiter kämpfen!

Am fünften Tage war ich am – vorläufigen – Ziel, im Erzgebirge. Meine Bekannten, die zwei Schwestern, die ich in Leipzig beim Jugendtag kennengelernt hatte, staunten nicht schlecht – an mich hatte niemand mehr gedacht. Unterm Bett in der Dachkammer aber, wo ich auf meiner Fahrt nach Wien übernachtet hatte, lag noch mein Karton mit Kleidern und Wäsche. Ich brauchte sie nun dringend. Aber noch nötiger brauchte ich das Hartgeld in einem Beutel zwischen den Sachen. Die Summe stimmte – es waren meine letzten 25 Goldmark in Silber, Bronze und Kupfer!

Nun musste ich den Mädchen von Wien und meinen Erlebnissen erzählen, aber Julia ließ ich aus.

›Die Wiener Madeln sind fein!‹ sagte ich nur, danach gefragt. ›Aber ihr vom Erzgebirge, ihr seid wie die Rehe, so braune Augen habt ihr!‹

Es war nicht gelogen, aber weiter wusste ich nichts zu sagen. Diese Erzgebirgsmädchen waren ein zu großer Gegensatz zu Julia und den anderen Wienerinnen. Soviel Gläubigkeit, soviel Scheu! Wie sprudelten die Münder in Wien, wie ging das Gelächter, wie glühten die Augen! Wie frei bewegten sich dort fast alle!

Nur eines hatten sie gemeinsam: Das Fremde, Neue, war immer interessant, zog sie an. Hier wie da wollten sie den Klang einer neuen Stimme, einer anderen Aussprache immer wieder hören. Und erzählen musste ich den ganzen Abend – hier im Erzgebirge gab es wenig Abwechslung, keine riesigen Festlichkeiten und Menschenmassen, und sie staunten mit großen Augen, als ich von Wien sprach. –

Am nächsten Tag weiter: Schwarzenberg, Aue, Annaberg, Zinnwald, Ehrenfriedersdorf, Chemnitz – die Ebene war erreicht. Durchs Sachsenland zur Saale, und dann war meine Heimat gar nicht mehr weit.

›An der Saale hellem Strande/ stehen Burgen stolz und kühn. Ihre Dächer sind zerfallen/ und der Wind streicht durch die Hallen/ Wolken ziehen drüber hin…‹

Mit diesem alten Heimatlied auf den Lippen kehrte ich heim, nicht ahnend, dass ich später selbst ein solches Lied mit eigener Melodie verfassen würde. Doch das dauerte noch viele Jahre.

Am Abend meiner Rückkehr stand Mutter Lieschen gerade im Hausflur und wischte die Ladentür blank.

›Mutter!‹ rief ich, ›Mutter, ich bin wieder da!‹
Ich sprang vom Rad, ließ es stürzen und fiel der Mutter um den Hals. Ein Kuss auf die Stirn, das war ihre ganze Zärtlichkeit. Aber die Tränen rannen ihr nur so aus den Augen. ›Mein Junge, mein Junge!‹ flüsterte sie immer wieder. ›Was habe ich mich um dich gesorgt!‹
›Mutter, ich hab dir was Schönes mitgebracht, komm in die Stube!‹
Da waren fast alle Geschwister versammelt, und es gab viel Händeschütteln und Schulterklopfen und viele Fragen. Hei, ich war wieder da im Familiennest, und die jungen Vögel zwitscherten nur so.
›Seid nicht bös!‹ sprach ich dann zu allen, ›Ich hab nur Muttern was mitgebracht! – Da, schau her, Mutter: aus Wien ein Buch über die schöne Stadt mit vielen Bildern. Und aus dem Erzgebirge ein Tuch aus Spitzen, wie sie dort geklöppelt werden!‹
Sie war sprachlos und blass. Später, als sie sich mit dem Spitzentuch im Spiegel besah, flüsterte sie: ›Ist schön, mein Junge! Ich danke dir!‹
›Ach Mutter!‹ rief ich, ›Du brauchst doch nicht so gerührt zu sein! Jetzt bin ich wieder da – aber ich habe immer an dich gedacht, überall, vor allem, als ich in Wien war!‹
Und als die Geschwister zu Bett waren, erzählte ich ihr von der großen Stadt und alles von Julia, und dass sie abgereist war mit ihrem Papa, nach Amerika...
›Ach ja,‹ sprach Lieschen, ›da ist eine Karte für dich gekommen, aus Hamburg. Unterschrieben von einer Julia!‹
Sie ging zum Küchenschrank, dem entnahm sie unter einem Stapel Teller eine Ansichtskarte. Da stand es drauf, mit großer, runder Schrift:
›Ich grüß' Dich von hier sehr herzlich. Morgen früh fährt unser Dampfer ab. Julia.‹

Mir stand das Herz fast still, mein Hals war wieder wie zugeschnürt. Schnell wischte ich die Tränen fort. Vieles habe ich inzwischen vergessen, den Text dieser Karte nicht. Das war Julias letzter Gruß. Danach kam kein Lebenszeichen mehr. Aber sie war ja noch so jung, und ich war noch so jung – warum hänge ich daran noch heute so fest?! Sie schrieb nicht wieder, oder vielleicht ging die Post verloren - ich konnte ihr nicht schreiben, und so ging mein Leben ohne sie weiter ....

Mutter fragte: ›Und was wird nun?‹ - ›Ach, Mutter, die sehe ich nie wieder! Es war wie ein schöner Traum. Einem andern Menschen könnt' ich's gar nicht erzählen!‹
›Und was wird aus Friedel?‹ fragte die Mutter. Ach ja, das Mädchen aus Kretschau, mit meinem Geldbrief... Ich hatte sie schon vergessen.
›Ja, bei ihr müsste ich nächstens mal nachschauen... Ich glaube aber nicht, dass sie die Richtige für mich ist, Mutter.‹
›Das hab ich schon immer gewusst!‹ antwortete sie. ›Nun geh' zu Bett, mein Junge. Ich bin froh, dass du wieder da bist, und dass du so was Schönes erlebt hast!‹

Mit der Friedel, das wurde nichts wieder. Über drei Monate war ich weggewesen. Als ich in ihr Dorf kam, traf ich gleich ein Mädchen, eine frühere Freundin von ihr. ›Du,‹ sprach sie mich an, ›die Friedel haben wir gesehen – mit den Rädern sind sie weggefahren!‹
›Wer? Mit wem?‹ fragte ich, obwohl ich's schon wusste.
›Die Friedel, mit dem Hermann! Fast jeden Tag sind sie weggefahren. Zu der würde ich an deiner Stelle nicht mehr gehen!‹ - ›So? Na, ich danke dir!‹ meinte ich. ›Gut, dass ich's weiß! Ich will nur meine Sachen abholen.‹
Ja, meine Sachen und mein letztes gespartes Geld, das sie für mich aufbewahrte. Doch das hatte sie ihrer Mutter geliehen, die sehr in der Klemme saß wegen eines Kaufes.
Ich sah Friedel an. Sie schlug die Augen nieder und murmelte: ›Ich geh' jetzt mit dem Hermann, du wirst es sicher schon wissen. Und das Geld kriegst du geschickt, jeden Ersten einen Teil. Das hat mir meine Mutter versprochen!‹
›Gut!‹ sagte ich, ›Gut, Friedel, gehen wir friedlich auseinander! Wozu brauche ich auch ein Mädchen? Auf Wiedersehen!‹ - ›Leb wohl!‹ erwiderte sie, ›Und lass dir's gutgehen!‹ - ›Danke bestens! Werde es versuchen. Du auch?‹
›Ja, mit Hermann ist's besser!‹
Da war es nun auch mit Friedel vorbei.

Gitta, die ständige Begleiterin

Nicht lange danach fuhr ich nach Weißenfels und kaufte mir auf Stottern für 20 Goldmark eine nagelneue Thüringer Waldzither mit einem Heft zum Selbsterlernen. Und nun ging ich mit Feuereifer an das Spiel heran. Es dauerte nicht lange, und ich hatte sie - die ich zärtlich ›Gitta‹ nannte - ›im Griff‹. Ein gesticktes Trageband über die Schulter bekam ich bald geschenkt, mit bunten Flatterbändern, bestickt mit Symbolen und den Namen von Mädchen aus der Jugendgruppe. Dorthin war ich zurückgekehrt, und da begann jetzt ein Leben und Treiben, ein ganz neues, ganz anderes als gekannt. Jetzt konnte ich unsere Lieder begleiten! Und wir sangen nun alle noch mal so gern. Und als sich andere fanden – ich schrieb es schon – die das neue Instrument auch lernen wollten, brachte ich es ihnen bei. Später gingen wir auch mit den Instrumenten wandern.

Die Jugendgruppe wuchs und wuchs. Als ich im Jahr 1924 beigetreten war, waren wir gerade zehn junge Menschen, von denen die meisten auch noch unfähig waren, zusammenzuhalten und gemeinsam etwas ›auf die Beine‹ zu stellen. Nun, da ich die Musik und auch allerhand Ideen mitbrachte, wie man dies und jenes gestalten konnte, ging es schnell aufwärts. Die Mitgliederzahl kletterte bis 1932 auf rund achtzig Mädchen und Jungen. 1933 wurde dann von den Nazis alles aufgelöst. Aber bis dahin war ich in mehreren umliegenden Orten tätig und gründete insgesamt vier neue Gruppen, die ich jede Woche alle einzeln einmal betreute. So war ich jeden Abend unterwegs, und – da brauchte ich kein Mädchen, nur meine Gitta.
Die Nachfrage nach diesen Kindergruppen war damals ungeheuer. Von den ›Kinderfreunden‹, die von der SAJ für Arbeiterkinder gegründet worden waren, damit diese Kinder aus den engen Stadtwohnungen herauskamen, übernahm ich auch noch zwei Kindergruppen, mit denen ich bastelte, spielte und sang.

Nun hatte ich ja, nach meiner Rückkehr aus Wien, gar nicht erst wieder angefangen, beim Vater in der Bäckerei. Ich sagte zu ihm: ›Vater,

ich backe nicht wieder mit! Ich suche mir Arbeit!‹ - ›Wo willst DU Arbeit finden?‹ sagte er. Er sagte ja immer nur Negatives.
›Na, ich schaue mich mal um!‹ antwortete ich. Dann fuhr ich nach Weißenfels in die Papierfabrik, weil ich da einen kannte. Und da nahmen sie mich an, als Maschinenputzer. Und nun beginnt ein neues Kapitel meines Lebens: der Lebens- und Arbeitskampf, der mich seitdem nicht mehr losgelassen hat.

ARBEITERLEBEN

›Zwischen Rädern und Gestängen‹

Ich wurde also mit 19 Jahren Arbeiter in einer der Papierfabriken der Gebrüder Dietrich. Anfangslohn 35 Pfennige pro Stunde, Arbeitsbeginn täglich um sieben Uhr früh. In meiner ersten Lohntüte lagen 10 Goldmark Abschlag.
Ich musste die Maschinen putzen und die Gänge fegen. So fing dort jeder an, das war die geringste und schmutzigste Arbeit. Es war alles neu für mich. Der Obermeister sagte:
›In sechs Monaten können Sie an die Maschine kommen!‹
Doch dann dauerte es nur zwei. Ein alter Papierarbeiter starb, und da wurde aufgerückt. Gleich bekam ich einen Groschen mehr pro Stunde. Jetzt war ich der niedrigste Papierarbeiter.

Drei Meter breit quoll das Papier aus den heißen Walzen heraus. Mit zwei anderen Kollegen rollte ich es maschinell auf große Spulen, die wurden ›Tambour‹ genannt. Ich kam in die Schicht. Eine Woche lang wurde um sechs Uhr früh begonnen, eine Woche um zwei Uhr mittags, und in der dritten Woche um 10 Uhr nachts. Die papierproduzierenden Maschinen liefen ununterbrochen von Montag bis Sonntag Morgen um sechs. Dann wurde noch zwei Stunden lang vorbereitet für die Frühschicht am nächsten Morgen.

Diese Arbeit verrichtete ich zwei Jahre lang, danach wurde ich an den papierverarbeitenden Maschinen angelernt. Und mit jedem Wechsel stieg mein Lohn. Schließlich holte die Gewerkschaft 74 Pfennig Stundenlohn heraus, und später noch einmal 4 Pfennig extra. Das war dann der höchste Stundenlohn in der Fabrik – 78 Pfennig.
Vier Jahre lang hielt ich dort aus. In diesen vier Jahren habe ich es zu nichts gebracht, wie es damals allen Arbeitern ging. Obwohl es Ende der ›Goldenen‹ Zwanziger war, blieb vom Lohn nichts übrig(17).

Wenn ich damals mittags nach Hause kam von der Papierfabrik, dann war das Essen doch immer schon trocken und kalt. Da machte ich mir

dann meistens ein paar ›Butterbemmen‹ und trank ein Bier dazu. Einmal kam ich heim, und mein jüngerer Bruder Ernst war da. Schräg gegenüber Unterm Berge (so hieß unsere Straße) war ein Kolonialwarenhändler. Ich sagte zu Ernst: ›Da, Ernst, haste ʼn Glas, hol mir malʼn Teppchen Fett!‹ (so sagten wir zum Bier).
Ernst, ohne ein Wort zu sagen, nahm das Bierglas, rannte durch den Bach auf die andere Seite, und war in drei Minuten wieder da. ›Da!‹ sagte er und stellte das Glas vor mich auf den Tisch. ›Wiedersehn!‹ und weg war er. Und im Glas war – Fett! Na, da musste ich lachen! Der Kerl war spurlos verschwunden. Da fischte ich mir ein neues Glas raus und ging selbst rüber.
›Ich hab mer schon so was gedacht!‹ sagte Frau Schmidt, die Krämersfrau. ›Aber der Ernst hat ausdrücklich Fett verlangt!‹ Und da hatte sie eben ein Viertel Schweinefett in das Glas geschmiert. – Naja, mein Bier kriegte ich dann doch noch.
In der Papierfabrik gab es ja keine Kantine. Da war gegenüber eine Wirtschaft, links eine Bäckerei und an der anderen Ecke eine Metzgerei. Da wurden dann immer die Jüngsten was holen geschickt. Nur in der Spät- und Nachtschicht ging das nicht, da mussten wir uns was mitnehmen. Aber man verdarb sich den Magen, weil der nachts schlafen will. Da machte man von 10 Uhr abends die ganze Nacht durch bis morgens um 6. Und wenn der Ablöser mal nicht kam, musste man stehen bleiben. Sechzehn Stunden an einem Stück. Aber die Arbeit gefiel mir trotzdem. Ich kam im Lauf der Zeit überall mal hin an der großen Maschine. Die ging durch drei Stockwerke. Später war ich dann unten, da, wo das fertige Papier rauskam. Das musste auf die Trommeln gelegt werden, damit es sich aufrollte. Da mussten wir immer rennen. Ich musste in den ›Keller‹ steigen – so nannten wir das – ein dreiviertel Meter tiefes Loch unter der Walze, und musste mit dem Daumen das Papier schräg von unten einreißen, und oben stand einer, der den einen Zipfel auf die Trommel legte. Wenn die dann die Maschine zu schnell gestellt hatten, staute sich das Papier, wurde wellig und bildete Falten und dann Risse. Man musste dann draufschlagen auf die Falten, und wenn sie nicht weggingen, musste die Maschine abgestellt werden, das Papier abgerissen und zum Ausschuss geschafft. Da musste man dauernd schnell sein, weil man ja sonst den Akkord nicht schaffte. Da konnte es passieren, dass wir über eine Stunde nicht zur Ruhe kamen, immer wieder

Falten und Ausschuss. Einmal platzte dem Maschinisten der Kragen. Da standen der Betriebsleiter und auch der Obermeister, aber der, der Maschinist, sagte: ›Jetzt stelle ich die Maschine zwei Zähne zurück!‹ und tat es. Keiner sagte etwas.

Die Unternehmer hatten in der Fabrik sowieso nicht viel zu sagen. Die hatte eine starke Arbeiterorganisation. Zu den Betriebsversammlungen schickten sie immer ein paar aus dem Büro, die jammerten dann immer: ›Wir können keinen höheren Akkordlohn zahlen, der Verkauf ist zurückgegangen!‹ Undsoweiter. Da sagten wir dann: ›Na, da machen wir eben keinen Akkord!‹
Für Akkord gab's 30 Pfennig mehr pro Tag – immerhin ein ganzes Bier! Die Betriebsleitung ließ sogar über Sylvester arbeiten (von wegen, der Verkauf sei zurückgegangen!) – über Weihnachten durften sie nicht – da gab es dann für die ersten beiden Morgenstunden im neuen Jahr 100 Prozent mehr.

Als ich zum Putzen an die Maschine kam, da hatte ich einen Kollegen, der hieß Paul. Die Walzen mussten zu der Zeit noch jeden Tag geölt werden, da waren so kleine Löcher an den Lagern, da kam das Öl rein, und das quetschte sich dann meistens an den Lagern wieder raus und lief über die Walze. Deshalb mussten wir an die Walze einen Lappen halten, dass das alte Öl aufgesogen wurde. Und Pauls Lappen wischt auf einmal in die Maschine und wird von der Walze weitergedreht. Paul will ihn zurückholen, greift danach – da wird seine Hand erwischt von der Walze, und der Lappen kommt schon wieder rum, aber sein ganzer Arm wird reingezogen ---!
Na, der Arm war dreifach verdreht und zwanzigmal gebrochen, wie wir später erfuhren. Der Mann wurde bewusstlos ins Krankenhaus gefahren. Da haben sie seinen Arm wieder zusammengeflickt, der war dann ganz steif. Glücklicherweise war es ja nur eine Transportwalze gewesen, keine Zahnräder. Später hat Paul dann als Bote gearbeitet. Seinen Humor hat er nicht verloren, und bei den Mädchen hatte er trotz des steifen Arms Chancen.

Da passierten ja alle Tage irgendwelche Unfälle. Das häufigste war, dass man von dem frisch aufgerollten Papier einen elektrischen Schlag bekam.

Ich war schon bald geübt in allem. Wenn ich den Ausschuss nach oben brachte, wo er wieder in den Reißwolf kam, hatte ich treppab immer die Hände frei. Und da war es dann mein größter Spaß, mich am Geländer festzuhalten und mit den Holzpantoffeln die Treppen runter zu schusseln, von Stufe zu Stufe, schnell wie ein Schlitten. Hörte sich an wie ein Maschinengewehr. Der Schichtmeister wusste nicht, was das war, und kam von unten gerannt, und ich kam von oben angefahren, an ihm vorbei – tacktacktacktacktacktacktack!

Da rief er: ›Herr Klee, das will ich nicht wieder sehen!‹

Ich sagte: ›Warum denn nicht?‹ - ›Das ist doch lebensgefährlich!‹ meinte er. - ›Ist mein größtes Vergnügen!‹ antwortete ich. ›Außerdem geht es ja viel schneller, als wenn ich jede Stufe einzeln trete!‹

›Egal, ich will es nicht wieder sehen!‹ - ›Na, sehen brauchen Sie es ja auch nicht, nur hören!‹

Ein bisschen frech musste man mit denen schon sein. – Einmal hatte ich mich in der Pause in den Ausschuss gelegt, um ein Nickerchen zu halten, und etwa 10 Minuten überzogen. Als ich aufstand, sah mich der Schichtmeister und fragte: ›Was ham Sie'n da gemacht?‹ - ›Ich habe was versteckt!‹ sagte ich.

›So! Das nächste Mal machen Sie nicht so lang! Ich bestrafe Sie mit einer Mark!‹ - ›Na, da bleibe ich nächstes Mal noch'n bisschen länger!‹ entgegnete ich.

Ich konnte mir schon mal was erlauben, denn ich hatte meine Arbeit immer fertig, und sauber gemacht. Aber der Schichtmeister war ein Schnüffler. Deshalb war mir auch die Nachtschicht eigentlich am liebsten. Da war ein anderer Meister, und keiner von der Betriebsleitung war da; da stellten sie die Maschine langsamer, und man konnte sich auch schon mal eine halbe Stunde verdrücken. Aber – wie gesagt – man verdarb sich den Magen. Wenn man nachts arbeitete, musste man ja essen. Aber keiner hatte Appetit, alle brachten die Hälfte von ihrem Nachtessen wieder mit nach Hause. Mit der Zeit wirkte sich diese Arbeit auf meine Gesundheit aus. Ich schlief nur noch unruhig und nahm immer mehr ab.

Und eines Tages Ende April hing am Schwarzen Brett ein Zettel, darauf stand mit Maschine geschrieben:

›WER AM 1. MAI NICHT ZUR ARBEIT ERSCHEINT, WIRD FRISTLOS ENTLASSEN!!!‹

Das war zuviel für mich! Ich war gewerkschaftlich organisierter Arbeiter. Konnte man sich das gefallen lassen? Einer musste doch protestieren, wenn ich auch wusste, welche Konsequenz es haben würde – aber ich hätte ja sowieso aufgehört, denn ich merkte, wie die Arbeit mich krank machte.
Der 1. Mai kam, das Symbol dessen, was die Arbeiterbewegung schon mit August Bebel und anderen erstritten hatte. Wer getraute sich, der Arbeit fern zu bleiben? Ich tat es, aber ich war der Einzige der ganzen Fabrik...

Ehe ich meine Papiere bekam – gegen den Rausschmiss gab es damals noch keinen Schutz – meldete ich mich noch einmal krank. Die Fabrik hatte eine eigene Krankenkasse, in die ich auch immer mit eingezahlt hatte. Sie hatten ja über 2000 Beschäftigte damals. Übrigens gab es auch eine Betriebs-Unfallversicherung. Und die brauchten sie auch, wie man ja gesehen hat.

Während der Arbeit an den Maschinen kamen die Ideen. Das Summen, Surren, Zischen – der ganze Lärm der Fabrik inspirierte mich. Ich verfasste Gedichte und Theaterstücke und manche Sprechchöre. Ich hörte aber auch Melodien dort, wo hart und schwer gearbeitet wurde. In mir hatte, ganz allmählich, etwas Neues, anderes, zu leben begonnen.
Hier ist eines der Lieder aus dieser Zeit, das ich erst viel später, nach dem Zweiten Weltkrieg, fertig dichtete, aber es war inspiriert vom Erleben in der Fabrik:

> Zwischen Rädern und Gestängen
> blieb mein Blick an einer hängen,
> (s. Anhang)

Leider ging in den Wirren nach 1933 das meiste verloren.
Aus jener Zeit weiß ich nur noch einige Kinderlieder aus der Arbeit bei den ›Kinderfreunden‹. Sie wurden von den Kindern als Reigen getanzt und gesungen, und immer begleitete ich mit der ›Gitta‹:

> Ist der Winter noch so kalt,
> Blumen bringt der Frühling bald!
> Blumen bunt und Blüten weiß,
> und wir schließen froh den Kreis….

Und dann auch:

> Zur Maienzeit, wenn's Blüten schneit,
> da woll'n wir lustig sein!
> Es lacht vom Himmel droben uns
> der helle Sonnenschein! …

Manchmal kam auch in die Arbeit mit den Kindern etwas Ideologie hinein, so wie in diesem kleinen Sprechchor:

> Wir bauen einen Damm
> Aus Steinen und aus Schlamm,
> und halten damit auf
> den kleinen Wasserlauf.
>
> Das Wasser steigt und steigt,
> der Damm schon Risse zeigt!
> Wir füllen sie mit Sand,
> der Damm hält lange stand.
>
> Das Wasser steigt und drückt,
> der Damm, er rutscht und rückt.
> Auf einmal – bumm, bumm, bumm!
> Da fällt er auch schon um!
>
> Lehre: Wenn uns in unserm Lauf
> Ein Feind will halten auf,
> dann halten wir zusamm'
> und brechen jeden Damm!

Gewiss erscheint das für Ohren und Verstand von Erwachsenen naiv, besonders heute. Aber mit welcher Begeisterung machten die Kinder mit! Sie spielten das Stück richtig in ihrer Vorstellung, suchten und brachten Steine, klatschten den Damm mit Sand fest, streuten unsichtbaren Sand in unsichtbare Risse, und mit Spannung verfolgten sie, wie die Kraft des gestiegenen Wassers den Damm schließlich zerbrach. Dann fühlten sie sich selbst als ›das Wasser‹. Aus unzählbaren Tropfen war eine unwiderstehliche Kraft geworden! ---

Fünf Jahre hindurch hielt ich die Kindergruppen, neben meiner Arbeit. Ich schulte Helfer und Helferinnen. Viele der Kinder sah ich zu neuen Helfern heranwachsen. Ich hektographierte meine eigenen und andere Texte. Das geschah immer an meinen arbeitsfreien Nachmittagen und an Sonntagen. Ich dachte mir stets etwas Neues aus, dichtete und vertonte, nahm auch Texte von Hermann Löns und schrieb Melodien dazu, nicht wissend, dass sie bereits vertont waren. An die 500 Kinder kamen immer zu unseren Kinderfesten und machten mit.
Insgesamt 10 Jahre Jugendbewegung in den verschiedensten Gruppen schulten mich selber. An unzähligen Kursen nahm ich teil, vor allem, was Musik und Gesang betraf. Davon profitierten wieder die Kinder- und Jugendgruppen daheim. Es war meine Art, den Kampf der Arbeiterbewegung zu unterstützen: den Kindern ein Arbeiterbewusstsein zu vermitteln. Mehr noch: ihnen Bildung zu vermitteln und Freude am Lernen. Ohne Bildung gab es keine Möglichkeit, etwas zu werden; das hatte ich ja erfahren. Aber auch ohne Gemeinschaft war der Einzelne nichts – auch das war mir in der Gewerkschaftsarbeit klar geworden!

Lieschen hörte sich die fremden, neuen Lieder an und sagte oft: ›Nein, wie sich alles geändert hat!‹
Ihr Liedgut bestand aus Volksweisen und den damaligen Tanzliedern, aus Couplets und Moritaten. Ich höre sie noch singen: ;Als mein Ahnerl zwanzig Jahr‹ - ›Ach, du lieber Augustin‹ - ›Keinen Tropfen im Becher mehr‹ - ›Im Krug zum Grünen Kranze‹ undsoweiter.
Wir aber sangen Arbeiter- und Wanderlieder. –

Toni

In meinen Gruppen bemühten sich immer einige Mädchen um mich. Ich tat, als merkte ich nichts; oft trieb ich Scherz mit ihnen. Aber es war eigentlich nur eine in jener Zeit, die mir gefiel. Das war eine kleine, flinke Wirtstochter, sie hieß Antonie. Überall war sie beliebt. Und da ihre Eltern und Großeltern die einzige große Gastwirtschaft mit Saal besaßen, wo viele Veranstaltungen stattfanden, war sie in vielen Vereinen Mitglied: Als Kunstfahrerin im Radklub, als Turnerin in der Damenriege, als zwitscherndes Vöglein im Gesangverein. Und eben auch in meiner Jugendgruppe. Da lernte ich sie kennen und merkte bald, dass hinter ihrem Scherzen mit mir mehr war als nur Spaß am Necken. Doch damals war sie noch nicht mal sechzehn Jahre alt.
Als sie siebzehn war, hielt sie mich eines Tages fest und fragte: ›Sag, Kurt, willst du mit mir die Tanzstunde besuchen? In unserem Saal ist ein Kurs!‹
Da war es wieder einmal Spätsommer. Draußen war alles so warm und berauschend. Abends gingen wir spazieren und waren uns auch schon näher gekommen.... Aber Tanzstunde mit Kränzchen und Ball? Naja, das hatte ich alles schon vor Jahren mal mitgemacht, als ich noch bei den Turnern war...
Ich wollte es mir überlegen.

Da nun die Zeit drängte und ich noch nicht ja gesagt hatte, schaltete sich Tonis Mutter ein und fragte mich auch noch mal. Ich antwortete: ›Frau Angermann, ich habe weder Anzug, noch Tanzschuhe, noch Hut oder Handschuhe – ich kann nicht mitmachen!‹
›Ach Junge,‹ bat sie, ›du tust es doch für mein Mädchen, mein einziges – du hast sie doch auch gern?‹
›Gewiss, aber ich kann mir die Sachen nicht kaufen. Ich muss zuhause 20 Mark pro Woche für Kost und Logis abgeben. Da bleiben mir nur 10 Mark vom Lohn.‹
›Was?‹ sagte sie, ›Du musst 20 Mark abgeben die Woche?‹
›Ja, und mein großer Bruder auch!‹ - ›Das ist ja allerhand! Und dabei habt ihr doch eine Bäckerei, die geht doch sehr gut!‹

›Ja, ich habe früher selber mit gebacken zuhause, für 5 Mark pro Woche!‹
›Oh weh!‹ klagte Frau Angermann. ›Weißt du was, Kurt, wir kleiden dich ein. Wir schenken dir alles, was zur Tanzstunde gebraucht wird. Bist du einverstanden?‹
›Ich sag's Ihnen morgen oder übermorgen, da ist noch Zeit. Heute ist ja sowieso Sonnabend, und alle Läden sind zu am Sonntag. Am Montag sag ich's Ihnen!‹

Der Montag kam, und ich war in großer Not. Ich hatte ja durch die Arbeiterjugend ein neues, anderes Menschenbild gewonnen und hielt die althergebrachten Dinge für unnötig und kitschig und aus der Feudalzeit stammend. Wie konnte ich für die Republik streiten, aber Anzüge tragen und Wiener Walzer tanzen?
Was sollte ich sagen? --- Ich sagte ab!
Da war die Freundschaft aus. Toni machte den Kurs mit einem anderen Jungen, den ich kannte. Nur selten sah ich sie noch. Nach dem Tanzkurs kam sie wohl noch gelegentlich zur Gruppe, aber sie ›ging‹ nun mit dem anderen Jungen. Aber dann wurde sie krank, sehr, sehr krank, und sie starb an der Tuberkulose. ----

Eine ungeheure Menge folgte dem Sarg. Nur der Bräutigam fehlte. Der war nämlich selber krank und befand sich in einer Lungenheilanstalt. Woher war die Krankheit gekommen – hatte er sie angesteckt, oder sie ihn? Niemand wusste es.
Nun sollte ich am Grabe etwas sagen für die Gruppe. Viele große Reden waren schon gehalten worden, und Kränze und Blumen häuften sich, von Vereinen und Privatleuten. Wir, die Jugend, hatten für einen Riesenstrauß roter Nelken gesammelt. Den trug ich nun mit beiden Händen heran, und ich sprach: › ›Freundschaft‹ ist unser Gruß! ›Freundschaft‹ rufen wir dir, liebe Toni, in die Ewigkeit nach!‹
Und auf ein Zeichen hin rief die ganze Gruppe: ›Freundschaft! Freundschaft!‹

Nachher, als die Menge sich verlief, kam der evangelische Pfarrer zu mir und sagte: ›Sie haben die beste Grabrede gehalten! Das hat mich sehr gefreut!‹

Oft noch dachte ich an Toni. Jahre später erzählte mir meine Schwester Else, der Bräutigam sei auch an der Schwindsucht gestorben, in seiner Familie habe es öfter solche Todesfälle gegeben. Da war mir dann klar, dass Toni, das liebe, kleine Ding, angesteckt worden war und noch vor dem Krankheitsträger sterben musste. Da fing meine Trauer und Reue erst richtig an, denn ich dachte, wenn ich mit ihr die Tanzstunde gemacht hätte, wäre alles anders gekommen, und sie hätte sicher nicht sterben müssen! –

Nachtfahrt

Um jene Zeit gab es eine natur- und wanderfreudige Jugend. Überall trafen wir Gruppen, wenn wir mit der Jugendgruppe mal auf Fahrt gingen.
Einmal machten wir eine Nachtfahrt zum Zeitzer Forst. Am Samstag abend gegen acht fuhren wir los, zuerst mit der Bahn, dann stellte sich ein Junge, der schon mal mit einer anderen Gruppe dortgewesen war, an die Spitze unsres Trupps und führte uns. Es wurde dunkel, aber der Mond kam herauf, und es begann eine romantische Sommernacht.

Zwei Stunden waren wir schon durch die Nacht ›getippelt‹, wie wir es nannten, da bogen wir im Walde, der dort viele Gesichter hatte, in einen schönen und glatten Nebenweg ein. Und da, wo dieser Nebenweg einen anderen kreuzte, stand eine Hütte aus Holzstämmen, wie sie von Waldarbeitern benutzt wurde: Unten konnte man essen, da waren Bänke und Tische aus groben Stämmen aufgestellt. Oben im Dachboden lag Heu, für das Wild im Winter, und auch zum Schlafen. Die Tür war zweifach verschlossen – mit einem alten Kastenschloss und einem starken Vorhängeschloss. Auf diesem Weg kamen wir also nicht in das etwa 6 mal 6 Meter große Häuschen mit dem schönen gewalmten Dach.
Wir waren aber ein Trupp von über dreißig jungen Burschen und Mädchen – so manches Liebespärchen war darunter – und wir suchten ein Nachtquartier. Unser nächtlicher Führer wusste bescheid. Mit Leichtigkeit öffnete er einen Fensterladen. Ohne Gewaltanwendung ging gleich danach ein Fenster auf, mit einer Taschenlampe stieg er hinein. Nun kletterten wir alle hinterher. Eine Leiter nach oben gab es nicht – also Bank auf Tisch, Kiste auf Bank, dann einen Aufschwung am Gebälk, und er war oben im ›Schlafsalon‹. Seine Lampe befestigte er mit einem Bindfaden am Dachsparren, sie streute ihr Licht breit aus. Geräuschlos ging alles vor sich.
Als alle oben waren, suchte jeder sich einen Platz im Heu.
Die letzten verschlossen den Fensterladen wieder und stellten unten die Möbel wieder richtig hin, zur Vorsicht, und kamen dann mittels ›Räu-

berleiter‹ nach oben. Dann hörte man nur noch die Vögel des Waldes und das Wispern einiger Jungen und Mädchen, die sich noch was zu sagen hatten. Und obwohl wir so dicht lagen wie Heringe in der Büchse, schlief bald die ganze Gesellschaft, in ihre Decken gewickelt.
Gegen Morgen, die Dämmerung war schon zu ahnen, wurde ich wach und andere auch - wir hörten draußen Männer sprechen. Schnell weckten wir alle Schläfer, und alles verhielt sich mucksmäuschenstill auf dem Heuboden. Schritte waren zu vernehmen, dann wurden beide Schlösser der Tür geöffnet und die Türe aufgemacht. Deutlich unterschieden wir drei verschiedene Stimmen. Es schienen Jäger zu sein, die noch vor Morgengrauen ihre Anstände besteigen wollten, um Rehböcke oder alte Muttertiere zu erlegen, wie wir aus dem Gespräch hörten.

Auf einem Spirituskocher bereiteten sich die Jäger in der Hütte einen aromatischen Tee. Irgendwoher nahmen sie Geschirr, und nach einer halben Stunde standen sie auf, packten alles wieder ein und verließen die Hütte. Nach kurzer Zeit kam einer schnellen Schrittes zurück. ›Verdammt!‹ murmelte er, ›Dass ich die Knarre vergessen habe! Ärgerlich! Da ist sie ja!‹
Dann schloss er wieder zu. Draußen trennten sich die Drei, und einer sagte: ›Also dann, bis um sieben!‹ –

›Wer hat eine Uhr?‹ flüsterte ich. ›Es ist halb fünf!‹ sagte einer unsrer Gruppe. ›Dann,‹ sagte ein anderer, ›haben wir noch zweieinhalb Stunden Zeit. In zwei Stunden müssen wir hier raus, denn wenn die wiederkommen, bleiben sie womöglich bis Mittag. Wir machen uns dann einfach vor der Hütte breit und besetzen draußen die Bänke und den Tisch. Vielleicht haun sie dann wieder ab!‹
Alle waren einverstanden. Wir konnten noch zwei Stunden schlafen. Wie hatte manchem bei dieser Begebenheit das Herz gepocht!
Um die festgesetzte Zeit krochen wir aus dem Heu. In wenigen Minuten waren alle vor der Hütte. Nun begann da draußen ein lustiges Lagerleben: Decken wurden ausgelegt, Rucksäcke ausgepackt, abgekocht, im Bach gewaschen, Gymnastik getrieben und musiziert. Jeder tat das, was ihm gerade wichtig und richtig vorkam. Mit Absicht war die Tür zum Haus zugestellt mit Tornistern, Musikinstrumenten und anderem Zeug, denn wir wollten nicht gestört werden von den

Herren der Hütte. Der Ort war zu gemütlich und praktisch mit seiner Wasserpumpe, Feuerstelle und Bänken.

Dann kamen die Jäger zurück und sahen ihre Hütte auf einmal inmitten eines Ameisenhaufens von jungen Menschen. Einer von uns nahm seine Gitarre und sang dazu:
›Denn im Wald, da sind die Ro-häu-ber – hallihallo, die Ro-häu-ber – die verführ'n die Mägdelein….!‹
Und alle sangen wir lauthals mit. – Eine Weile sahen und hörten die Drei verdutzt sich alles an, dann sprachen sie leise miteinander und gingen darauf ohne Gruß davon. Wir hatten unser Ziel erreicht. Die aber hatten ihr Ziel nicht erreicht, denn geschossen hatten sie nichts, kein Schuss war zu hören gewesen.

Uns hielt es aber auch nicht mehr lange an jenem Ort, denn wir wollten ja wandern, und bis zum Abend sollten etwa 20 Kilometer Weg bis zur Bahnstation zurückgelegt werden. Wir kochten und aßen also auf Vorrat. Dann marschierten wir – ohne Tritt, aber mit Sang und Klang – durch den hohen, weiter oben niedrigen Kiefern- und Mischwald. Das Heidekraut blühte, die Sonne schien, und unsere Lieder besangen die schöne Natur, die Heide, die Jägerei und die Liebe (von der noch die wenigsten etwas wussten). –

Von dieser Fahrt haben wir noch lange erzählt und denen, die nicht dabei waren, vorgeschwärmt! Solche Nachtfahrten gab es selten, Tageswanderungen dagegen viele, auch mit den Kindern bei den ›Kinderfreunden‹.

So wechselten persönliche und gemeinschaftliche Erlebnisse. Und immer öfter gab es nun politische und philosophische Diskussionen. Immer stärker wurde die Frage in unseren Reihen: Genügte es, die Arbeiterbewegung stark zu machen? Oder mussten wir, um uns gegen die Nazis zu wehren, in die Politik eingreifen? Aber wie?
Ich für mein Teil wusste, dass ich nur an der Stelle kämpfen konnte, wo ich war: bei den Kindern und Jugendlichen. Hier konnte ich was erreichen, hier gehörte ich hin und konnte alle meine Fähigkeiten einsetzen – die Musik, die Poesie, aber auch handwerkliches Können und Erziehung.

Eine Rose ziehen?

Aber auch die holde Weiblichkeit schlich sich immer öfter in Gedanken, Gespräche und – Begegnungen.
Da gab es eine blonde Martha (und ich hatte immer irgendwie geglaubt, jede Martha müsse dunkelhaarig sein!). Und es gab eine blonde Klara – aber ach! Die waren ja so unwissend in menschlichen Beziehungen, ohne jede Erfahrung. Wenn ich an Wien dachte und an Julia fielen alle Mädchen im Städtchen ins Wasser. Aber den Bürgerlichen, die vielleicht gebildeter waren, hatte ich ja abgeschworen. Die waren in der kleinen Stadt zwar nicht rar, aber meistens zu spießig und zu prüde.
Oft dachte ich, ach, die Richtige lernst du hier doch nie kennen! --- Doch! sagte ich mir dann wieder – du kannst dir ja eine Rose heranziehen, wie du es als Gärtner gelernt hast. Wozu hast du es denn gelernt?
Aber – wollte ich mir nun eine Hochstammrose ziehen? Oder eine Buschrose? Oder sollte ich sie wild wachsen lassen wie eine Heckenrose? Ich liebte alle drei Arten.
Oder wie wäre es mit einer zweifarbigen Rose - etwa der Sorte ›Juliet‹ – und sollte sich das darauf beziehen, dass sie ein bisschen von sich und ein bisschen von Julia haben musste? Oder auf zweierlei was anderes?
Ja, gewiss, ein Mädchen für mich müsste zweierlei haben: erstens Verstand, zweitens Gemüt! - Bald kam ich aber dahinter, dass doch noch etwas mehr dazugehörte. Zum Beispiel, sie musste schon etwas können, musste häuslich sein und nicht kleinlich, wie ich manche Mutter dieser Mädchen kannte. ---

So spielte ich mit den Gedanken zu diesem Thema, und die Zeit verging. Und eines Tages merkte ich, dass ich auf der Suche nach einer war, die ich einmal heiraten würde. Wenn ich jedoch an die älteren Mädchen meiner Bekanntschaft dachte, lehnte ich ab. Viele wechselten ihre Liebhaber wie die Hemden; andere legten den Jungen unsichtbare Zäume an und zogen mal an diesem, mal an jenem Zügel. Und die dritte Gruppe war entweder wählerisch, stolz oder dumm,

oder alles zusammen. Lieschen hatte oft gesagt: ›Dummheit und Stolz, wachsen auf einem Holz!‹ Der alte Spruch schien zu stimmen. Still beobachtete ich alle Mädchen der Gruppe und holte mir oft bei der Mutter Rat. Sie sagte: ›Hübsch muss ein Mädchen sein, aber nicht eitel, gescheit, flink, sparsam, ehrlich und treu!‹
Na, das waren ja sieben Gaben – auf so vieles musste man bei der Zukünftigen achten? Es wurde immer schwieriger!

Also suchte ich weiter, wägte ab, sortierte, legte wieder weg. Und schließlich kehrte ich doch zu meiner Rosen-Idee zurück. Toni war tot; sie wäre für mich eine gute ›Sorte‹ gewesen. Wenn ich keine weiter finden konnte, musste ich mir eben einen ›Wildling‹ veredeln.
Aber welche kam dafür in Betracht? Martha, Liesbeth, Klara? Letztere war hübsch und konnte herzhaft lachen. Sie beteiligte sich an jedem Volkstanz unserer Gruppenabende. Sie war auch die einzige, die mal sagte: ›Kurt, musst du immer musizieren? Kannst du nicht auch mal tanzen?‹ So ließ ich die Freunde weiterspielen und tanzte mit. Ich empfand es als Interesse an mir, dass sie mich fragte. Was daraus noch werden sollte, ahnte ich damals noch nicht.
Ich hatte alle Volkstänze mit den Augen mitgelernt, doch in der Praxis schienen sie mir reichlich schwer. Da gab es viel zu lachen, als ich nicht Schritt halten konnte. Doch schon in der dritten Runde flossen die Bewegungen zügig. Bald konnte ich ebenso gut mittun wie die anderen.

Gemeinsam wurden die Mädchen nach Hause gebracht. Nur die, welche sich verlobt fühlten, gingen für sich paarweise heimwärts. Ich beteiligte mich – trotz Klara – nicht am Heimbringen, denn ich hatte noch etwas zu tun.

Wahlkampf

Die Jugendgruppe wollte sich am bevorstehenden Wahlkampf beteiligen; es war im April 1928. Ich wollte dafür einen Sprechchor in verschiedenen Teilen verfassen, der auf einer Bühne dargeboten werden sollte. Mochten die anderen zusammen nach Hause gehen, ich ging allein. Und ich setzte mich an den Tisch und schrieb. Erst kurz nach Mitternacht ging ich während einer Woche schlafen. Und früh um fünf Uhr musste ich schon wieder auf mein Fahrrad steigen und in die Fabrik fahren.
Dann, zwei Wochen später, fand die Wahlversammlung der Sozialdemokratischen Partei statt. Dort traten wir auf und ernteten viel Beifall (Leider ist auch dieser Text, wie so viele, verlorengegangen). Der Saal war gerammelt voll von Menschen, obwohl draußen auf dem Marktplatz der Frühlingsjahrmarkt war.

Einer der Anwesenden, ein Kommunist, nannte die SPD deshalb verächtlich ›Jahrmarktspartei‹. Auf diesen Wahlveranstaltungen hatte ja jeder Rederecht in der Diskussion, die sich an den Vortrag anschloss. Aber Kommunisten und Nazis überzogen gewöhnlich ihre Redezeit, und darum hatte der Leiter von jeder Partei nur einen auf der Rednerliste zugelassen. Das Schlusswort hatte dann einer von unserer Partei. Darüber ärgerten sich die anderen nun, und das Wort von der Jahrmarktspartei hing der SPD dann in diesen Kreisen an.
Dabei hatte unser Kreisverbandsvorsitzender gerade diesen Tag ausgewählt, weil er sich sagte, da sind viele Leute auf dem Markt, und während die Frauen einkaufen, kommen die Männer in die Veranstaltung. Und so war es auch: Der Saal war überfüllt.
Kommunisten und Nazis hatten zu der Zeit noch nicht viel zu sagen, und ihr Neid war natürlich groß. Aber sie hatten ja auch die schlechte Angewohnheit, auf nichts richtig einzugehen, was der Vorredner gesagt hatte, sondern wickelten immer ihre eigene dogmatische Walze ab. Die Demokraten taten das nicht – SPD, Zentrum, Liberale usw. -, die waren sachlich.
Vorn in den ersten beiden Reihen saßen zu solchen Versammlungen immer die Uniformierten des ›Reichsbanner‹, standen auch in Grup-

pen hier und da, an Aus- und Eingängen, als Saalschutz, immer von weitem erkennbar an den grünen Hemden. Wir waren stark damals, es war eine Demonstration unserer Stärke.

Als die Leute aus der Wahlversammlung nach draußen strömten, zupfte mich jemand am Ärmel. Es war Klara mit einer Freundin, und da herrliches Wetter war, verzichteten wir auf den Jahrmarktsbummel und gingen spazieren. Unterwegs begegnete uns ein junger Mann, der aus dem Dorf der Freundin kam. Da gingen dann hier zwei junge Menschen und da zwei... und aus diesem Spaziergang wurde für mich nach zweieinhalb Jahren einer zum Standesamt.

Zuvor aber geschah etwas, was tief in meine Seele schnitt und mein Leben nochmals veränderte.

Silberhochzeit und Begräbnis

Lieschen und Vater hatten sich sehr auseinandergelebt, und doch kam ihre Silberhochzeit heran. Zwei ihrer Söhne hatten nun ein festes Mädchen, eine Tochter – Else – war verlobt. Die Wohnung war immer voller Menschen, Freunde und Bekannte.
Am Abend der Silberhochzeit waren nur die Verwandten anwesend - und fingen an, zu ›politisieren‹ ! Da wurde der ganze, einmalige Familienabend von den Alten zerstritten. Mutter und wir Jungen saßen hilflos dabei. Onkels und Tanten, Vater und Großvater kämpften mit harten Worten gegeneinander. Die einen waren für Hitler, die anderen gegen ihn. Keiner wurde Sieger. Das Essen, das Mutter mit soviel Mühe gekocht hatte, schmeckte nicht und wurde überhaupt nicht beachtet; der teure Wein schmeckte auch nicht, und alle trennten sich in Unfrieden. Und keiner ahnte, dass wir uns nach genau sieben Wochen wieder sehen sollten. Dann aber in Schwarz....

Was sich in diesen sieben Wochen zutrug, stürzte mich in ein solches Lebenstief, dass es mich durch und durch erschütterte.
Lieschen wurde krank. Sie hatte Gallensteine, sagte der Arzt, bekam einige Spritzen und erholte sich für ein paar Tage. Doch die Spitzen der vom Körper gebildeten Steine verursachten ihr immer wieder solche Schmerzen, dass der Arzt eines Tages erklärte: ›Sie muss ins Krankenhaus!‹

Da wurde sie operiert. Man hat ihr die Gallenblase aufgeschnitten und die Gallensteine herausgenommen. Eine Streichholzschachtel voll Steine zeigte sie uns bei unserem Besuch. An der rechten Seite ihres Körpers, aus dem Ausgang des Magens, ringelte sich ein silbernes Röhrchen, das in ein Gefäß mündete. Sie durfte alles Mögliche essen und trinken, denn die Verdauung hörte da auf, wo das Röhrchen begann. Da kam alles, was sie aß, nach ganz kurzer Zeit wieder heraus, und der Darm musste ruhen, denn da war noch ein Stück vom Zwölffingerdarm herausgeschnitten worden.

Trotzdem war sie ruhig. Sie freute sich, dass wir alle gekommen waren, dankbar sah sie uns an, und ebenso dankbar war sie, dass sie keine Schmerzen mehr hatte.
Aber – sie ist ohne Hungergefühle verhungert, weil ihr Körper nichts bei sich behalten konnte. Künstliche Ernährung, wie sie später entwickelt wurde, hätte sie vielleicht gerettet, denn auch ohne Gallenblase hätte sie ja noch längere Zeit leben können. Das Schicksal aber wollte es anders – sie musste sterben, ohne Rücksicht auf ihre dargebrachten Opfer, ohne Gnade, ohne Federlesen – fünfundvierzig Jahre alt, schlief sie eines Tages ein und wurde nicht mehr wach.
Später sagte Artur, sie hätte kurz vor der Operation noch eine Abtreibung gehabt, und eigentlich wisse niemand genau, woran sie wirklich gestorben war. –
Ich habe den Totenschein nie gesehen, und der Vater sah wohl keinen Grund, ihn uns zu zeigen…. Er hatte sie nie geschont, sie hatte alles über sich ergehen lassen – und an den Gallensteinen zeigte sich, wie viel sie ›geschluckt‹ haben musste! (Darauf bin ich aber erst nach vielen Jahren gekommen, solche Zusammenhänge kannte man damals noch nicht).
Ja, aber als sie dann tot war, saß er da, in der Ecke auf einem Stuhl in unserer Küche, und heulte.

Es war so ein herrlicher Maientag, Himmelfahrt 1930, da kam mein Bruder Ernst in meinen Garten und brachte mir die Nachricht. Weinend saßen wir zusammen in meiner Laube.
Der Mutter Tod vereinte die ganze Familie am selben Abend. In Trauer und Tränen erstickte jedes Gespräch.

Die Trauerfeier im Saale des Krematoriums war herzergreifend. Wer hat da kein nasses Auge gehabt, als der Redner von Lieschens Güte, Liebe und Leidensweg sprach! Die Jungen wie die Alten schüttelte es. Und auf dem Harmonium wurde das ›Largo‹ von Händel gespielt. Das wühlte alle Gefühle bis ins Tiefste auf, diese Musik traf die empfindlichsten Stellen der Seele.
Vor der Feier durften wir Mutter noch einmal sehen. Sie lag in einem weißen Sarg. Der Kopf lag nach links geneigt und war ein wenig vom kleinen Kissen herabgesunken. Das Haar hing ihr, wie oft nach großer Anstrengung, in der Stirn. Ihre Züge erkannten wir wohl, auch wenn

sie jetzt fremd anmuteten, und ihre Hände lagen weiß auf der Decke – eine tote Mutter, umringt von allen acht lebenden, trauernden Kindern. Der Vater war nicht dabei. Er kam etwas später zur Feier in den Saal. Ob er nach uns noch allein bei ihr gewesen war, um vielleicht Abbitte zu tun?
Eine Stimme in meinem Herzen hat ihn damals angeklagt:
Du hast sie auf dem Gewissen! Du hast sie vertrieben aus dem Kreis ihrer Kinder, die sie noch nötig brauchten, besonders die Mädchen, deine Töchter!
Aber was half das? Ob es jemals eine Strafe für Leid gibt, das man jemandem zufügt? Seelisches und körperliches Leid, Krankheit und Tod erleidet ja ohnehin jeder. Sollten wir nicht lieber einander helfen, dieses Leid zu mindern und uns gegenseitig das Leben schöner zu machen? Der Egoismus kann alles vernichten!

Zwei Wochen nach der Einäscherung war die Beisetzung der Urne im Urnenfriedhof der kleinen Stadt. Alles, was Beine hatte, stand droben vor der Kapelle und ließ die große Familie passieren, ließ uns Spießruten laufen. Und auch die engen Wege zwischen den Gräbern waren voll Volk, denn Lieschen war ja jedem Menschen bekannt, und alle wollten etwas von dem haben, was nur für uns bestimmt war.
Wir waren keine religiöse Familie und hatten darum keinen Pfarrer bestellt. Der Trauerredner war ein bekannter Sozialdemokrat und Freidenker(16) Redakteur des ›Volksboten‹, der auf meinen Vorschlag gebeten worden war, zu sprechen. Kannte er uns doch gut als eine Kämpfer-Familie, deren Mittelpunkt und Vorbild die Mutter gewesen war. Würden die acht Geschwister in ihrem Geiste und ihrer Liebe weiter tätig sein? Zum Schluss bejahte er diese Frage für uns.---

Man hat geschätzt, dass fast die Hälfte der 5000 Einwohner von Teuchern auf den Beinen war, und alle waren von der Rede mitgerissen. Abermals war es ein so herrlicher Tag, wie an jenem ihres Sterbens und dem der Feier im Krematorium.

WIE ALLES WEITERGING

Hier wäre die Geschichte eigentlich zu Ende, die ich über Mutter und mein Leben und Lernen in ihrer Familie schreiben wollte. Aber ich will nun doch noch berichten, wie es weiterging. Denn es ging weiter. Damals glaubten wir zwar, die Welt stürzte ein. Auf einmal allein! Langsam nur kam wieder Ordnung in die Familie, die nun keine mehr war. Wir Großen – Artur, Else und ich – kümmerten uns um das Funktionieren des Tages- und Wochenlaufes. Herbert war gerade erst zehn Jahre alt. Der Vater kümmerte sich nicht um seine Kinder. Jeden Abend war er verschwunden. Ich will hier nicht sagen, wo er sich aufhielt; fremde Leute haben uns alles hinterbracht. Um seine Frau schien er nicht sehr zu trauern. Und wenn die Nächte noch so dunkel waren, in denen er heimkam, und wenn kein Mensch auf den lampenlosen Straßen ging – irgendwo waren immer ein Paar Augen wach, und wenige Gedanken genügten, um Vaters Wege zu rekonstruieren...

Eine neue Familie haben

Dann zerriss das Gespinst von Mutters Nest; es leerte sich. Ich war der erste, der es verließ. Innere Kämpfe hatte ich zu bestehen, der Entschluss, wegzugehen, war schwer. Er bedeutete, dass die jüngsten Geschwister zur Verwandtschaft kamen. Zum Glück ging dann alles gut; zum Glück bekam auch keine meiner Schwestern ein uneheliches Kind, denn das war damals für ein junges Mädchen das Ende!
Ich aber wollte, musste eine neue, eigene Familie haben. Ein halbes Jahr nach Mutters Tod heiratete ich die Klara. Sie war nun achtzehneinhalb Jahre alt; ich stand im fünfundzwanzigsten. Es war im Januar 1931.

Zur Hochzeit kam, auf meine Einladung, wieder die Verwandtschaft zusammen. Wieder wurde diskutiert und politisiert. Ich aber, und meine junge, mädchenhafte Frau, schlichen eine Treppe höher im Hause der Brauteltern, wo wir eine winzige Wohnung bekommen hatten.
Doch was, glaubt ihr, lag in unserem Bett? Ein riesiger Kaktus mit drei-zentimeterlangen Stacheln. Zuerst waren wir sprachlos, dann lachten wir beide, und ich warf ihn mitsamt dem großen Blumentopf zum Fenster hinaus, so dass es wie eine Bombe dröhnte, als er auf der Straße in tausend Stücke zersprang. Wir lachten noch mehr, aber es war wie ein böses Omen, das sich erfüllen sollte in dieser Ehe.

Hatte ich, seit ich in die Jugendbewegung eintrat, in unzähligen Kursen, Vorträgen, Lehrgängen in Musik und Gesang, und durch Lesen von vielen Büchern an mir selbst gearbeitet, so begann ich nun, mich meinem ›Rosenstock‹ zu widmen.
›Ach,‹ sagte ich eines Abends zu mir selber, ›zweieinhalb Jahre lang hast du sie als Heckenrose wachsen lassen. Noch einen Sommer lang, vor unsrer Heirat, war es gut. Nun musst du anfangen, den Wildling zu veredeln.‹
Sie hatte ja nach der Volksschule nur zwei Jahre bei einer Schneiderin gelernt.
Und ich fragte meine junge Frau: ›Möchtest du nicht Gitarrespielen lernen? Ich hätte es gern!‹ – ›Ja!‹

So kaufte ich ein Instrument und ließ sie bei einem bekannten Gitarristen im Ort lernen.
Für ein paar Mark kaufte ich Kleiderstoff. ›Willst du dir nicht ein hübsches Kleid nähen? Deine Mädchenkleider könntest du allmählich ausrangieren!‹ - ›Ja!‹
›Würdest du mal mit zum Vortrag kommen?‹ - ›Ja!‹
›Liest du vielleicht mal dieses Buch mit mir, dann können wir drüber sprechen!‹ - ›Ja!‹
Fährst du mal mit mir nach Weißenfels ins Konzert?‹ - ›Ja!‹

Immer sagte sie ja, und immer blieb etwas für sie und mich hängen. Ich führte sie wahrhaftig einen breiten Seitenweg, der zur Straße des Lebens hinführte. Das war nicht die Liebe, die ich bei Julia gefunden hatte, das war noch Erziehung, Bildung, Belehrung.
Und der Erfolg gab mir erst einmal recht in meiner Theorie der Rosenveredelung: Sie schloss sich meinen politischen Ansichten an, ging mit in die Arbeitsgemeinschaften der Partei. Manchmal kam dahin auch die Frau eines Chefredakteurs in Zeitz, die hatte studiert und hielt Vorträge für Frauen und Mädchen. Und so lernte sie viel und wurde langsam aus einem wilden Gewächs zu dem, was ich wollte. Denn von Hause aus – einer Arbeiterfamilie - hatte sie nichts gelernt: Als wir heirateten, war sie nur jung und hübsch und blond. Ich aber wollte eine Frau, die etwas wusste und konnte, und da sie erst 18 war, war sie noch empfänglich für all das Neue, was ich an sie herantrug.
So wurde sie eine Frau, und – nach zwei Jahren wurde sie Mutter. Ein Mädchen kam zur Welt, mein Kind! Es war Käthe, unsere erste Tochter. Ich liebte sie sehr.

Und nun geschah etwas Seltsames.
Im Mai 1932 hatte ich ja aufgehört, in der Papierfabrik zu arbeiten. Käthe wurde im Oktober geboren. Sie war ein normales, ruhiges Kind, aber alle drei Wochen war sie nachts unruhig, schlief nicht und weckte uns immer mit schreien. Wir konnten uns das nicht erklären, bis der Arzt mich fragte: ›Haben Sie nicht bis vor kurzem im Schichtlohn gearbeitet? Sehn Sie, das ist es! Das ist der Rhythmus – alle drei Wochen. Der hat sich auf das ungeborene Kind übertragen und ist jetzt noch drin!‹
Ja, so was hatten wir noch nie gehört! Sie bekam dann ein Beruhigungsmittel in dieser Zeit, alle drei Wochen. Da ging es vorbei.

Dann aber kam eine böse Zeit für mich. Da geriet ich mit meiner jungen Frau in solche Meinungsverschiedenheiten, da brachte sie mich in solche Verzweiflung, dass ich mich von der Bahn überfahren lassen wollte. Ich verließ die Wohnung. Draußen, in meiner Laube wollte ich warten, bis es dunkel war, bis sie käme und mich bitten wollte. Wenn sie aber nicht bis Mitternacht erschiene, wo würde sie mich anderntags nur noch in zwei Teilen sehen! ---

Aber sie kam. Sie musste öfter kommen im weiteren Zusammenleben. Einen Dickkopf hatte sie wie ihre Mutter, das merkte ich nach und nach. Und die Art ihres Vaters war ihr eigen, der heftig wurde bei allerkleinsten Dingen, und dann nicht mehr zuhörte.
Daran hatte ich natürlich nicht gedacht, hatte nicht genügend in ihre Familie geschaut. Und wer ist auch dabei, wenn Vater und Mutter miteinander hadern?
Auch hatte ich nicht bedacht, dass eine Bindung an die Eltern mit einer Eheschließung ja nicht aufhört, erst recht nicht, wenn man mit ihnen unter einem Dach wohnt! Wer aber wäre so frei und stark, sich zu befreien aus Ketten und - inneren – Kerkern, wie sie eine Familie darstellen?

Wenn dann alles wieder weitergeht, knirscht es noch eine Weile im Zahnradgetriebe des Zusammenlebens, und keiner von uns ahnte, dass sich mit den Jahren die ›Zähne‹ abnutzen, dass zuweilen sogar ein Stück davon abspringt, so dass das Ganze immer lückenhafter wird...
Ein Kind löst Spannungen und Konflikte zwischen Eheleuten und verbindet sie wieder, das habe ich erfahren dürfen. Es kann aber auch die Eheleute nach und nach auseinander rücken.- Doch davon später noch.

Geschäfte trotz Flaute

Zu der Zeit, als es wirtschaftlich in Deutschland ganz schlecht ging, als es nur noch ein ›Würgen‹ war, wie mir ein Geschäftsmann sagte, kam ein junger Mann zu mir – geschickt von meinem Bruder Ernst, der im Rathaus Schreiber war. Dieser junge Mann war der Sohn des später berühmt gewordenen ›Gärtner Pötschke‹, der in Thüringen eine große Samenzüchterei besaß. In jedem größeren Ort warb er einen Vertreter, und ich als gelernter Gärtner, übernahm für meinen Ort Teuchern und die Umgebung diesen Posten.
Ich sage dies hier, weil es mir mit dieser Tätigkeit gelang, meine eigene wirtschaftliche Flaute fast sieben Jahre lang auszugleichen. Denn zu der Zeit war ich ja immer noch arbeitslos, weil ich nach der Papierfabrik nichts mehr gefunden hatte.
Nun entrang ich mich dem Zwang, weiter beim Arbeitsamt stempeln zu gehen, Unterstützung zu erhalten und gewärtig zu sein, dass ich in eine Arbeit gepresst wurde, die mir nicht lag.
Hatte ich mich vorher schon mit dem Verkauf von allerlei Dingen befasst, so machte ich mich nun fast selbständig. Ich schenkte dem jungen Staat meine Arbeitslosenunterstützung und wurde freier Mitarbeiter bei Pötschke. Mit der Arbeit bei den Kinderfreunden war damit natürlich Schluss, denn ich war nun viel unterwegs im ganzen Land.

Mit der Zeit ging es mir und der kleinen Familie immer besser. Und – es war gut, dass ich nun wenig zu Hause war, denn so gab es zwischen mir und meiner Frau auch weniger Streit. Wir hatten uns ja schon auseinander gelebt, bevor wir richtig zusammen leben konnten.

Schon nach einem Jahr wurde ich bei Gärtner Pötschke Organisator. In einem großen Bezirk baute ich mit an der Verkaufsorganisation für Erfurter Sämereien, die damals weltberühmt waren. Gleichzeitig war ich Vertreter für eine Messerfabrik. Das war 1935/36.
Ich hatte drei Sorten Messer gekauft, immer gleich jeweils 1000 Stück. Die ließ ich auf eine zusammenklappbare Pappe heften, immer drei verschiedene zusammen, ein Heft für 95 Pfennig – mich kostete das 40 Pfennig. Und wenn ich einen neuen Vertreter für Pötschke warb, fragte

ich ihn gleich, ob er das mal mit probieren wollte. Fast alle nahmen die Messer mit zu ihren Kunden und verkauften weiter, gegen Prozente für mich. Wir ließen den Hausfrauen die Messer da, eine Woche zum Ausprobieren, und danach behielten sie die meisten. Da habe ich Geschäfte gemacht! Denn so was gab es damals noch gar nicht, und gute Messer konnte man immer brauchen. Gabeln verkaufte ich dann auch – die mit dem schwarzen Holzgriff, die wir heute noch haben, waren das.
Die Bestecke habe ich im Sommer verkauft, und im Herbst und Winter reiste ich wieder für Pötschke.
So habe ich mich langsam hochgearbeitet, zuerst ging's per Fahrrad, dann hatte ich ein Motorrad und habe mir damit furchtbares Rheuma und Grippe geholt.
Und dann kam das erste Auto, später ein zweites, etwas größeres, bis der Krieg anfing. Da konnte ich es nicht mehr benutzen, weil es kein Benzin mehr gab.
Mein Chef, der immer sagte: ›Sie sind mein bestes Pferd im Rennen!‹ bürgte für mich bei der Sparkasse, damit ich das Auto finanzieren konnte. Mit dem Wagen ging das Geschäft noch besser. Vor allem konnte ich ja in anderer Kleidung fahren und bekam damit gleich noch mehr Aufträge. 1936 zog ich mit der kleinen Familie sogar in den Ort der Firma, um wöchentlich mit der Geschäftsleitung konferieren zu können.

Dann kam Johanna zur Welt, mein liebes, liebes Hannchen! Wir standen uns gut, fuhren nach Jena und Gera, kauften ein. Konnten im selben Haus zwei Zimmer mehr nehmen und schafften Möbel und Teppiche an. Sie, die nähen konnte, erdachte hübsche Kleider für die Töchter, die fünf Jahre auseinander waren. Und dann fuhren wir auch oft im Wagen ins schöne Thüringer Land hinaus.
Da gab es ein Ausflugsziel, ein Gasthaus, das hieß ›Zur fröhlichen Wiederkunft‹ (Es war aber nicht das von der Wanderung ins Holzland!). Dort waren wir oft zu Gast. Einmal war auch Tanz. Da nahm ich Klein-Hannchen, sie war 15 Monate alt, auf den rechten Arm, ergriff mit meiner Linken ihr rechtes Händchen und mischte mich walzertanzend unter die Paare. Alles hörte auf zu tanzen und sah amüsiert zu. Der kleine Fratz saß herrlich aufrecht und schaute sich nach allen Seiten um. Jemand fing an zu klatschen, und die ganze Gesellschaft fiel ein. Und die jungen Mädchen strahlten: ›Wie süß!‹

KRIEGSZEITEN

Kein Benzin mehr

Das war im Sommer 1939, und drei Monate später fing der Zweite Weltkrieg an, 21 Jahre, nachdem der erste beendet wurde. Dazwischen war Währungsverfall, völliger Verlust von Geldvermögen, Bankrott vieler Geschäfts- und Privatleute. Wie wurde das deutsche Volk da gestraft: Nach den paar ›Goldenen‹ Zwanzigern((17) die ungeheure Arbeitslosigkeit, und vor Hitlers Machtergreifung der Untergang der ersten deutschen Republik, um die wir so gekämpft hatten. Wieder Aufrüstung, wieder Krieg, der furchtbarste, den wir, den die Menschheit je erlebte!
Ich aber hatte in all diesen Wirren immer Glück.

Ich wurde vom Ortsgruppenleiter des Ortes Dörsdorf in Thüringen aufgefordert, der ›Partei‹ (NSDAP) beizutreten, erst mündlich, dann schriftlich. Ich antwortete nicht; ich war ja zu jener Zeit ständig unterwegs.
Außerdem war dieser Herr ein Schwiegersohn meines Chefs, der konnte mir nicht viel am Zeug flicken. Der Chef brauchte mich sehr!
Weil ich Vertreter war, wurde ich von der ›Arbeitsfront‹ Abteilung Ambulantes Gewerbe in Berlin aufgefordert, der Organisation beizutreten. Im dritten Schreiben wurden mir verschiedene Unannehmlichkeiten angedroht, sollte ich der Aufforderung nicht nachkommen. Ich reagierte auf keinen der Briefe und trat auch nicht bei. Es geschah nichts.

Am neunten Tage des Krieges erhielt ich vom Wehrbezirksamt einen Gestellungsbefehl. Schon im August war ich als Pionier der Ersatz-Reserve I tauglich befunden worden. Der Polen-Feldzug, mit dem Hitler seinen Krieg begonnen hatte, war aber am achtzehnten Tag zu Ende, und ich bekam Nachricht, dass der Befehl aufgehoben war.

Inzwischen aber, ich sagte es schon, gab es kein Benzin mehr. Was nun?! Wie konnte ich ohne Auto noch meinen Beruf ausüben? So

groß war mein Arbeitsgebiet, dass ich mit Auto nur einmal in drei Monaten herumkam.
Ich verkaufte das Auto und büßte dreitausend Mark ein. Aber was sollte ich mit einem Auto, wenn es kein Benzin gab? Ruths Vater – das erfuhr ich später – hatte auch ein schönes Auto, einen ›Wanderer‹, und hatte es aufgebockt. Den ganzen Krieg über stand es so in der Garage. Und als am Ende die Russen kamen, da haben sie es einkassiert, so wie sie alles nahmen, was nicht niet- und nagelfest war.

Für mich hieß es nun, einen neuen Weg suchen. Ich bekam noch ein neues Fahrrad zu kaufen und reiste nun mit Bahn, Omnibus und Rad. Ich musste aber nun die ganze Woche von zu Hause fern sein, denn mit diesen Verkehrsmitteln kam ich nicht weit an einem Tag.
Nach wenigen Wochen zeigte sich, dass der Ort, fern von Bahnlinie und Busverbindungen, nicht mehr als Wohnort dienen konnte. Ein günstigerer Wohnort musste gesucht werden.
Es ging auf Weihnachten zu. Ich fuhr mit Bahn und Fahrrad in die Stadt meiner Jugend. Zuerst zu den Schwiegereltern
›Natürlich könnt ihr bei uns für einige Zeit leben!‹ sagten sie. ›Aber für eure Möbel müsst ihr euch was anderes suchen!‹
Ich ging zu Else, meiner Schwester, diese hatte wegen ihrer vier Kinder eine große Wohnung bekommen, aber nicht viel einzustellen. Sie konnte unsere Sachen nehmen. So war auch das geklärt

Am 20. Dezember 1939 zogen wir um. Es war Winter geworden. Meine Frau fuhr mit den Kindern und Lebensmittelvorrat für zwei Tage mit der Bahn voraus. Die macht wegen der Gebirge einen großen Umweg. Als dann meine Familie mitten in der Nacht ankam, war ich in der Wohnung mit Hilfe der Fuhrleute, die unseren Hausrat fuhren, schon mit allem fertig geworden.
Ein Zusammenleben mit den Schwiegereltern begann, über das ich nur berichten kann, dass es schon nach zwei Wochen nicht mehr möglich war. Else, deren Mann weit im Osten Deutschlands arbeitete, nahm uns auf. Und seltsam – das ging gut, bis zum Beginn des Frühlings 1940.
Ich wusste, so konnte das natürlich nicht auf Dauer bleiben. Außerdem ging inzwischen der Krieg weiter, und meiner Gesinnung folgend, wollte ich nicht Soldat werden. Etwas musste geschehen.

Gärtner Pötschke sagte: ›Sie sind doch Gärtner! Machen Sie sich selbständig! Ein Gärtner wird zur Sicherstellung der Volksernährung gebraucht und kann U.K.(19) gestellt werden.‹

Das war der beste Rat, den ich je bekam! Sofort gab ich in Halle an der Saale ein Inserat auf, und innerhalb einer Woche hatte ich beinahe 100 Angebote von Gärtnereien, Feldern, kleinen Bauernhöfen oder -gärten.

Eines Morgens machte ich mich auf und fuhr los, die ersten fünf Angebote zu prüfen. Doch schon das erste schien mir das beste zu sein: Ein riesiger Bauerngarten von 3000 qm Größe, mit Wohnung im leeren Bauernhaus, mitten im Ort, einem Vorort von Halle. Dazu vier Morgen Acker für feldmäßigen Gemüseanbau. Ich griff sofort zu, pachtete den ganzen Hof, und am 1.April war schon der Einzug. Wieder gab es einen Neuanfang: Ich kehrte zur Scholle, zur Erde, zurück!

Zurück zur Scholle

Schnell zimmerte ich ein paar Frühbeetkästen und kaufte zwanzig Frühbeetfenster. Zwei Frauen, in Gartenarbeit bewandert, stellte ich ein. Sie gruben den Garten mit mir um; das Feld ließ ich pflügen. Und während deutsche Männer zu Tausenden in den Krieg zogen, pflanzte ich Blumen und Gemüse, und – an den Sonntagen saß ich in meinem Arbeitszimmer und widmete mich den Märchen, genau wie damals als Kind.

Die Arbeit war reichlich, der Anfang war schwer. Wegen einer Krankheit, die sie seit der Geburt des zweiten Kindes hatte, konnte meine Frau nichts mit machen. Wenn es regnete, tapezierte oder strich ich die Wohnung an. Es gab immer zu tun. Nach sechs Wochen schon gab es etwas zu verkaufen: Radieschen, 1000 Bund rote und weiße Radieschen. Dann Gemüsepflänzchen, Blumensträuße aus Stauden, die schon vorhanden waren, und Fliederzweige. Eine schwarze Tafel am alten Bauerntor wurde neu gestrichen.
Und dann prangte mein erstes Angebot daran. So wurde der neue Gärtner bekannt. Und die Leute kamen und kauften, fragten nach anderem und erfuhren bald, dass draußen vier Morgen voll Gemüse heranwuchsen.
Ich arbeitete ununterbrochen. Und die Einnahmen nahmen zu – es war auch höchste Zeit, denn ein großes Anfangskapital besaß ich nicht.
Immer mehr Frauen kauften bei mir, fragten nach Obst, nach Kräutern – alles gab es, und alles eigene Ernte. Oft kamen Frauen, die brauchten schnell zum Mittagessen für zehn Pfennig Petersilie. Da bin ich gesprungen, vom eigenen Essen fort und in den Garten. Da kam ich mir vor wie der Gärtner Luft, bei dem ich selber vor über 25 Jahren dreimal für 10 Pfennige Stiefmütterchen geholt hatte. Doch ich tat es gern. In drei Minuten war ich wieder da und brachte das Gewünschte.
Das sprach sich sehr schnell herum. Und ich stellte, nun vorbereitet, jeden Tag ein paar Sträußchen Küchenkräuter ins Wasser. Die konnte meine Frau nebenbei mit verkaufen, weil sie ja sonst nicht helfen konnte - so bekam sie immer etwas Kleingeld.

Eines Tages fragte ein 14jähriges Mädchen an, ob sie Ostern im nächsten Jahr ins Pflichtjahr(18) zu uns kommen könnte. Meine Frau nahm sie sofort, als Hilfskraft in die Küche. Margot, so hieß das Mädchen, half auch bald im Garten, vor allem an Sonnabenden im Verkauf. Mir war es recht: So ein flinkes, nettes Mädchen beim Blumenbinden und Verkauf, das gefiel auch den Kunden.

Meiner Frau passte es jedoch nicht. Und sie schickte unsere Tochter Käthe mit nach ›hinten‹, wie wir den Garten nannten. Käthe war erst sieben Jahre alt, und sollte aufpassen, was der Papa machte! Harmlos sagte sie es mir einmal. Ich war dann besonders lieb zu dem Kind. Immer fielen kleine Blumen an, die hieß ich Käthe schön zusammenbinden zu hübschen, kleinen Sträußchen. Und dann gab es auch kleine Bohnen, junge Kohlrabi und die herrlich süßen aber niedlichen Honigbirnen.

›Komm,‹ sprach ich zu meinem Kind, ›jetzt machen wir für dich einen kleinen Laden auf!‹

Und wenn dann die Kundschaft kam, da saß Käthchen auf einer Hitsche (einer Fußbank) an ihrem kleinen Tisch und freute sich, wenn sie beachtet wurde und für dies und das einen Groschen einnahm. Von Aufpassen war nie wieder die Rede. Ich aber wusste, dass meine Frau sehr eifersüchtig war, und ich begriff es sehr gut. Es war ja Krieg, und die meisten Männer, auch die ganz jungen, mussten an die Front. Die noch anwesenden Männer bekamen also doppelte Aufmerksamkeit von den Frauen. So ging es mir natürlich auch.

Als der Herbst kam und Garten und Feld nichts mehr gaben, schrieb ich auf die schwarze Tafel am Tor: ›Alles abgeerntet!‹

Dann ›organisierte‹ ich wieder und reiste auch für Pötschke, erst in der Nähe von Halle und Leipzig, dann auch wieder in Thüringen und im Erzgebirge, dem Vogtland und im Eichsfeld. Ich bewegte mich nun wieder per Bahn und hatte einen kleinen Handwagen für all mein Gepäck und meine Muster.

Auf meinen Reisen kam ich auch in die Gegend der Spielzeugstadt Olbernhau(20) Und da es auf Weihnachten zuging und kein Spielzeug zu kaufen gab in anderen Gegenden, besuchte ich dort verschiedene Grossisten und ließ mir zwei verschiedene Kollektionen Spielzeug zusammenstellen. Ich zahlte ihnen eine Kaution und sagte: ›Ich

werde versuchen, solche Kollektionen in Kindergärten und –heimen und bei Privat- und Geschäftsleuten zu verkaufen.‹
Und dann, sechs Wochen vor Weihnachten, habe ich Spielzeug verkauft! Jena, Weimar, Erfurt und Gera – überall, wo ich mich auskannte. Was habe ich da für Geld verdient! Und die Spielzeughersteller waren auch zufrieden.
Manchmal war ich zwei Wochen unterwegs. Mein Arbeitsgebiet umfasste ja für damalige Begriffe riesige Räume! Und im Krieg war ein großer Bedarf nicht nur an Spielzeug, sondern noch mehr an Sämereien, denn es wurde jedes Fleckchen Acker oder Garten zur Ernährung bestellt und bepflanzt. Und so, wie der Bedarf wuchs, bekamen unsere Vertreter in Dörfern, Siedlungen und kleinen Städten immer größere Aufträge. Dabei aber wuchsen auch meine Einkünfte, denn jeder Beteiligte verdiente daran.
Jeden Mai war Jahresabrechnung. Und jedes Mal war die Provision gestiegen.

Ich kaufte nun noch mehr Frühbeetfenster, und ich sah mich in unserem Ort nach einem anderen, größeren Grundstück um, wo ich eine richtige Gärtnerei anlegen konnte. Um für die Volksernährung wichtig genug zu sein, musste ich den Betrieb vergrößern. Ich saß ja damals wie auf Kohlen – würden sie mich vielleicht doch noch in den Krieg schicken?

Das Jahr 1941 brach an. Es war ein milder Winter gewesen, und die vielen Stauden, die ich im Herbst zuvor gepflanzt hatte in dem großen Bauerngarten, fingen zeitig an zu treiben und zu blühen. Am 15. März, einem sonnigen Morgen, waren die tausend Stiefmütterchen so erblüht, dass der Verkauf beginnen konnte. Auch Narzissen und Tulpen waren aufgeblüht, und noch viele andere Blumen, und die Leute kauften und freuten sich der blühenden Pracht.

Meine Frau war noch immer krank. Sie hatte oft Koliken und musste geschont werden. Ich tat alles allein. Mitarbeiter konnte ich erst wieder bezahlen, wenn es genügend zu verkaufen gab, so dass auch Geld übrig blieb. Einstweilen verschlang die Pacht und der Lebensunterhalt meiner kleinen Familie alles, was ich einnahm.

Zügig, ruhig und freundlich erfüllte ich alle Wünsche meiner Kundschaft. Innerhalb von wenigen Tagen war mein Vorrat, den ich für riesig gehalten hatte, verkauft.

Das war ein Taumel, ein Geschenk – eine Hoffnung, hier für immer eine sichere Existenz zu finden. Jeden Morgen lief ich einmal um meine Gärtnerei herum, breitete die Arme aus wie zum Fliegen…So froh war ich!

Ach, was hab' ich in jenen Tagen ›geschuftet‹! Die Beete, die nun leer waren, machte ich wieder saat- und planzfertig, Sommerblumen säte ich aus und Gemüse, und ich setzte Tausende Salat- und Kohlrabipflanzen, die ich zuvor in den Frühbeeten gezogen hatte.

Der ganze Frühling war herrlich. Es ging groß voran. Ich schrieb meinem Bruder Herbert, der ja auch Gärtner geworden war, er könnte kommen und bei mir helfen. Und er kam. Wir brauchten ihn dringend. Was war das für ein Jahr, was trugen die Bäume – zentnerweise gaben sie Äpfel, Birnen und Pflaumen. Nur unsere Weinstöcke trieben nicht wieder aus, die waren im kalten Winter davor erfroren.

Ich wunderte mich über den Bruder immer wieder. Wie hatten ihn die drei Lehrjahre in Schleswig-Holstein so völlig umgewandelt! Er und die beiden Frauen, die nun auch wieder kamen, und das Pflichtjahrmädchen arbeiteten fleißig. Den Acker bestellten wir zweimal, bis Dezember gab der meterdicke Lößboden Ernte, und Dünger brauchten wir nicht.

Dann suchte sich Herbert für den Winter eine andere Stelle und kam im Frühjahr zurück. Doch nur für drei Wochen: Er bekam einen Gestellungsbefehl zur Truppe und musste gehorchen. Ich selbst erhielt ebenfalls einen, doch ich ging sofort zum Ortsbauernführer und zeigte ihm den ›Wisch‹. Der sagte: ›Ich melde Sie bei der Kreisbauernschaft an. Fahren Sie sofort hin! Dann rufe ich die Landesbauernschaft an, damit Sie U.K. gestellt werden!‹

In wenigen Stunden hatte ich den Bescheid und konnte wieder ruhig an die Arbeit gehen. Gärtner Pötschke hatte recht gehabt. Ich war froh!

Dann aber schlug es von anderer Seite wie eine Bombe ein: Der Acker wurde mir telefonisch vom Eigentümer gekündigt! Er hatte die ganzen vier Morgen Land samt Haus, die ich gepachtet hatte, als Bauland für teures Geld verkauft!

Gleich am nächsten Tag kamen zwei Männer zu mir. Sie erklärten, sie hätten das Anwesen nebst Wohnhaus gekauft. Sie bedeuteten mir, dass sie gewillt wären, notfalls auf dem Klagewege eine Räumung von Wohnung und Garten herbeizuführen, wenn ich nicht am 1. April auszöge.

Nun, ich war sehr ruhig, denn ich glaubte nicht, dass Recht und Gesetz wegen dieser zwei Herren außer Kraft gesetzt werden würden, selbst dann nicht, wenn diese einen ›kriegswichtigen‹ Betrieb aufbauen wollten. Sie wollten nämlich Holzgeneratoren bauen, die die alten Dieselgeneratoren zur Stromerzeugung ersetzen sollten.
Ich rief also meinen Anwalt an und erhielt die beruhigende Antwort: ›Pacht geht vor Kauf! Wer ein Grundstück oder ein Haus kauft, muss die gültigen Pachtverträge respektieren!‹
Aber ich wollte ja ohnehin mehr und eigenes Land haben. Der Zeitpunkt schien gekommen. Ich hatte mich schon umgehört und ging jetzt zu einem alten Herren, der im Ort ein großes Grundstück mit Wohnhaus und acht Morgen Land dabei besaß. Und da er alleinstehend war, sagte er zu, dass ich alles kaufen könnte, wenn er bis zum Lebensende freie Wohnung, Kost, Wäsche und andere Vergünstigungen erhielt. Der Kaufpreis war 15.000 Reichsmark. Ich bekam Kredit, und wir, meine Frau und ich, unterschrieben gleich und wurden je zur ideellen Hälfte Eigentümer.
Am 1. April 1942 zogen wir ein. In Windeseile war alles geschehen, sogar die ganze Wohnung war neu tapeziert worden. Ja, Tapete gab es noch, auch Leim und alles andere.
Am 2. April flatterte mir eine einstweilige Verfügung ins Haus. Es wurde mir untersagt, auf dem ersten Grundstück Wohnung, Acker, Garten – alles, was ich noch in Pacht hatte – zu betreten. Dagegen erhob ich sofort Einspruch, und ich siegte. Bis zur Aberntung wurde mir alles zugesichert. Das Haus, so erwirkte ich es, wurde mir ebenfalls zugesprochen, aber gegen eine Abfindung von 300 Mark trat ich es gleich ab. Der April hatte stürmisch begonnen, aber er war nachher doch sehr friedlich.

Dann, am 15. April, kamen zwei neue Pflichtjahrmädchen, zwei wirkliche Schönheiten vom Lande. Sie halfen beide meiner Frau in Küche und Haus.

Eines Nachmittags gegen sechs kam vom Arbeitsamt ein Anruf: Ich wurde gebeten, einen jungen Polen abzuholen, der mit einer starken Kolonne ›Fremdarbeiter‹(21) geschickt worden und überzählig war. Die Herren wussten nicht, was sie mit diesem einen anfangen sollten. Und da ich auf dem Amt als ›Anfänger‹ bekannt war, der viel Arbeit hatte, wollten sie ihn mir geben. Ich fuhr nach Halle, nahm für den Jungen etwas zu essen mit und holte ihn ab. Und ich war froh, dass ich eine männliche Hilfskraft bekam!
Ich half ihm, unsere Sprache zu lernen und sagte täglich zehn- bis zwanzigmal: ›Nemetzki: Kanne! – Polska?‹ Er begriff sehr schnell und antwortete: ›Polska – Kanna!‹ -
›Nemetzki: Schaufel! – Polska?‹ - ›Ah, Polska – Schippa!‹
Ich wunderte mich, wie viele polnische Wörter es gab, die mit dem Deutschen verwandt sind.
So lernte er deutsch, und ich auch ein wenig polnisch. Er hieß übrigens Zigmuth. Eines der Pflichtjahrmädchen sprach: ›Das ist doch kein richtiger Name! Wir wollen ihn Siegmund nennen!‹ Und dabei blieb es!
Ich glaube, er hatte es gut bei uns. Drei Jahre, auf den Tag genau, war er da. Am 25. Mai 1942 kam er, am 25. Mai 1945 ging er. Ich schrieb es in sein Arbeitsbuch und drückte meinen Firmenstempel hinein: ›Kurt Klee, Garten- und Gemüsebau, Halle-Nietleben‹.
Ich komme später noch einmal auf ihn zu sprechen. Damals kam er, um zu arbeiten und zu lernen. Und er war ein nützlicher Mensch und höflich meiner Frau gegenüber.

Nun also hatte ich ein großes Land – acht Morgen eigenes! Den früheren Pachtacker gab ich auf, nachdem unter Polizeibewachung alle Bohnen darauf abgeerntet worden waren. Neben meinem eigenen Land lagen noch drei Morgen von Privatleuten, die ich hinzupachtete. Da hieß es 'ran!
Es begann also ein ungeheures Schaffen. Für das viele Land musste Saat- und Pflanzgut beschafft werden: Saatbohnen, Gurken, Tomaten. Das meiste musste in Frühbeeten und Gewächshäusern herangezogen werden. Wir machten alles selber. Mit einem Schreiner, der bei mir zur Miete wohnte, bauten wir zwei heizbare Gewächshäuser. Zwei weitere baute ich im nächsten Jahr mit Siegmund. Er lernte alles, was ein Gärtner können muss, aussäen, Glas verkitten, Bäume veredeln, auch,

aufs Wetter achten. In einem Winter, als es bitter kalt wurde und ich in einem Gewächshaus bereits im Februar Tomaten, Salat und anderes ausgesät hatte, kam ich mitten in der Nacht dazu, wie er das Glas, obwohl es schon mit Schilfmatten bedeckt war, mit weiteren Matten zurollte. Gerührt schenkte ich ihm zur Belohnung ein warmes Hemd, denn ich wusste ja, wie wenig er mitgebracht hatte.

Als es wieder Mai war, pflanzte ich mit mehreren Frauen 1000 Tomatenpflanzen ins Freiland aus. Auf zwei weitere Morgen Land steckten wir grüne und gelbe Buschbohnen. Wir hatten auch nach und nach 12000 Erdbeerpflanzen gesetzt, die alle reichlich trugen, und erhielten vom Staat eine Prämie von 720 Reichsmark.

Da ich nun ständig am Ort war, wurde ich zur ›Freiwilligen‹ Feuerwehr eingezogen. Jede Woche zweimal Dienst, im Kriegsjahr 1944 und 1945 dann fast jeden Tag ein- bis zweimal. Doch 1942 war es wochenlang ruhig in der Luft, kein Fliegeralarm. Da wussten wir bei der Feuerwehr eines Abends im Sommer nicht, was wir machen sollten. Ich meldete mich beim Hauptmann und schlug vor, mit einer Spritze auszurücken – zu mir. Ich besaß nämlich im sogenannten Tonloch, einer früheren Tongrube, einen Teich. Am Ufer hatte ich einen Steg aus Balken und Brettern errichtet. Wenn wir dort die Spritze aufstellten, konnten wir mein Land wässern, und die Feuerwehrleute kamen noch zu einer Übung, bei der sie was lernen konnten.

Wir rollten also an. Es hatte längere Zeit nicht geregnet, Leitungswasser war knapp. In meinem Teiche aber ruhten vielleicht 1000 Kubikmeter. Das Wasser wurde auf alle Quartiere verspritzt, die in der Nähe des Teichs lagen. Dann verlegten wir hundert Meter Schläuche zu anderen Quartieren der Gärtnerei, und so wurde in einer halben Stunde meine ganze Gärtnerei unentgeltlich gewässert. Ich spendierte einen Kasten Bier. Das war das neue ›Deutsche Bier‹ – es sah aus wie Bier, es roch wie Bier, es schmeckte wie Bier – und war doch keins, denn eines fehlte: der Alkohol! Das gab es zur Kriegszeit, denn alle Gerste, aus der sonst ja der Alkohol entstand, diente zur Volksernährung. Wir waren trotzdem zufrieden.

Im nächsten Jahr wurden die drei zusätzlichen Morgen Pachtacker mit Kürbis bepflanzt. Auf einen Quadratmeter kam nur eine Pflanze. Siegmund zog, gewissenhaft wie immer, die Pflanzlinien. 7500 Pflanzen! Ich berauschte mich immer mehr an der Masse dessen, was da heranwuchs und geerntet wurde. Und doch brachte das Gemüse gerade nur soviel ein, dass alle Rechnungen bezahlt wurden, das merkte ich schon im ersten Jahr.

Ich sann nach und beschloss, Vorkulturen einzuführen, und nach der Hauptkultur noch eine Nachkultur zu versuchen.

Zu allem aber gehörte Wasser, und meine Wasserrechnungen wurden immer höher.

Die Wünschelrute

Da beschloss ich eines Tages, einen Wünschelrutengänger kommen zu lassen. Für 250 Mark und ein gutes Mittagsbrot wollte er mir Wasser suchen. Ich willigte ein. Als er kam, war es eine halbe Stunde vor 12 Uhr. ›Ha,‹ dachte ich, ›der ist aber seiner Sache sehr sicher!‹ Er packte aus einer Ledertasche seine Wünschelrute aus Silber oder Nickel aus und sagte: ›Da, sehen Sie, mein Zaubergerät!‹ - ›Wie macht man das?‹ fragte ich.

›Ganz einfach – so!‹ Und er drehte erst die eine Hand nach außen, legte ein Ende des gebogenen Silber- oder Nickeldrahts hinein, drehte auch die andere Hand nach außen und legte die Rute mit dem anderen Ende hinein. Sie hing nun nach unten und konnte frei schwingen.

Und siehe da – ohne des Mannes Zutun begann sie plötzlich, sich zu bewegen und drehte sich nach vorn und hinten, oder besser gesagt, sie schlug nach oben und unten aus. Ich beobachtete die Hände des Mannes, doch die lagen ganz still nach vorn gestreckt in der Luft, Daumen und Zeigefinger beider Hände nach oben. Wie in einem Lager schwang die Rute und blitzte in der Sonne.

›Da!‹ rief er, ›Da, sehen Sie - hier unter uns ist ja schon Wasser. So heftig schlägt die Rute nicht immer. Das Wasser liegt nicht tief, ich schätze 15 Meter!‹

Immer wieder bewegte sich das funkelnde Gerät. Der Mann sagte: ›Jetzt wollen wir doch mal sehen, ob das Wasser zufließt, oder ob es steht!‹

Und er ging so weit zum Stall zu, wie er konnte, das waren 10 Meter. ›Ja, von hier kommt es. Nun wollen wir mal nachspüren, wo es hinfließt!‹ er lief einen Weg entlang, doch da hörten die Bewegungen auf. Er kam zurück, da fingen die Bewegungen wieder an.

›Bleiben Sie bitte mal hier,‹ bat ich den Mann, ›ich komme gleich wieder!‹ Und dann rief ich alle zusammen, die gerade in der Nähe waren. Meine Frau kam heruntergerannt, Kinder und Pflichtjahrmädchen hinterher. Und dann bestaunten alle das Wunder. Wie sich das Ding von selber bewegte – es war erstaunlich!

›Wie kommt das?‹ fragte jemand.

›Der Wünschelrutengänger besitzt Magnetismus, der strahlt durch das Metall bis tief in die Erde hinein,‹ erklärte ein alter Zimmermann, der gerade hinzukam. ›Nicht jeder hat diese Kraft in sich. Ich hab's auch mal probiert, aber es ging nicht!‹ schloss er.
Und als ich bat, auch mal versuchen zu dürfen, lehnte der Rutengänger lächelnd ab. ›Es ist ›mein‹ Gerät!‹ sprach er. ›Es ist sehr empfindlich und reagiert dann nicht gleich wieder, wenn es ein Mensch berührt hat, der keinen Magnetismus hat.‹ Alle glaubten ihm. Er aber sagte schließlich:
›So, jetzt möchte ich doch mal prüfen, ob das Wasser unter uns abfließt, und wohin?‹
Meter um Meter entfernte er sich rückwärts. Doch er kam wieder nicht weit, da war eine Frühbeetanlage im Weg. Schräg unter dieser hinweg floss das Wasser fort, und er fragte: ›Ist dort hinten ein Teich?‹ - ›Ein See!‹ rief der Zimmermann, ›Der Graeb-See!‹
›Dort fließt es hin!‹

Dann saßen wir um den großen Esstisch herum, der trotz des Krieges immer gedeckt war und alle Esser satt machte, oft waren es zehn Personen.
Alles hörte dem Wassersucher zu, der von seiner Arbeit erzählte und sein Verbleiben wohl gern in die Länge zog: In kaum 10 Minuten hatte er sein Geld verdient, nun gab es zum guten Mittagsmahl noch einen Nachtisch und obendrein noch ein munteres Gespräch mit anregendem Publikum, denn es saßen die zwei hübschen Mädels mit dabei und meine Frau.
Nach einer Stunde aber sagte ich: Unten brauchen mich die Leute. Ich bedanke mich sehr für Ihren Dienst, auf Wiedersehn!‹
Seinen Lohn gab ihm meine Frau. Das tat sie immer gern, auch den Arbeitsfrauen gab sie gern ihren Lohn. Sie fühlte sich als ›Herrin‹ dabei, glaube ich. Allmählich wurde sie auch immer eleganter, kleidete sich, da sie nähen konnte, immer öfter neu ein.
Ich mochte das nicht, denn man soll das nicht tun, wenn man aus kleinen Verhältnissen kommt. Aber da ich dafür sorgte, dass Arbeit und Ernte bald mehr als das Lebensnotwendige erbrachten, kam eben allerlei anderes dazu – Lebensmittel wie zum Beispiel Wurst, andere Kleinigkeiten, die es nur noch ›unter der Hand‹ gab; auch Stoffe oder Schuhe. Durch meine Vor- und Zwischenkulturen wurde noch mehr

geerntet, und mein Soll dem Staat gegenüber war immer bald erfüllt. So konnte ich den Überschuss frei verkaufen, und das kam natürlich auch meiner Frau zugute.

Es ging stetig aufwärts. Die Blumen gingen weg wie ›warme Semmeln‹, ich kam manchmal nicht nach mit schneiden. Dann holte ich meiner Frau die beiden Pflichtjahrmädchen weg und ließ sie in den Beeten helfen. Ei, das taten sie lieber als Küchenarbeit, und eines Tages fragten beide, ob sie nicht immer in der Gärtnerei arbeiten dürften. –
Nein, das ging nicht, denn sie sollten ihr Pflichtjahr im Haushalt absolvieren. ›Schade!‹ sagten sie, ›Wir würden lieber bei Ihnen arbeiten!‹ Besonders die eine, die blond war und immer fröhlich, bat sehr. Doch gerade, weil sie am allerliebsten bei mir gearbeitet hätte, musste ich sie wieder ins Haus schicken zu meiner Frau – denn die wusste ›es‹ längst, und sie wachte eisern, dass es beim ›hätte‹ blieb.

Wir ernteten und lieferten ab. Jede Mark, die übrig war, wurde wieder in den Betrieb gesteckt. Durch Verbindungen bekam ich 500 Meter Maschendraht, 2 Meter hoch, dazu 160 Eisenrohre. Damit wurde das gesamte Grundstück von dort an eingezäunt, wo der bisherige Zaun aufhörte. Jetzt war auch etwas mehr Sicherheit gegen die häufigen vier- und zweibeinigen Gemüsediebe geschaffen.
Doch das Wasser – hatte ich das vergessen? Oh nein! Mochte es noch ein Weilchen dort unten fortlaufen, eines Tages würde ich den unterirdischen Wasserlauf anbohren lassen und das kostbare Nass heraufholen. Immerhin waren ja dazu auch eine oder zwei Pumpen notwendig und mindestens 300 Meter Rohre und Zubehör. Das Ganze würde einige Tausender kosten, und die wollten erst zusammengespart werden. Ich arbeitete unablässig für das Gelingen des Planes. Und es sprach sich im Ort herum.
Da bekam ich eines Tages ›hohen‹ Besuch: Der Bürgermeister kam und fragte, ob das wahr wäre, was er gehört hatte.

Der geheimnisvolle Brunnen

›Sie wollen bohren lassen?‹ - ›Ja,‹ antwortete ich, ›es ist schon alles bestellt und genehmigt!‹

›Hören Sie,‹ fuhr er fort, ›tun Sie das nicht, Sie werfen Ihr Geld zum Fenster hinaus! Unten die Molkerei hat auch bohren lassen, das war umsonst. Und die sind beinahe 100 Meter tief gekommen – 30 Meter tiefer als der Grund der Saale in Halle!‹

Ich rief den Mann, von dem ich das Grundstück gekauft hatte, und der bei uns wohnte. ›Herr Baarmann,‹ fragte ich ihn, › wie war das, als Sie vor dreißig Jahren das Anwesen kauften – gab es hier Grundwasser oder fließendes Wasser?‹ - ›Nein!‹ sprach der Rentner.

›Na also!‹ rief der Bürgermeister.

Aber ich sagte: ›Kommen Sie doch beide mal mit in den Hof, ich möchte Ihnen was zeigen!‹ -

›Hier!‹ sagte ich dann und hob eine Eisenplatte auf, die über zwei Eisenträgern am Boden lag. ›Was ist das, meine Herren?‹

Sie schauten in die Tiefe. Es war ein ausgemauerter Brunnen von acht Metern Tiefe. ›Hier sind wir tagtäglich drüber weg gegangen. Ein Meter Erde lag darauf, niemand hat gewusst, dass drunter ein Brunnen war. Und da, wo der Stapel Frühbeetfenster steht, hat der Wünschelrutengänger sein Gerät ausgepackt und die erste Probe gemacht. Er hat aber auch nicht geahnt, dass darunter ein Brunnen existierte!‹ - Stille. ---

›Weil mir die Schritte immer so hohl klangen an dieser Stelle,‹ fuhr ich fort, ›habe ich mit Siegmund, meinem Polen, hier gegraben. Ich kam mir wie ein Archäologe vor, und – ich entdeckte den Brunnen. Sehen Sie nur, mit welch guten Klinkern er gemauert worden ist. Und glauben Sie nicht, dass hier einmal Wasser war?‹

›Ja, kann sein,‹ sprach der Bürgermeister, ›aber jetzt ist der Brunnen leer, versiegt!‹ - ›Gewiss!‹ rief ich. ›Der Wasserspiegel wird sich irgendwann gesenkt haben. Aber da drunter ist Wasser, ganz bestimmt! Die Wünschelrute hat es angezeigt!‹

Da setzte der Bürgermeister seine Amtsmiene auf und sprach: ›Ich warne Sie zum letzten Male: Tun Sie es nicht! Geben Sie das Geld lieber der Volkswohlfahrt! Guten Tag – ich habe Sie gewarnt!‹

Beim Weggehen stieß er im Hausflur fast mit einem anderen alten Herrn zusammen, der eben von außen die Haustür geöffnet hatte. Das war der Schachtmeister der früheren Grubengesellschaft am Ort. Und er wollte mich dasselbe fragen wie der Bürgermeister.
Die Tür ging also auf, und da geschah eine sonderbare Sache: Die Sonne schien gerade herein, von der Straßenseite her, wir blieben etwas geblendet im Hausflur stehen, und der Schachtmeister erschien als Schattenriss inmitten der Sonnenstrahlen.
Er erkannte mich gleich und fragte ohne Einleitung: ›Wie ist das, wo wollen Sie bohren lassen?‹ - ›Hinten, im gemauerten Brunnen!‹ gab ich zur Antwort.
›Ah, direkt im Brunnen? Der hatte früher drei Meter Wasserstand. Als aber die Katastrophe kam, versiegte auch er. Man muss doch noch eine Markierung des Wasserspiegels erkennen!‹

Wieder hob ich das Eisenblech über dem Brunnen weg, und der Schachtmeister schaute hinunter und zeigte gleich auf einen hellen Rand an der roten Rundmauer: ›Da, ganz klar – drei Meter!‹
In diesem Moment kam der Bürgermeister zurück. ›Sagen Sie, Schachtmeister, von welcher Katastrophe sprachen Sie eben im Hausflur?‹
›Hm, das war vor etwa vierzig Jahren. Da blieb auf einmal alles Wasser in den Brunnen weg.‹ - ›Und wie konnte man sich das erklären?‹ bohrte der Bürgermeister weiter. Pause.
›Waren Sie damals schon Schachtmeister?‹ fragte er dann.
›Ja, ich war von Anfang an hier bei der Grube. Zuerst fand man oben am Waldrand braunen Dreck. Er wurde für verwitterten Ton gehalten. Damals war noch keine Grube hier. Als nun einmal da draußen jemand einen Wagen voll altes Zeug verbrannte, fing auf einmal der hellbraune Dreck an zu brennen. Seitdem wusste man, dass dort Kohle, Braunkohle, war. Das mag so vor 60 Jahren gewesen sein. Ich war damals noch einer der jüngsten Ingenieure und leitete danach den Abbau der Kohle….‹

Und dann erzählte er, ohne sich noch weiter bitten zu lassen, eine hochinteressante Geschichte, die mich damals so beeindruckte, dass ich sie nicht vergessen habe:
›Wir bauten also die Kohle zunächst von oben ab, kamen alle Jahre so an die 2 Meter tiefer. Und für unsere damaligen Begriffe war es eine

riesige Menge. Der Plan war etwa 12 Morgen groß. Nun rechnen Sie zwanzig Jahre dazu – da war der Tagebau schon vierzig Meter tief. Das war ein Novum, denn in so mächtigen Tagebauten wurde Braunkohle an anderen Orten erst viel später gefördert. Ein paar Mal stießen wir auf Wasser, das floss aber alles ab.

Dann, bei dem Stand, wie Sie ihn heute noch im verlassenen Tagbau ›Bruckfeld‹ sehen, wurde mir die Sache eines Tages bedenklich. Wir stießen nämlich auf eine dicke Tonschicht, auf der das letzte Wasser stehen blieb. Der Kohlenflöz neigte sich schräg in die Tiefe, wie auch die Tonschicht schräg dem Walde zu anstieg. Wir arbeiteten uns durch den Ton in die Tiefe und bauten weiter die Kohle ab, die darunter immer dunkler, härter und besser wurde.

Über dem Kohlenflöz aber wuchs die Masse der Erde und stürzte regelmäßig ab.

Da ordnete die Verwaltung an, es sollte im Tiefbau, also im Stollenbau, weitergearbeitet werden. Das ging noch drei Jahre gut. Eines Tages stießen die Hauer auf einen breiten Wasserfluss, den ich sofort wieder verstopfen ließ. Das war das Wasser, welches den ganzen Ort versorgte. Es war ein klares, gutes Wasser. Ich hieß die Leute sofort aufhören und begab mich zur Grubenleitung, denn ich befürchtete, dass, wenn wir tiefer gingen, wir dem Ort das Wasser weggraben würden. Es würde durch die gute, knorpelige Kohle einfach nach unten wegfließen, denn die war durchlässig.

Es wurde beraten und beschlossen, an einer anderen Stelle einen neuen Stollen zu schlagen. Als aber nach acht Tagen das Gleiche geschah, nämlich die Hauer auf Wasser stießen, warnte ich nochmals. Aber alle anderen Bergingenieure schlugen die Warnung in den Wind. Wieder wurde ein neuer Stollen angelegt, und wieder stießen die Bergleute auf Wasser, welches, wie ich meinte, in etwa Ein-Kilometer-Breite vom Mansfeldschen Gebirgsland hinunter zur Saale drängte.

Schon gab es immer mehr Stollen, die wieder verlassen wurden. Dann, eines Tages brachen mit einem Male alle wieder verstopften Stellen durch. Das Wasser stürzte auch von oben herab, und die Bergleute konnten sich mit Mühe und Not gerade noch retten. Danach brachen alle Stollen ein, und das war das Ende: Durch die gelockerte Erde strömte das Wasser fort, welches den Ort Nietleben versorgte, und alle Brunnen waren über Nacht leer.

Die Grube ging, nachdem sie vom Gericht zur Anlage einer Wasserleitung für den ganzen Ort verurteilt worden war, in Konkurs, die Aktionäre waren pleite. - Ja, meine Herren,‹ schloss er, ›so war das damals….‹

›Niemand hatte,‹ fuhr er fort, als keiner etwas sagte, ›wie hier Herr Klee daran gedacht, einen Wünschelrutengänger zu holen. Und ich glaube, dass in einer Tiefe von vielleicht 10, 15 Metern ein neuer, oder alter, Wasserfluss sein kann!‹ Damit ging er.

Der Bürgermeister aber sagte zu mir: ›Sie sollten es trotzdem nicht tun, nach Wasser zu bohren! Notfalls werde ich über die Reichsregierung Schritte unternehmen!‹ Es war eine Drohung. Dann ging auch er.

Ich schaute gedankenvoll in den leeren Brunnen. An die offene Haustür dachte ich, und wie der Bürgermeister fast mit dem Schachtmeister zusammengestoßen war. Der helle Sonnenstrahlenkranz, der hinter dem alten Ingenieur durch die Tür schien, machte mich auf einmal froh. Ich sah das als ein gutes Omen für mein Vorhaben an!

Lange überlegte ich. Dann rief ich den Bohrmeister an und fragte, wann er kommen könne. Wir machten die Zeit aus, und ich schickte ein zweispänniges Geschirr hinüber in seinen Ort. Dann wurde alles gebracht, was zum Wasserbohren nötig war: Dampfmaschine, Gebälk, Rammen, Arbeitsgerät und eiserne Rohre. Die Arbeit konnte beginnen. Nur ein Sonntag lag noch dazwischen. Ein Sonntag, an dem ich wie meistens zu meinem eigenen Vergnügen Märchen schrieb, die ich dann meinen beiden Kindern vorlas oder erzählte. Diese Schriften sind leider bei meinen vielen Umzügen und auf der Flucht verloren gegangen, und nur wenige existieren heute noch.

Wasser!

Am Montag befahl der Meister, die Dampfmaschine anzulassen. Zwei Leute waren dazu nötig. Nach weiteren umständlichen und schwierigen Vorbereitungen wurde die ›Granate‹, ein Rammgeschoss, durch ein Rohr auf den Grund des Brunnens geführt. An einem Drahtseil hängend ging nun das Geschoss immer auf und nieder, von der Maschine gehoben und losgelassen, so dass es den Fels des Brunnenbodens zertrümmerte. Der Durchmesser des Bohrloches betrug 25 Zentimeter. Die Dampfmaschine wurde mit Kohle betrieben.
Drei Wochen dauerte die Bohrung insgesamt. Was dazwischen lag, will ich hier schildern, denn es war in diesem Geschehen eine ungeheure Spannung.

Zwölf Stunden am Tag lief die Maschine. Alle Stunden wurden etwa 100 Liter Leitungswasser mit dem Schlauch in das größer werdende Bohrloch hinuntergelassen, damit der Meißel nicht zu heiß werde. Aber stumpf wurde er jeden Tag. Dann wurde das Geschoss ausgewechselt und zum Schmied gefahren, der am nächsten Tag den wieder geschliffenen Meißel mit einer Härtelegierung überzog.

Am dritten Tag sprach der Bohrmeister: ›Ich probiere jetzt, ob sich von Felsstaub und Wasser ein Schlamm im Bohrloch gebildet hat!‹ Er führte eine Sonde nach unten, zog sie hoch und prüfte. ›Hm,‹ brummte er, ›weder Schlamm noch Wasser! Das bedeutet, dass das Wasser, welches wir ins Bohrloch geben, den Felsstaub mit sich fortnimmt. Ein Zeichen, dass es zwei Meter unter der Brunnensohle durchlässigen Fels gibt. Das ist gut, da brauchen wir doch keinen Schlamm zu fördern! Wir können weitermachen!‹
Da humste und druckste die Maschine wieder, da entglitt dem Siegmund der Drehgriff, mit dem er das Geschoss links- und rechtsherum dirigierte, und senkte sich um einen Meter in die Tiefe. - ›Anhalten!‹ schrie der Meister. Ein Geselle hielt die Maschine an.
›Wasser- und Schlammprobe machen!‹

Schlamm war aber nicht zu finden; dafür förderte die Sonde Wasser zutage!

›Chef!‹ rief mir der Meister zu, ›wir haben eine Wasserader angebohrt! Sie hat einen Durchmesser von einem Meter! Jetzt werden wir die Pumpe anschließen und laufen lassen. - Abflussrohre anschließen!‹ befahl er.

Noch zwanzig Minuten ächzte die Pumpe, und alle standen um das Ende der Rohrleitung herum. Alles staunte über das helle, klare Wasser, welches aus einem dreizolligen Rohr herausquoll.

Vier Stunden dauerte diese erste Pumpaktion. Dann versiegte der Zustrom des Wassers.

›Das war eine Senke im Gestein oder eine Blase,‹ sprach der Bohrmeister, ›also stillstehendes Wasser. Jetzt heißt es weiterbohren!‹

Wieder lief die Dampfmaschine. Die Freude über den Wasserfund wich Stille und bangem Fragen. Sollte das bisschen Wasser alles gewesen sein, was die Wünschelrute angekündigt hatte? Ich rief den Rutengänger an. Am selben Abend noch kam er. Und – seine Rute sagte uns voll Bewegung: Ach, ihr Dummköpfe, da ist noch viel, viel Wasser unten!

Nun aber folgte eine Woche ununterbrochenen Bohrens. Das Schleifen der Meißel und Härten der Kanten kostete Unsummen Geldes. Ob das Granit war, was da in der Tiefe zertrümmert wurde? Doch der Schachtmeister sagte: ›Es ist Kalkstein. Möglich ist, dass Sie noch auf Porphyrschichten stoßen. Die sind noch härter, aber auch durchlässiger!‹

Doch am 17. Tag brach das Geschoss wieder in die Tiefe ein. Es war ein Freitag. Wieder wurde da die Probe gemacht. Wir sahen wieder helles, klares Wasser. Zwei Gläser wurden geholt und gefüllt, der Bohrmeister und ich kosteten es. Es schmeckte nach Erde, obwohl es so klar war.

›So,‹ nahm der Meister das Wort, ›jetzt lassen wir die Pumpe laufen, über nacht, denn die geht ja elektrisch und stört niemanden. Lassen Sie jede Stunde nachsehen, ob das Wasser noch läuft!‹

Die ganze Nacht lief die Pumpe, doch am Morgen wurde der Strahl schwächer. ›Das bedeutet, dass das Wasser strömt‹, sprach der Bohrmeister. ›Sie hätten also, wenn wir jetzt aufhörten, für etwa 10 Stunden immer Wasser. Reicht Ihnen das?‹

›Es reicht aus für meinen Bedarf,‹ erwiderte ich. ›Doch ich befürchte, es könnte ein Tag kommen, vielleicht bei großer Trockenheit, wo es aufhört zu strömen. Dann wäre alles umsonst gewesen!‹

Wieder hatte ich eine Entscheidung zu treffen. Aber da ich selten ein Zauderer war, nahm ich auch diesmal ein Risiko auf mich. ›Wie tief sind wir jetzt?‹ fragte ich.
›Zwölf Meter, ohne Brunnen.‹ - ›Zusammen also zwanzig Meter!‹ sagte ich. Und nach unten rief ich: ›Wie hoch ist denn der Wasserspiegel?‹ - ›Steht bei 6,20 Meter im Bohrloch!‹ kam die Antwort vom Bohrmeister aus dem Brunnen.
Wenn wir jetzt weiterbohrten, konnte es sein, dass das Wasser in tiefere Schichten absänke, und dann wäre auch alles umsonst gewesen.
›Jetzt liegt's an Ihnen,‹ meinte der Bohrmeister ›- weitermachen oder aufhören?‹ - ›Weitermachen!‹ entschied ich.
Dann begann der dritte Akt des für alle Beteiligten dramatischen Unternehmens. Noch drei Tage verbrachten wir in großer Spannung. Am dritten Tag, kurz nach dem Frühstück, hörte die Maschine plötzlich auf zu arbeiten. Atemlos kam der Meister von hinten aus der Gärtnerei gelaufen.
›Was gibt's?‹ fragte ich. - ›Das Geschoss ist ein paar Meter tief eingebrochen! Sehen Sie nur – das Drahtseil ist straff und hatte noch etwa drei Meter Ablauf! Jetzt liegt das Geschoss quer im Wasserfluss. Der muss so stark sein, dass er das Geschoss, das immerhin einen Zentner wiegt, abgetrieben hat. Hoffentlich kriegen wir es raus!‹

Sie schafften es. Und das Wasser drückte von unten hoch. Nun stand es 50 Zentimeter unter dem Niveau der Brunnensohle. ›Zum Greifen!‹ freute sich der Bohrmeister. ›Sowas habe ich noch nicht erlebt!‹
Dann wurde gepumpt, und zwei Tage ohne Unterlass floss das Wasser und füllte unten im Tonloch den Teich. Zwei Tage lang ließ ich dieses köstliche Nass ungenutzt davonlaufen, denn eine Rohrleitung mit Zapfstellen war noch nicht gelegt. Die Brunnenbauer bekamen inzwischen diese Zeit bezahlt, obwohl sie fast nichts taten und mit den Frauen der Gärtnerei Ulk trieben. Doch was tat's? Freude war in aller Herzen: Es hatte sich gelohnt – das Wasser versiegte nicht mehr!
Dann kamen zwei Nachbarn, die legten die Rohrleitung in die Gemüsefelder. Jetzt konnte in die entfernteste Ecke des Betriebes Wasser

gelangen, und ich kaufte zusätzlich noch drei Beregner. Das Wasser floss ununterbrochen, und es kostete nur noch das bisschen Strom für den Motor der Pumpe (Die war von dem Mann unten auf der Brunnensohle installiert worden, der drei Jahre später mein neuer Schwiegervater wurde, Bauingenieur Mehnert). Die Erde barg in ihrer Tiefe so viel davon, dass es unterirdisch abströmte in den Fluss, der es zum Elbstrom und von da ins Meer trug....

Der große Segen

Mit dem Wasser kam der große Segen. Mit einer Zwischenkultur Kartoffeln, die wir nun zusätzlich anbauen konnten, hatten wir einen Riesenerfolg, denn es war eine mittelfrühe Sorte. Dadurch hatte ich gleich zwei Vorteile: Wer Frühkartoffeln ablieferte, brauchte ein Drittel weniger Spätkartoffeln abzugeben. Außerdem erzielte ich den höheren Preis der Frühkartoffeln, die auch als Saatgut schon viel teurer waren.

Dann stellte ich alle drei Beregner in meine Erdbeerkulturen. Wir ernteten viele Zentner Erdbeeren.

Danach war es trocken und heiß, und ich ließ wieder beregnen. So wuchsen die Ausläufer der Erdbeeren kräftig heran, und als im August die Pflanzzeit kam, hatte ich im ganzen Bezirk als einziger Gärtner Jungpflanzen anzubieten.

Weiter ließ ich die drei Morgen Kürbisse bewässern und erntete etwa 600 Zentner Frucht. Auch Spätkartoffeln und Sommer- sowie Wintergemüse wuchs dank der Beregnung so gut und reichlich, dass wir bis zum Frühjahr Vorräte besaßen.

Kaum aber waren alle Herbstarbeiten beendet, da holte ich mit den Frauen im Staatswald Tannengrün und Kiefernzweige und Zapfen, um Kränze und anderen Grabschmuck herzustellen. Künstliche Blumen und anderen Kranzschmuck konnte ich beschaffen. Durch die Gärtnerzeitung fand ich einen Lieferanten für Teile von künstlichen Blumen, Lilien, Rosen, Dahlien und andere. Die ausgestanzten Blätter drehten wir mit Drähten zusammen. Dabei konnten auch die Kinder helfen. Dann wurden diese Künstlichkeiten mit flüssig-heißgemachtem Stearin übergossen. Den ganzen Winter über baute ich eine Fabrikation für künstliche Blumen auf, bei der manche Frau zusätzlichen Verdienst bekam – auch meine spätere zweite Frau.

Um aber auch im Sommer wieder natürliche Blumen zu ernten, tat ich folgendes. In dem Bauerngarten wuchsen etwa 10 bis 12 Pflanzen von duftenden Federnelken. Als sie abgeblüht waren und neue Triebe nachwuchsen, schnitt ich diese ab, allesamt. Diese etwa 10 Zentimeter langen Schosse steckte ich in ein feuchtes Gemisch von Sand und Torf im Halbschatten eines Frühbeetes. Ich kaufte auch noch Pflanzen dazu, die ich ebenfalls zerteilte und die Triebe einpflanzte. Diese Triebe bewurzelten sich im Herbst und wurden zu neuen Pflanzen. So hatte ich im zweiten Jahr etwa 10.000 junge Nelkenpflanzen, und wir setzten sie in guten Boden.

Doch der Winter war kalt und fast schneelos, und zusehends starb das milde Grün ab. Ich gab die ganze Pflanzung auf, obwohl ich doch wusste, dass Federnelken winterhart sind. Doch dies waren Jungpflanzen.-

Da es im Frühjahr stets viel Arbeit im Gartenbau gibt, blieb das große Quartier der Nelken liegen, dafür aber wuchsen die bunten Landnelken an anderer Stelle prachtvoll heran. Anfang April aber sprießt es hie und da zartgrün im Nelkenbeet, und innerhalb von zwei Wochen konnten wir sehen, dass kaum eine Pflanze ausgefallen war, und jede trieb 6 bis 8 Knospen. Schnell streute ich etwas Dünger und beregnete das Land, und zur üblichen Zeit, vier Wochen lang, von Mitte Mai bis Mitte Juni, blühte und duftete es üppig. Ein Blumenhändler aus der Stadt holte wöchentlich dreimal einen mächtigen Korb voll. Die Arbeitsfrauen bekamen allwöchentlich einen Strauß mit nach Hause, und der große Rest wurde verkauft an die örtliche Kundschaft.

Andere Nelkenarten folgten, unzählige Margariten und hochwachsender Rittersporn, Sonnenblumen und Tausende von Setzblumen für Gräber und Blumenkästen wanderten zur Kundschaft.

Was jedoch an Gemüsepflanzen alljährlich verkauft wurde, vermag ich nicht zu sagen, denn ich hatte nach und nach 500 Frühbeetfenster angeschafft, unter deren Glas es lustig und üppig grünte.

Das ging so bis 1945. Es waren Jahre des Schaffens und des Erfolgs. Dass Deutschland dabei war, in Trümmer zu fallen, merkten wir kaum.

Am 13. Juni 1942 wurde mein Sohn Peter geboren. Fünfzehn Monate später kam mein zweiter Sohn, unser viertes Kind, zur Welt, und da mein geliebter Bruder Ernst zuvor im Osten gefallen war, gab ich ihm den Namen Ernst-Dieter. Es waren zwei Blondköpfe, wie die Mutter.

KRIEGSENDE

Wir Besiegten

Am 15. April 1945 marschierten die Amerikaner in mein Heimatland ein, und an der Elbe standen die Sowjets.

Als die Amerikaner bei uns angekommen waren, schoben sie bei mir auf den Hof gleich ein halbes Dutzend solcher zweirädriger Anhänger rein, Kästen, mit Plane bedeckt – damit sie nicht geplündert wurden. Das war ihr Proviant. Die waren ja so misstrauisch! Jeden Stall, jeden Keller, jede Scheune durchsuchten sie, und dann ließen sie einen Mann vor dem Haus stehen, und wenn die ganze Straße durchsucht war, stellten sie an den Straßenkreuzungen Wachen auf und bezogen Quartier.

Bei uns haben sie sich einfach im Parterre einquartiert. Wir waren Besiegte und wurden nicht gefragt.

Aber am nächsten Morgen um sieben klopft es an die Tür, und jemand sagt: ›Cocoa! Cocoa!‹ Da wollten sie uns, der ganzen Bevölkerung Kakao geben. Das war ein Gedränge! Sieben Gulaschkanonen voll Kakao hatten sie da. Und wir hatten doch die ganzen Jahre im Dritten Reich keinen gesehen, das war doch was Ausländisches und verboten.

So versuchten die Amis, in der Bevölkerung Rückhalt zu finden, sie für sich zu gewinnen. Als später die Russen kamen, die waren nicht so.

Nach sieben Wochen waren die Amis wieder abgezogen, und nach dem Plan der Sieger marschierten die Russen ein. Die hatten drei Tage Plünderfreiheit, zogen mit ihren Pferdchen und den einfachen (›Panje‹-)Planenwagen durch alle Orte und holten sich, was ihnen von Wert war – natürlich auch manch weibliches Wesen. Wenn es bei den Amis bei mehr oder minder freiwilligen Liebschaften mit deutschen Frauen und Mädchen blieb, so nahmen die Russen mit Gewalt bei Tag und bei Nacht, was ihnen gerade in die Hände fiel. Einmal, eines Nachts erscholl in mehreren Straßen der laute, gellende Ruf: ›Männer heraus! Russen nehmen sich unsere Frauen!!‹

Was da geschah, wusste jedermann. Aber machen konnten wir nichts, denn sie waren in der Übermacht und bewaffnet. Was alles passiert ist, kann ich nicht aufzählen; das meiste geschah in der Nacht – administrativ! Die Straßen standen immer voll russischer Wagen, da liefen die Motoren bei Verhaftungen und Verhören oft viele Stunden lang.

Alles änderte sich schlagartig. Die demokratischen Freiheiten, die durch die amerikanische Besatzung immerhin provisorisch ins Land gekommen waren, wurden samt und sonders wieder abgeschafft. Der Handel, auch Apotheken und Drogerien, wurden registriert mit allen Beständen an Waren. Alles wurde rationiert. Die Tankstellen wurden versiegelt, Benzin gab es nicht für Privatleute. Elektrogeräte, Fotoapparate und anderes Gut von Wert wurden eingezogen.

Auch die Telefone. Da kam eines Tages ein Uniformierter in Begleitung eines Deutschen zu mir. Und der Deutsche sagte: ›Sie haben doch Telefon, nicht wahr?‹ - Und ich sagte: ›Ja, aber das gehört nicht mir. Das gehört dem alten Baarmann!‹

Der Russe machte sich eine Notiz und ging weg, und wir waren schon beruhigt. Und dann, eine Woche später, kamen sie doch und holten das Telefon ab!

Später fuhr ich dann mal nach Halle mit dem Fahrrad. Und von weitem sah ich da etwas liegen und dachte, was ist denn das nur…?

Und da lag, auf der großen Wiese hinter dem Bahnhof, ein riesiger Berg von Telefonapparaten, die waren alle schon verrostet und verschimmelt. Da haben sie dann später mit Heugabeln reingestochen und sie auf Lastwagen geladen und abtransportiert. Und Russland war 3000 Kilometer weit.

Alles musste man vor denen in Sicherheit bringen. Die schöne, einbogige Fußgängerbrücke über die Saale in Weißenfels, die war von den Deutschen auf dem Rückzug gesprengt worden, aber sie war nicht zerstört. Sie war nur an den Brückenköpfen abgerissen und lag nun im Fluss. Und die Amerikaner hatten sie liegenlassen, bauten nur eine kleine Pontonbrücke.

Als die Russen kamen, schauten sie sich das an, und dann haben sie die Brücke Stück für Stück aus dem Fluss geholt und ebenfalls ›ab nach Russland!‹

Alles konnten die gebrauchen! Waren ja selbst noch viel ärmere Schweine als wir!

Die ›Fremdarbeiter‹ wurden nach Hause abkommandiert. Sie waren ja schon von den Amerikanern befreit worden. In der Zeit der amerikanischen Besetzung hatten sie ihr ›Hauptquartier‹ bei mir. Noch im Krieg hatte ich über den ehemaligen Ställen zwei Dachkammern ausgebaut. Denn ich dachte, man kann ja nie wissen, wie die mal zu gebrauchen sind, wenn vielleicht mal jemand ausgebombt wird. Und ich kam ja an alles Material, weil wir kriegswichtiger Ernährungsbetrieb waren. Da hatte dann Siegmund, unser Pole, gewohnt. Und nach Kriegsende war er dann zu mir gekommen: ›Chef, wenn jeder Kamerad von mir sich einen Stuhl mitbringt, können wir uns dort oben versammeln? - Nehmen wir meinen Tisch und besprechen.‹

Da fanden sie sich nun alle bei ihm ein und besprachen - ihre Raubzüge! Da wurde einmal dieses Bauerngut heimgesucht, einmal ein anderes - wo sie wussten, die hatten Fremdarbeiter gehabt und hatten sie schlecht behandelt. Nun wurden Lebensmittel geholt, Kleider und vieles andere. Sie waren aber nicht so radikal wie die Russen später. Es waren nicht nur Polen, sondern auch Engländer, Franzosen und Inder und alle möglichen Völkerschaften, und die sprachen alle deutsch miteinander. Es war ein Lärm, und man konnte jedes Wort verstehen. Ich wusste also alles, was sie taten. Aber was hätte ich machen sollen? Hätte ich die Versammlung bei mir verboten, wären sie woanders hingegangen. Die deutsche Polizei war aufgelöst, die amerikanische kümmerte sich nicht darum, sondern nur um die restlichen deutschen Nazis, die sie noch holen konnten.

Und so hatten wir wenigstens einen gewissen Schutz; bei uns haben sie nicht geplündert. Im Gegenteil, sie haben geholfen. Der Siegmund hat noch bis zum 25. Mai mitgearbeitet. Das war nämlich der Tag, an dem er gekommen war, genau 3 Jahre zuvor. So lange war er bei mir und hatte alle Gärtnerarbeiten gelernt. Er arbeitete mit Fleiß und Freude und sagte immer: ›Sowas bei uns nicht gibt, Chef, so was ich mache, wenn ich heimkomme!‹

Als die Russen dann da waren, vergingen keine drei Tage, da hieß es, alle Fremdarbeiter sollten sich melden, sie würden jetzt nach Hause geschafft. Aber ich glaube das nicht, man hörte so allerlei, dass sie irgendwohin zum Arbeiten geschickt wurden. Von Siegmund habe ich auch nie mehr etwas gehört.

Die Sowjets machten sich jede Arbeitskraft zunutze. Es wurde aber auch in Wirtschaft, Handwerk und besonders in Landwirtschaft und Gartenbau alles neu organisiert.
Erst einmal führten sie ein neues Verteilersystem für Lebensmittel ein. Das geschah in einem Kartensystem in vier Kategorien. Zur letzten gehörten die Frauen, die nicht arbeiteten, also auch die Mütter mit kleinen Kindern. Diese erhielten kein Gramm Fett zugeteilt. Anders bei den Säuglingen: Die bekamen sogar die gleiche Ration Kartoffeln wie die Erwachsenen. Und für sie gab es eine Extra-Lebensmittelkarte für ein Jahr.

Dann sollte natürlich aus jedem Betrieb noch mehr herausgeholt werden – bei weniger Zuteilung von Lebensmitteln! Das war ihr erster Schlag gegen das ›Deutschtum‹ und sollte eine Strafe sein für das besiegte Volk. Sie traf am meisten die Hausfrauen und Mütter, die doch die neue Generation aufziehen sollten...

Im Verfolg der neuen Anordnungen und Befehle musste ich in verschiedene Versammlungen gehen, und dabei wurden Erhebungen über die Größe der Äcker und deren Erträge angestellt. Die Gärtner wurden verpflichtet, Getreide und Zuckerrüben anzubauen, wozu sie weder Erfahrung noch Gerätschaften besaßen. Ob der Boden geeignet war, wurde nicht gefragt, wie geerntet werden sollte, wurde nicht gesagt, und dass die geernteten Mengen dreimal so teuer wurden wie beim Bauern, kümmerte niemanden. Wir Gärtner mussten ja alles in Handarbeit verrichten, weil wir nicht wie die Landwirte die entsprechenden Maschinen hatten.
Das alles schaffte ›böses Blut‹, vorsichtig ausgedrückt: Ärger und Lustlosigkeit.
An den Diskussionen in Versammlungen beteiligte ich mich bald nicht mehr, denn man konnte nichts erreichen. Jeder Gärtner und Landwirt hatte sich mit Unterschrift verpflichten müssen, solange er den Betrieb noch sein Eigen nannte, Sollzahlen zu erfüllen, ohne Rücksicht auf kommenden Wildfraß oder Schädlinge oder Witterung und dergleichen.
Ich hatte noch nie Getreide angebaut. Aber ich wusste, dass mein Boden kein Weizenland war. Er war für Hackfrucht, also Kartoffeln, gut. Der ältere Gärtner, den ich eingestellt hatte, konnte eine kleine Sä-

maschine borgen, und dann kam die Saat in umgegrabenes Land. Das war schon teurer in der Arbeit als das Getreide selber.

Ich ließ ganz dünn aussäen, und nahm dazu nur einen von den zwei erhaltenen Zentnern Weizen. Auch einen Zentner Roggen mussten wir in die Erde bringen.

Den anderen Zentner Weizen wusch ich in unserer Badewanne, denn er war gebeizt, d.h. für Vögel, Mäuse und Menschen ungenießbar. Die Herren in der Administration ahnten nichts von dem Mann, der das Saatgut wieder genießbar machte.

Die Körner wurden getrocknet, und dann haben wir mit der Kaffeemühle zwischen den Knien alle 10 bis 12 Tage etwa acht Pfund davon zu Schrot vermahlen. Kartoffeln in der gleichen Menge wurden gekocht und zerstampft. Dann wurden auf Brotmarken 16 Pfund Roggenmehl in der Mühle gekauft, alles miteinander gemischt, und so machte ich einen großen Brotteig. Der Bäcker buk mir davon jedes Mal 12 Brote zu je drei Pfund. Nun hatte ich für Familie und Freunde immer Brot, und der Vorrat reichte lange.

Das Getreide aber auf meinem Acker, das gut aufging, fror im Winter, der kaum Schnee brachte, so aus, dass es nicht lohnte, die wenigen Halme im Frühjahr wachsen zu lassen. Ich holte den Bevollmächtigten für die Landwirtschaft, und er stellte mir ein Gutachten aus, dass der Anbau des Getreides wohl erfolgt sei, wegen Ausfrieren jedoch so gering im Wuchs sei, dass das Land für Kartoffelanbau freigegeben werden sollte. Das war nun die Quittung für die Planer, die – als Erfüllungsgehilfen der Besatzungsmacht - im Herbst gemeint hatten: ›Wenn man will, geht alles zu machen!‹

Mit den Kartoffeln hatte ich dann, wie immer, viel Glück.

Auch der Brunnen, den ich hatte bohren lassen, brachte mir viel Glück – mir, und dem ganzen Ort! Denn als die Besatzungstruppen einrückten, wurde überall erst der elektrische Strom, dann die Wasserzufuhr gesperrt.

Strom bekamen wir von einem nahegelegenen Zementwerk, das starke Lichtmaschinen besaß. Die Luftmine, die es hatte zerstören sollen, war in eine Wiese gefallen. Als der Strom dann vom Zementwerk kam, ließ ich die Pumpe laufen und hatte aus dem Brunnen immer Wasser. Da kamen Nachbarn zu mir und baten um Wasser. Und wie eine

Feuersbrunst verbreitete sich die Kunde: Beim Gärtner Klee gibt's Wasser, einen Eimer voll für 5 Pfennig!
Da kamen die Leute geströmt, Arbeiter, Geschäftsleute, Bauern, ja sogar das Bürgermeisteramt. Drei Zeiten setzte ich fest am Tage, und ich stand selber am Wasserhahn und ließ das lebensnotwendige Element für die Menschen in Eimer, Fässer und Kannen.
Am andern Morgen kam der Herr Bürgermeister von Nazis und Amis Gnaden (es war noch derselbe wie damals!), sah sich alles in Ruhe, Zufriedenheit und, wie es schien, Dankbarkeit an. Und während einer Pause, als ein Pferdewagen mit einem Tank aus Zinkblech befüllt wurde, kam er zu mir, begrüßte mich ernst und – tat Abbitte!
›Was wäre jetzt für eine Not,‹ sprach er, ›wenn Sie nicht Wasser hätten! Wenn ich an die Kinder denke und an die Tiere der Landwirte! Und es hat schon eine Woche nicht geregnet! Vergeben Sie mir?‹ - ›Natürlich!‹ antwortete ich. ›Was kann es besseres geben, als den Menschen zu helfen? Auch, wenn ich damals gegen die Meinung der Obrigkeit gehandelt habe! Das war mir übrigens ein Vergnügen. – Außerdem‹ fuhr ich fort, ›hatten wir alle viel Spannung und Freude dabei!‹

Drei Tage lang wurde Wasser geholt, dann aber lief es wieder in alle Leitungen, alles war froh. Mich aber hatte diese Begebenheit am frohesten gemacht, und ich dachte noch öfter als früher an den Satz des Dichters Ernst Toller: ›Wir müssen einander helfen und einander gut sein!‹ Gesegnet seiest du, Erde, die du unter Berg und Tal dein Wasser laufen lässt, wohin du willst!
Ich dachte aber auch selber immer öfter ans Dichten. So viele Ideen gingen mir durch den Kopf, wenn ich alle Tage im Garten arbeitete, aber schreiben konnte ich nur am Sonntag. All meine Kraft floss in die Gärtnerei – aber wohin gingen all meine Ideen, wenn sie sich nicht in Gedichten und Liedern äußern konnten?

Ich arbeitete weiter, auch als die sowjetische Besatzung kam. Jetzt, nach Kriegsende, war die Gärtnerei vielleicht noch wichtiger für die Ernährung der Bevölkerung als im Krieg, denn viele Männer waren aus dem Krieg zurückgekommen, die keine Arbeit hatten oder verletzt waren, und alle mussten ja ernährt werden. Und mir war bald klar, dass die Sowjets nicht in der Lage waren, eine funktionierende Landwirtschaft aufzubauen.

Von jeder Kriegsnot frei

Meine Frau war nun nicht nur Chefin, sondern auch noch Dame geworden; denn als die Amerikaner ins Land gekommen waren, wurde ›kompensiert‹, und sie bekam Kleider und Stoffe und nähte sich immer neue Sachen. Und wenn dann Militärs in der Nähe waren oder Kunden, kam sie im weißen Kleid in die Gärtnerei – zum Gießen! Sie hatte aufgepasst, wie man ein Frühbeet gießt: Man kippt das Fenster so an der Seite hoch und hält es, während man mit der anderen Hand die Gießkanne nimmt und gießt. Dann stellt man die Gießkanne wieder ab, macht das Fenster zu, macht das nächste auf – undsoweiter.
Sie hatte auch ihr Haar wasserstoffblond färben lassen, mit Dauerwelle, und nun stellte sie was dar. Vor den Militärs, auch vor den russischen, hatte sie offenbar keine Angst, hatte es gern, ihre Blicke auf sich zu ziehen.
Uns anderen war das natürlich gar nicht recht, vor allem mir, weil wir zum Teil deswegen eben oft Besuch bekamen von den Herrschaften – und man war ja damals froh, wenn man mit denen so wenig wie möglich zu tun hatte! Ich hatte deshalb – und auch wegen anderer Dinge - öfter Krach mit ihr, aber sie sah nie irgend etwas ein. Unaufhörlich sann ich nun, wie ich von ihr loskäme.
Einmal, es war schon Abend, war ich nach einem solchen Streit wieder in die Gärtnerei zur Arbeit gegangen. Plötzlich erschien Käthe, meine Älteste, im Auftrag ihrer Mutter. ›Papa,‹ sagte sie, ›du sollst mal zur Mama kommen!‹
›Jetzt nicht!‹ antwortete ich. Und als das Kind weg war, ließ ich meine Arbeit liegen, lief zum Zaun und stieg an einer Ecke des Grundstücks, wo er etwas tiefer gezogen war, über. Ohne Jacke, Ausweis und einen Groschen in der Tasche lief ich durch den Wald in den Nachbarort. Dort lieh ich mir von einem Bekannten ein reines Hemd und ging dann weiter nach Halle zum Frisör Hofmann, mit dem ich befreundet war. Sie gaben mir Unterkunft und Abendbrot. Es bestand ja noch Ausgehverbot nach acht Uhr abends, und ich blieb über Nacht. Zu Hause hätte ich es nicht ausgehalten mit meiner Frau, weil ich wusste, dass der Streit immer weiterging. Aber die Zeiten waren vorbei, da ich ihretwegen voll Verzweiflung mit einem Strick in die Heide ge-

gangen war, um mich aufzuhängen. An jenem Tag hatte mich nur ein zufällig aufgetauchter Bekannter von diesem Vorhaben abgehalten.
Nun, am nächsten Morgen, sie hatte herausbekommen, dass ich bei Hofmanns war, kam meine Frau mit dem ersten Zug und fragte nach mir. Ich hatte nicht viel geschlafen. Und da weinte und schluchzte sie und warf sich mir zu Füßen und bettelte, ich solle zurückkommen. Und ich kam zurück, weil ich immer an die Kinder dachte – was sollte aus ihnen werden?
Wie es dann weiterging bis zur Scheidung, habe ich ja schon erzählt. Als die Sache mit dem Gärtner geschehen war, bettelte sie unter Tränen, ich möge doch ›kulant‹ sein...
Es schien ja, als sei er ernsthaft interessiert und wollte die Gärtnerei weiterführen. Ich hatte Hoffnung, dass er auch Vaterstelle bei meinen Kindern annehmen würde. So war es mir möglich, zu gehen..

Am Tag nach der Scheidung war der 1. Mai. Da sangen die Vögel nur für mich, da blühten die Kastanien, da duftete der Goldlack, da sangen die Chöre zur Maifeier – alles für mich! – Und ich dichtete:

> Es grünt ein neuer Mai heran,
> ein schöner, erster Mai –
> von aller Menschheit heiß ersehnt,
> von jeder Kriegsnot frei!
> (s.Anhang)

Den ganzen Tag dichtete ich so und komponierte eine Melodie dazu in Form einer Hymne. Es war meine Hymne auf die Freiheit. Es war auch meine eigene Freiheit, die ich besang!
Ich war allein, aber aller Lasten ledig, alle Seelennot war zu Ende. Morgen schon, nein, heute noch fing mein neues Leben an. Was würde es bringen? Würde es sich lohnen, für die Kinder des Volkes zu arbeiten? Würde ich genug geben können, war der Brunnen, den ich in meiner Seele und meinem Geiste vermutete, so ergiebig, dass er die kindlichen Verlangen immer stillen könnte? Und wie wollte ich das anfangen?
Von Schule zu Schule wollte ich wandern, von Kindergarten zu Kindergarten. Meine Märchen wollte ich erzählen, meine Lieder mit den Kindern singen, und ›Gitta‹, meine geliebte Thüringer Waldzither,

sollte überall dabei sein. Ja, ich hatte ihr einen Mädchennamen gegeben, der sprach die Kinder an, als ob sie ein eigenes Wesen wäre, nicht nur ein Musikinstrument.

Meine eigenen Kinder sah ich nur noch zweimal. Sie besuchten mich in meiner Klause. Aber es herrschte eine ungute Stimmung, und alles, was wir taten oder sagten, schmerzte bloß. Sie verstanden nicht, warum ich weggezogen war, und ich konnte es ihnen auch nicht erklären. Was hätte ich sagen sollen?
Ich wollte mit ihnen wie gewohnt singen und spielen, aber es kam keine Fröhlichkeit auf. So versuchte ich es nicht wieder, zumal meine frühere Frau die Kinder auch nicht zu mir lassen wollte. Nur Hannchen kam noch ein paar Mal.

Der neue Mai und eine bessere Zukunft

Dann zog ich weg von Halle, als stellvertretender Direktor ans Neulehrerseminar in Naumburg. Diese Stelle hatte ich vom ‚Antifa‹ bekommen, dem sogenannten ›antifaschistischen Ausschuss‹, den die Sowjets gleich zu Beginn ihrer Besatzungszeit gebildet hatten. Der ›Antifa‹ hatte viele Aufgaben. Er ließ die zugebilligten Parteien zu, kümmerte sich, als deutscher Polizei-Ersatz um eine gewisse Ordnung, überwachte die Geschäfte und den in Schwung kommenden Schwarzmarkt und erfüllte Wünsche (Befehle) von oben.
Einer davon war, dass alle ehemaligen Nazis aus ihren Ämtern in sämtlichen Verwaltungen entlassen werden sollten. Und weil ich nicht in der NSDAP gewesen war, boten sie mir immer wieder Stellen an, wie ich schon gesagte habe.
Nun oblag mir die wirtschaftliche und organisatorische Seite des neunmonatigen Neulehrerkursus. Hier konnte ich wirken, ich hatte genügend gelernt. Aber das war nicht alles. Ich hatte auch dafür gesorgt, dass ich in jeder der sechs Klassen mit je 40 jungen und älteren Damen und Herren einmal in der Woche ›V.B.‹ halten konnte – so stand es im Stundenplan. Das war den 240 Teilnehmern fremd und etwas unheimlich. ›V.B.‹ – was heißt das?‹ so kamen die Anfragen von allen Klassensprechern.
Erleichterung und Fröhlichkeit, als ich in die Klassen kam, um die Stunde zu halten, denn es hieß einfach ›Volksbildung‹.
Und da lenkte ich den Sinn all dieser Menschen auf etwas, das in dem gewaltigen Pensum, das sie zu schaffen hatten, viel zu kurz kam: lenkte sie auf die Bedürfnisse der Kinder, die doch die meisten einmal unterrichten würden. Nämlich auf Lieder und Märchen, Poesie, Spiel und Theater. Diese Stunden hatten alle gern. Und dabei konnte ich zum ersten Mal auch etwas von meinen eigenen Märchen sagen und ließ abschnittweise jeden Teilnehmer daraus vorlesen. Ja, auch das Vorlesen von Geschichten und Gedichten gehörte zur Ausbildung zum ›Neulehrer‹.
Und ich war zufrieden, denn wenn ich zum Schluss meine Dichtungen zur Diskussion stellte, da versuchten sie sich in meine Gedanken hinein zu denken und sie zu verstehen und nahmen sich vor,

sich später auch so in die Kinderseelen zu vertiefen. War das eine Bestätigung meiner Bestrebungen, später selber in die Schulen zu gehen und Kinder in ›V.B.‹ zu unterrichten? Ich glaubte es und schrieb, dichtete, und vertonte, wo sich nur immer Gelegenheit bot. Sechsundzwanzig Jahre lang hatte ich nun geübt, ein Dichter zu werden, seit ich damals ins ›Land meiner Mütter‹ gefahren war, das war mit vierzehn – jetzt war ich vierzig.

Aber ich muss euch auch von meiner Einsamkeit berichten, in der ich ohne Familie lebte. Ohne Blumen, ohne Garten, ohne meine Kinder – und ohne eine Frau, die ich lieben durfte!
Deshalb schrieb ich an Ruth: ›Du musst jetzt unbedingt kommen, ich halte es nicht mehr aus, so allein…!‹
Und ich fuhr hin und fragte sie, ob sie meine Frau werden wollte. ›Ja!‹ flüsterte sie, ›Ist das denn alles wahr? Ich werde bald 29 Jahre alt, ist das nicht ein bisschen spät?‹
›Oh nein!‹ antwortete ich und erzählte ihr von meiner Vision in jenem Sommer, als sie zum erstenmal in die Gärtnerei gekommen war, um Bohnen zu kaufen.
Da lag sie in meinen Armen, und nun wollten wir heiraten.

Die Nachricht schlug ein wie eine Bombe im Neulehrerseminar. Am Ende meiner ›V.B.‹- Stunden sprach ich in jeder Klasse: ›Nun möchte ich – das gehört aber nicht zur VB – Ihnen noch etwas sagen. Es betrifft meine Person: Ich möchte Sie alle einladen zu meiner Hochzeit am 6. Juli im ›Corso‹, abends um acht. Es gibt Musik, Tanz, Essen und Trinken und künstlerische Darbietungen. Es ist gestattet, wer Frau oder Freundin beziehungsweise Mann hat, diese mitzubringen!‹

Was da in wenigen Tagen an zusätzlicher Arbeit geleistet wurde, um das Fest mit den fast dreihundert Gästen vorzubereiten, ist nicht aufzuzählen. Meine Schüler halfen mit, und ich organisierte für alle genügend Essbares, sogar Krimsekt von der russischen Verwaltung gab es.
Das Glück kehrte ein in meine bescheidene Wohnung im Dach des Hauses meiner Tante, wo die Fenster so niedrig waren und ›Schwalbenschwänze‹ genannt wurden. Ein Nest für Liebende.
Warum hatte ich früher nie nach Seele gefragt, warum nie auf innere Regungen, innere Werte geachtet? Anteilnahme, Interesse, Her-

zensbildung... - Warum liebte ich nur äußere Anmut und Blondheit? Weil ich unfertig war, unreif; doch auch, weil seitens der Eltern das Seelische nie beachtet wurde, keine lieben Worte kamen, keine Zärtlichkeiten getauscht wurden...

Dieses Mädchen nun hatte braunes Haar, war auch im Gesicht durch Sonne und Wetter gebräunt. Und dann schwebte sie mit mir im Hochzeitskleid, lila und lang, durch den Saal. Die Gäste machten uns Platz, und ganz allein tanzten wir unseren ersten Tanz, den Gold-und-Silber-Walzer. Ja, Walzertanzen war wieder gesellschaftsfähig, sogar im ›Arbeiter- und Bauernstaat‹. Und auch bei mir – längst hatte ich Toni insgeheim Abbitte getan!

Freude und Glückseligkeit, Geselligkeit und Tanzlust herrschten bis Mitternacht. Vorträge lustigen und ernsten Inhalts wechselten sich ab, Gesang und Tanz wurden dargeboten, und die fünf Musiker auf der Bühne, die kräftig mit teilnahmen am Essen und Trinken, gaben ihr Bestes.

Und wie duftete es im Saale: All die Nelken, Rosen und Lilien und andere Blumengeschenke fanden kaum Behälter mit Wasser. Ich dachte an meine Gärtnerei, als ich sie da so stehen sah... Aber dann wischte ich die Erinnerung fort, denn hier, jetzt, sollte etwas neues, anderes kommen.

Einen Waschkorb voll Geschenke trugen wir dann nach Hause, meine liebe Frau und ich, mitternachts wir beide allein auf der Straße, jede Ecke bewacht von sowjetischen Soldaten – noch immer, 15 Monate nach ihrem Einmarsch in unsere Heimat. Doch wir wurden nicht behelligt.

Ein Vierteljahr lang war ich ›frei‹ gewesen. Jetzt aber war die Liebe wiedergekehrt. Es war in jeder Beziehung und Betrachtung alles neu. Die Welt sogar sollte neu werden, und die Zukunft sollte besser, sozialer, mit Menschlichkeit erfüllt werden. Dabei wollte ich mithelfen, und auch meine junge Frau. Ihre Augen, in die ich vor drei Jahren zum ersten Male geblickt hatte, verrieten eine Güte, die aus der Seele kam, die ich mein Leben lang gesucht hatte. Das war für mich nun täglich aufs Neue Stärkung, Aufbruch und Freude. Ein unbändiger Lebens- und Schaffenswille überkam mich. Ein Brunnen war in mir aufgetan, aus dem die Dichtungen nur so sprudelten.

So entstand auch unter anderen dieses Gedicht:

›Was ist das Dasein wert?

Oft hab‹ ich tief hineingeschaut
Ins Wesen dieser Welt…‹ (s. Anhang)

Alles Schöne, was ich sah, alle Liebe, die ich erlebte, wurde zu Poesie, Musik, Lied und Märchen, und ich konnte den Tag nicht erwarten, an dem das Neulehrer-Seminar zu Ende war, um mich ganz diesem Schaffen zu widmen.
Vorher aber, am 1. Mai 1947, wurde mein ›Neues Mailied‹ von den Neulehrerinnen und –lehrern mit unserer Musikgruppe vor 2000 Besuchern im größten Saal der Stadt gesungen, zusammen mit noch anderen Liedern von mir. Der Text des Neuen Mailieds wurde dann auch von der damaligen Zeitung, die ja den Namen ›Freiheit‹ trug, abgedruckt. Beides passte wunderbar zusammen (damals dachte noch niemand daran, dass diese Zeitung ihren Namen zu unrecht trug!). Zweihundertstimmig schallte es und dröhnte mächtig durch den Saal, und Freund Ernst Roloff, Musiklehrer am Seminar, dirigierte mit einem Schwung, den wir von ihm nicht gewohnt waren. Diese Glut des Glaubens an eine neue Menschheit, die mich gepackt hatte, riss alle mit. Eine Konkurrenzveranstaltung der SED(3) zur selben Zeit war nur mäßig besucht, bei uns fanden Hunderte keinen Platz mehr. Selbst mich und einige andere Mitwirkende wollten die Kontrolleure nicht mehr in den Saal lassen. Ein Riesenprogramm gab es, und einen Riesenerfolg. Wir gingen trunken vor Glück nach Hause.

Im Oktober war die Abschlussfeier. Über 200 Lehrer mit Abschluss I wurden geehrt, 20 Preise verteilt. Mein Lied, ›Der Zukunft geweiht‹ (s.Anhang) war von den Schülern einstudiert worden und hallte nun kämpferisch durch den Saal. Sie alle wollten nun an der Zukunft mitbauen, hatten alle Hoffnungen darauf gesetzt. Auch ich war ja voller Hoffnungen gewesen, während ich dieses Lied schrieb. Und ich ahnte nicht, wie bald ich enttäuscht werden sollte!

Ansprachen wurden nun gehalten, in denen Funktionäre gelobt wurden – aber meiner gedachte kein Mensch, nicht einmal die Sprecher

der Klassen 1 bis 6, für die ich oft gegen die plumpen Werbungsversuche von kommunistischer Seite aufgetreten war, für die ich die Zuschüsse stets so verteilt hatte, dass keine Mark wieder zur Verwaltung nach der Provinzhauptstadt zurückgegangen war, wie es der Direktor so gerne gesehen hätte. Nicht ein Wort, nicht einmal mein Name fiel; das tat weh!
Doch schon auf dem Heimweg, etwa 6 Kilometer zu Fuß, verging die Trauer, denn SIE war ja da, die freundlich und liebevoll war und sich mit den wenigen Mitteln so adrett zurecht gemacht hatte, und die so geistreich mit den Dozenten und Verwaltungsmännern geplaudert hatte. Und das machte sie mir noch wertvoller, denn ein Freund hatte mal zu mir gesagt: ›Deine Frau lernst du im Gespräch mit andern richtig kennen!‹ Das traf auch bei mir zu.

Von Regierungsrat Heinemann in Halle kam ein Dankbrief mit dem Vorschlag, an anderer Stelle wieder für neun Monate stellvertretender Direktor zu spielen. Doch ich lehnte dankend ab, dachte ich doch an die Steuern, die ich zahlen musste: Unverheiratet waren mir von den 550 Mark Gehalt nur 215 Mark geblieben, mit Frau nur 60 Mark mehr!
Bei solchem Arbeitspensum nur der halbe Lohn auf dem Konto! Ich sah die Situation in der ›Ostzone‹ jetzt auf einmal ganz realistisch: Der neue ›Arbeiter- und Bauern-Staat‹ ließ seine Arbeiter und Helfer bluten und zahlen! Nein, meine Arbeit war in keiner Weise gewürdigt worden. Ich war ja auch kein Parteimitglied… Aber bevor meine größte Ernüchterung kam, hatte ich doch noch einige Erfolge.

Ein paar Wochen Pause folgten dem anstrengenden Lehrjahr, eine davon mit Gesinnungsfreunden im Harz. Noch nie hatte ich richtigen, bezahlten Urlaub gehabt. Aber ich wollte weiterwirken. Für eine klassenlose Gesellschaft einzutreten und schöpferisch zu sein, das war immer noch mein hohes Ideal. Keine Unterdrückung mehr, kein Unrecht, keine Gewalt, mit einem Wort: Freiheit – das war ja das Ziel meiner Kämpfe der Jugendzeit gewesen. Für mich bedeutete es auch: Freiheit des Denkens und der Fantasie! Dieses Ideal musste schon bei den Kindern, in der Erziehung verfolgt werden, das wusste ich. Aber nicht mit Parolen, sondern indem die Erzieher die Kinder zum ›Wahren, Schönen und Guten‹ – wie Goethe sagt - hinführen.

Der Märchengärtner und die Zauberbücher

Ich schrieb nach Halle an das Volksbildungsamt und fragte, ob man Interesse für jemand habe, der aus der Jugendbewegung käme und in der Freizeitgestaltung für die Kinder arbeiten würde.
Sie luden mich ein, hatten Interesse und nahmen mich als freien Mitarbeiter an. Ich sollte nach meinen Vorstellungen etwas aufbauen und beim ›Werk der Jugend‹ arbeiten. Man würde mir keine Vorschriften machen, nur ein monatlicher Bericht meiner Tätigkeit war erwünscht. Wie ich es anstellte, an Kinder heranzukommen, war meine Sache – aber ich durfte in den Schulen arbeiten.
Sie bewilligten mir 250 Mark. Das war freilich weniger, als ich zuvor hatte, aber keine Steuern und kein Lehrplan, an den ich mich zu halten hatte. Es war mir recht. So siedelten wir wieder nach Halle über.

Zu Hause machte ich erste Aufzeichnungen, was ich tun wollte. Beim Stadtschulamt erreichte ich, dass ich in allen Klassen der Unterstufe einmal im Monat eine Märchenstunde halten konnte. Das bedeutete aber, ich hätte, um die Runde einmal zu machen, zwei Jahre gebraucht, und die ersten Kinder wären bis dahin auf einer anderen Schule. Mir kam es aber darauf an, dass mehr Kinder und öfter erreicht werden sollten. Deshalb plante ich, zehn bis zwölf junge Mädchen auszubilden im Singen, Spielen und Erzählen, die später selbständig Ähnliches tun konnten wie ich. Und vielleicht würden sie auch noch Kindergärten betreuen können mit dieser Arbeit.
Und während ich über all das nachdachte, kam mir zum ersten Mal die Idee, einen Märchengarten zu schaffen, in dem das Märchen und die Welt der Fantasie in vielfältiger Art lebendig gemacht werden sollte. Ich besprach das mit meiner Frau, und – sie war begeistert!

Dann trug ich Stadtrat Walter Schmidt meine Gedanken vor, Mitarbeiterinnen auszubilden. ›Wieso nur Mädchen?‹ fragte er.
›Es ist meine Erfahrung,‹ antwortete ich, ›dass Mädchen und Frauen sich besser in Kinder einfühlen können. Sie haben auch größere Verbindung zur Fantasie und zum Spiel. Bei Jungen ist das eher die Ausnahme...‹

Dann berichtete ich ihm von meinem Fernziel, dem Märchengarten.
›Und,‹ fragte er gleich, ›wie ist es mit der Finanzierung?‹
›Ich habe Geld gespart!‹ antwortete ich. ›Solange das reicht, kann ich an der Verwirklichung meiner Idee arbeiten. Wenn erst etwas dasteht, wird Stadt oder Land weiteres zugeben. Die Idee scheint mir wert, dafür alles zu geben. Das Geld dazu habe ich mit einem Würfelspiel verdient, das durch einen Halleschen Verleger herausgegeben wurde.‹
Und dann erzählte ich ihm die Geschichte, die ihn zum Lachen brachte, und die ich hier aufschreiben will.

Diesem Spiel gab ich den Namen ›Rutschi-Putschi‹ - das hieß: Rutschi ist ›rutsch ins Ziel‹; Putschi heißt ›kaputt, raus aus dem Spiel und von vorn anfangen‹. Die Spielregeln waren einfach, und den selbstgezeichneten Spielplan auf Karton legte ich dem Verleger vor. Es gefiel ihm.
Herausgabe und Druck musste er aber von der sowjetischen Kommandantur, Abteilung ›Kultura‹, genehmigen lassen. Diesen Weg ging nun der Verleger mit meinem Spiel, aber einer der zuständigen Offiziere sagte ›Njet, njet!‹
›Warum nicht?‹ fragte der Verleger, der aus seiner Gefangenschaftszeit russisch sprach.
›Warum? Da - <Rutschi> ist gut. Aber da - <Putschi> nicht gut. Leute denken anders und machen Wort anders und machen Putsch gegen russische Armee!‹
›Dann nehmen wir eben einen anderen Namen,‹ entgegnete mein Mann. ›Das Wichtigste ist das Spiel selber. Es macht Spaß, und wer <kaputt> ist, muss noch mal neu anfangen. Dabei lernt man Geduld! Kommen Sie, meine Herren, wir wollen einmal spielen und wollen denken, wir wären die Kinder, für die das Spiel erdacht wurde!‹
Verlegen und zögernd setzten sich die russischen Offiziere um einen Tisch und begannen zu würfeln.
›Wer gewinnt,‹ sagte mein Verleger, ›erhält eine volle Flasche Rheinwein. Der zweite Gewinner bekommt eine halbe, der dritte eine viertel Flasche, und wer verliert, ein Glas davon als Trostpreis!‹ Er wusste, dass die Russen sehr gern Rheinwein tranken. Und er besaß, noch von vor dem Krieg, einen Vorrat von diesem Wein in einem tiefen Keller.

Steuern konnte er das Spiel nicht, denn es war ein Glücksspiel, harmlos und unterhaltend. Und sein Einsatz lohnte. Die drei Russen machten bald richtig mit und hatten Spaß daran wie die Kinder. Er selbst wurde zweiter Gewinner. Dann wurde der Wein geholt, drei Flaschen opferte er. Doch die Offiziere sprachen einheitlich: ›Putschi – njet!‹
›Ich werde mit dem Erfinder reden,‹ erwiderte der Verleger.
So einigten wir uns auf ›Rutschi-Futschi‹, und das war eben so gut. Der Entwurf wanderte zum Grafiker zurück. Den Namen zu ändern, war eine Kleinigkeit. Doch er ging weiter und schmückte das Spiel zeichnerisch und farblich aus. Zum Spiel gehörte auch ein Würfel und außerdem 16 Spielklötzchen, von mir ›Setzer‹ genannt, in vier Farben. Und hier beging der Grafiker einen Fehler, der uns fast gefährlich geworden wäre. Er bemalte diese Setzer nämlich als Köpfe mit Mützen. Und diese Gebilde sprangen jedem Beschauer ins Auge als – russische Soldaten, mit primitivem Gesichtsausdruck und altpreußischer Rekrutenmütze ohne Schild und Knopf. So kam das Spiel zur Kommandantur, die es natürlich genehmigen musste.
Ich erkannte sofort – aber zu spät – was da angerichtet worden war. Doch mein Verleger ging den Gang nach Canossa. Wie er da heil herauskam, weiß ich nicht, aber er sprach ja sehr gut russisch. Er erzählte später nur von der Empörung und Wut der Herren, und einer von ihnen wollte den Künstler verhaften lassen. Doch es wurde noch alles gut. Der Verleger hatte die Idee dazu: Das Spiel kam also ohne bebilderte Figuren heraus und hieß nun ›Die lustige 99‹ – er hatte nämlich die Felder gezählt, die ein Spieler ohne zu rutschen oder zu futschen, geschweige denn zu putschen, überspringen musste, und das waren genau 99.
Nichts wurde an den Spielregeln und der Form des Spiels geändert, und es wurden 25.000 Stück bewilligt, später nochmals 5000 Stück. Der Verlag besaß aber das Material für 160.000 Exemplare, die innerhalb eines einzigen Winters veräußert wurden, und ich erhielt nach und nach 16.000 alte Reichsmark als Provision, die ich sparte.

Mit diesem Geld, so dachte ich, ließe sich allerhand machen, und im stillen begann ich, für den Märchengarten zu organisieren. Aber ich will nicht vorgreifen. –

Während ich die Arbeit an den Schulen plante, ließ ich mich von vielen Dingen, die ich sah, anregen. Da hatte zum Beispiel der Schreiber-Verlag ein Buch herausgebracht mit Märchen aus 1001 Nacht. Da war immer auf zwei Seiten die Geschichte geschrieben, und wenn man die Seite umklappte, stand da eine Kulisse, so dreifach hintereinander, dass es wirkte wie auf der Bühne, als Illustration zum Märchen.

Das war damals natürlich etwas, und es gefiel mir auch. Aber dann dachte ich: Das ist auch noch nichts Richtiges – dreidimensional müsste das sein, wie ein kleines Modell, aber zum Zusammenklappen! Und die Idee ließ mich nicht mehr los. Und irgendwann fing ich an, das zu machen.

Mein erstes ›Zauberbuch‹ war ein Zeltlager mit sechs kleinen, ›richtigen‹ Zelten, zusammenklappbar, so dass die Zelte sich beim Zusammenklappen umlegten, beim Aufklappen wieder aufstellten. Später machte ich dann auch bewegliche Sachen, wie ein Karussell, das sich drehte, und eine Schaukel. Aber alles noch ganz klein, in Buchformat. Dabei konnte ich dann bis spät in der Nacht sitzen. Ich bastelte und tüftelte und konnte nicht aufhören. Und meine liebe Frau ließ mich das in aller Ruhe tun. Wenn etwas fertig war, zeigte ich es ihr, und sie freute sich darüber.

Ich hatte noch viele Einfälle, die ich versuchte, ›an den Mann‹ zu bringen. Alles musste angemeldet und genehmigt werden, aber ich hatte Glück.

So hatte ich zum Beispiel ein Heimatlied gedichtet und vertont, das war lange in mir gereift, seit ich damals an der Saale entlang in die Heimat meiner Mutter fuhr. Das wollte ich nun für das ›Werk der Jugend‹ auf die Rückseite eines Programms für einen Elternabend drucken lassen. Dazu musste es durch die Zensur der Besatzungsmacht.

›Heimat‹ – las der erstaunte Offizier.
›Es windet sich friedlich im Tale
 ein Fluss durch das Thüringer Land.
Es glänzen im Sonnenstrahle
Die Wasser – ein silbernes Band...‹ usw. (s. Anhang)

Der Offizier fragte: ›Wer das gemacht?‹ - ›Ich!‹
›Gut das ist, ich begluckwunsche Sie!‹ - ›Danke sehr! Das freut mich!‹

Konnte das wahr sein? Doch, es war so. 500 mal wurde es gedruckt, ein Exemplar habe ich später mit herübergerettet.
Es war derselbe Offizier, der mir damals fürs Neulehrer-Seminar die Kiste Bonbons besorgt hatte.
Es war das ›Zuckerbrot‹, was man von ihnen für harmlose und unpolitische Dinge bekam. Die ›Peitsche‹ schwangen andere; ich bekam sie bald zu spüren.

Früh hatte ich versucht, etwas aus den ›Zauberbüchern‹ zu machen, das heißt, sie als Spielzeug für Kinder herstellen zu lassen. Und als ich mit den Kindern Bastelstunde in der Schule halten sollte, und mit ihnen meine Modelle nachbauen wollte, musste ich ja auch Material dafür haben.
Und da ging ich zu dem russischen Materialverwalter, der auf dem Zeug ›saß‹: Pappe, Papier, Sperrholz usw.
Ihm führte ich meine kleinen Modelle vor, die ich mit den Kindern bauen wollte – damals waren sie etwa in der Größe eines Schulheftes – und der sagte gleich, als er sie sah: ›Das ist nix!‹ und machte eine wegwerfende Handbewegung.
Ich fragte: ›Warum ist das nix?‹
›Ist nix!‹ sagte er, ›Nix modern! Keine Technik!‹
›Aber das ist doch Technik!‹ widersprach ich. ›Hier: Parallelogramm, aufklappbar – zum Konstruieren, zum Denken!‹
Er sagte: ›Russische Kinder wollen drehen, schrauben, alles tanzen alleine, sich bewegen!‹
Na, ich packte meine Sachen langsam wieder zusammen und sagte: ›Deutsche Kinder wollen selbermachen, schneiden, kleben, ausprobieren – denken!‹
›Sie meinen, russische Kinder nicht denken?!‹ fuhr er auf
›Nein,‹ antwortete ich ruhig, ›das meine ich nicht. Aber wenn Sie sagen, russische Kinder wollen Sachen zum Aufziehen und Tanzenlassen – deutsche Kinder wollen ihre Sachen selbst machen.‹ Ich wusste, dass ich sowieso nichts mehr ausrichten würde gegen ihn.
›Gehen Sie hinaus!‹ wies er mich schroff zur Tür.
Ich ging die Treppe hinunter, am Pförtner vorbei, und als ich nichtsahnend aus der Tür trat – glücklicherweise hatte ich die dicke Schimütze an und den Lederol-Mantel – da traf mich von oben ein Wasserguss…!

Da kam in mir zum ersten Mal der Zorn hoch über die Demütigung, und ich wollte weg, nur weg von dort!
Es war nicht das einzige Mal, dass ich Misserfolg hatte, ich musste noch manchen Schlag hinnehmen.

Viel später, im Westen, in Hannover, lernte ich jemanden kennen, der eine Spielzeugvertretung hatte. Dem führte ich meine Modelle vor, und er sagte: ›Also, jetzt mach‹ ich schon 35 Jahre in Kinderspielzeug, aber so was Tolles hab ich noch nicht gesehen!‹

Inzwischen ging ich in Halle noch in verschiedene Schulen, um zu erzählen und meine Zauberbücher vorzuführen und mit den Kindern zu singen. Auch in den Kindergärten war ich willkommen, und ebenso in den Heimen der Stadt und des Landes, wo nur Waisen ›zuhause‹ waren. Dort war's immer am schönsten, denn diese Kinder waren am bedürftigsten und anhänglichsten und sahen in mir einen Märchen-Vater.

Doch was nützte den Kindern, was nützte der Menschheit ein Märchendichter, der nur umherzog und erzählte? Sollte nicht aus seiner Welt hier auf Erden irgendetwas Gestalt annehmen, etwas zum Sehen und Anfassen? Er sollte irgendwo ein Märchenland erbauen, das Kinder und Erwachsene besuchen könnten, so, wie der Märchendichter sein großes geistiges Reich besucht. Das sie vielleicht anregen könnte, auf ihre eigenen Fantasien und Träume zu achten, dort eigene Abenteuer zu erleben und Schätze zu finden.

Dieser Gedanke ließ mich nicht ruhen, ich sann und sann, sparte und sparte. Ich suchte Freunde für das Märchenland, die ich auch fand; ich suchte Land, das ich auch bekam; ich warb und sammelte, ich schrieb und begann zu bauen und zu pflanzen. Einen ›Märchen-Garten‹ wollte ich anlegen, mit Märchenhäuschen und –gestalten, wo Kinder und Eltern schauen konnten und erleben, was ich in der Fantasie erlebt hatte; wo auch spielbegeisterte Kinder Märchen mitspielen und selber erzählen lernen konnten.
Ich war in meinem Element, war dabei, mein Ziel zu verwirklichen: Kindern das zu geben, wonach die jungen Seelen hungerten – und auch heute noch hungern!

Diesen Standpunkt musste ich gegen viele ›Sozialisten‹ verteidigen. Selbst unter den Lehrern gab es einige, die das Märchen ablehnten. Ja, in der alten Form, mit Mord, Heimtücke und Intrige wollte ich es auch nicht. Deshalb hatte ich ja während des Krieges an neuen Märchen so manchen Sonntag ›verträumt‹. Dieses Wort hatte meine frühere Frau oft gebraucht, doch in anderem Sinne, nicht dem der Verträumtheit und Fantasie. Und von klingender Münze hatte sie geredet, die meine Schreiberei ja doch niemals einbringen würde.
Aber – sie hat sich gewaltig geirrt, denn meine eigenen Märchen waren es ja später, die mir gerade in der größten Not Verdienst einbrachten.

Die, welche nun mit mir lebte, war anders und machte begeistert alles mit. Auch dann, als sie hochschwanger war, tanzte sie noch immer Reigen mit unseren Mädchen, sang und leitete sie beim Schauspiel an. Und das gab mir immer wieder Kraft für die Bemühungen um den Märchengarten.

Der schon erwähnte Stadtrat Schmidt interessierte sich sehr für meine Idee, und eines Tages war sie beschlossene Sache. Er sagte zu mir: ›Sie gefallen mir! Sie gefallen mir so sehr, dass ich DU sagen möchte – darf ich?‹
Er als älterer und erfahrener Mensch durfte es. So wurden wir Freunde.
Am nächsten Tag stand dies kleine Gedicht in der Zeitung:

> ›Es wird ein Märchengarten
> in uns'rer Stadt entstehn,
> den sollen alle Kinder
> besuchen und besehn.
>
> Bald wird darin gebuddelt,
> gebastelt und gebaut,
> und jeder wird verzaubert,
> der durch die Latten schaut!
>
> Bald singen sie und spielen
> darin mit Tante Ruth,

und Kurt, der Märchenonkel
ist allen Kindern gut.

Erwachs'ne, große Leute,
die dürfen nicht hinein.
Nur an der Hand des Kindes
Soll es gestattet sein!‹

Das war nach all den Jahren der Not und der Angst plötzlich etwas Neues, anderes, und die Leute, die es nicht begreifen konnten, schüttelten die Köpfe. Auch der zuständige Baudezernent gehörte zu ihnen, wie ich bald erfahren musste. Doch ich hatte einmal den Stein ins Rollen gebracht, und nun durchstreifte ich alle Anlagen der Stadt und Umgebung, um nach einem geeigneten Platz zu suchen.
Als ich mehrere ausfindig gemacht hatte, legte ich meine Pläne beim Bauamt vor. Doch der Baudezernent sagte:
›Dort geht es nicht, und da geht es auch nicht. Da haben wir etwas vor, und dort haben wir auch etwas vor… Es geht nur hier – ‹ und er führte mich zur Wand, wo die Karte hing. Dort fuhr sein Finger eine Linie entlang, die einer Straßenbahn. Dann hielt er inne und sprach:
›Ja, hier – hier hätte ich nichts dagegen. Schauen Sie her, hier ist die Brunnenschule, nett und klein, dahinter eine alte Kirche. Und hier eine große Schule. Da hätten Sie Kinder genug. Den Platz gucken Sie sich mal an! Ich muss leider weiter!‹

Der Baudezernent war den Märchenonkel los – für immer, mag er gedacht haben.
Ich fuhr los, um den Platz zu besehen. Es war – ein uralter Friedhof!
Da stand ich nun und war erschüttert. Da ging ich die Reihe der Wand- und Erbbegräbnisstätten entlang und las die Namen der Toten. Ich las die Jahreszahlen und sah die blattleeren Kletterrosen und riesigen Kastanienbäume. Ich schaute erschrocken auf die verwilderten Gräber, die ringsum eingesunken lagen, mit umgefallenen Grabsteinen.
Viele waren schon eingeebnet worden. Tiefe Löcher waren an manchen Stellen in der Erde. Dort waren die sterblichen Überreste der Verblichenen exhumiert und umgebettet worden. Dann erblickte ich zwei Schulbuben von fern, da wo keine Gräber mehr waren - spielten sie nicht mit einem Totenschädel Fußball, hinüber und herüber…?!

Ich wandte mich um und ging still zu meinem Stadtrat. Der fuhr sofort mit mir zurück zum Friedhof, um sich das Gehörte selbst anzusehen.

›An sich‹, sagte er, ›ist der Platz nicht schlecht. Wenn alles eingeebnet ist und neu angelegt wird, kannst du hier und da deine Märchenhäuschen aufstellen. Dort kannst du deine Freilichtbühne aufbauen, und anpflanzen kannst du, was du willst. Die Hauptsache ist doch, wir kriegen einen Platz! Ich werde noch heute einen entsprechenden Antrag stellen. Fang an, Onkel Kurt, tu, was du für richtig hälst und was zuerst not tut!‹

Dann trennten wir uns. Er ging in sein Amt zurück. Ich ging in mein Kämmerlein und dachte nach. Ich besprach es auch mit meiner Frau, die mich bestärkte. Am nächsten Tag nahm ich an.

Nun fing ich an – neben meiner Arbeit in den Schulen und Kindergärten - zu organisieren. Es gab keinerlei Baustoffe zu kaufen, höchstens Kalk. Kein Mauerstein war zu haben, kein einziges Brett, kein Nagel, kein Glas, keine Farben oder Stoffe – nichts!

Mit einem Empfehlungsschreiben ›bewaffnet‹ besuchte ich die entsprechenden Verwaltungsstellen. Überall aufmerksame Menschen, dem Vorhaben innerlich zugetan, das spürte ich wohl. Und doch bekam ich nicht überall, was ich suchte und wollte. Nach und nach jedoch wurde mein Keller zu Hause ein Warenlager. Und alles bezahlte ich selber, denn es gab keinen Titel im Haushaltsplan der Stadt für solche Dinge.

Bauholz zu beschaffen aber war unmöglich. Dort, wo ich einen Bezugsschein hätte erhalten können, war der Baudezernent Herrscher. Da ging ich gar nicht erst hin, denn ich wusste ja, warum er mir den Friedhof angeboten hatte. Die Märchenwelt hatte eben nicht überall nur Freunde. Nun glaubte der hohe Herr wohl, die Sache würde am Material scheitern – doch da kannte er ›Onkel Kurt‹ schlecht! Ich hatte überall Freunde.

Harzreise

Kurzerhand fuhr ich in den Harz. Dort war ein Forsthaus, darin wohnte ein Förster, den ich aus der Jugendbewegung kannte, und der noch Sinn für die Jugend besaß. Auch ein Jugendheim war dabei. Dort wollte ich ein paar Tage bleiben und sehen, was sich machen ließ. Auch den Heimvater mit Frau und drei kleinen Töchtern kannte ich.

Mitten in einer klirrend kalten Nacht kam ich auf der letzten Bahnstation an. Der Kalender zeigte den 1. März 1948. Es schneite in den Tälern, es knarrte der Schnee unter den Sohlen auf den Höhen. Die zwei Gasthöfe im Dorf waren schon geschlossen und dunkel. Was sollte ich tun? Mindestens drei Stunden weit war der Weg bis zum Jugendheim, auf verschneiten Wegen durch den Hochwald. Ich wagte es, obwohl ich vor den zahlreichen Wildschweinen gewarnt worden war. Mir blieb auch nichts anderes übrig.
Der Mond schien hell, die Bäume warfen Schlagschatten, während ich bergauf wanderte. Oben im Gebirge hörte der schneidend kalte Wind auf. Hier roch es auf einmal nach Frühling! Ein Grund mehr, auf der Hut zu sein. Urplötzlich konnten jetzt die Wildschweine da sein, dann wäre ich verloren. Ich überlegte. Auf meinem Rücken baumelte mein Musikinstrument, das mich schon auf so mancher Fahrt begleitet hatte. Nun packte ich es aus und begann ein Liedchen zu klimpern. Mit Gesang und Tönen konnte man die Sauen vielleicht vertreiben.
Aber es war für die Finger doch zu kalt. Nun begann ich laut zu deklamieren, ein Gedicht nach dem anderen, eigene und fremde, dass es nur so schallte. Dann fing ich an, laut zu dichten. Zum ›Schiefergraben‹ wollte ich ja, so hieß die Höhe, wo das Haus mit den drei kleinen Mädchen stand. Zeile um Zeile dichtete ich nun, Vers um Vers entstand. Und dann ersann ich eine Melodie. Es gelang; und als ich von ihr Besitz ergriffen hatte, lauschte ich dem Klang meiner Stimme in der Winternacht. Dann hielt ich es nicht mehr aus, ich musste dazu spielen! Kein Wildschwein nahte sich mir, sicher haben sie von ferne dem Gesang gelauscht:

> Am Schiefergraben steht ein Haus,
> ei, das gefällt mir sehr!
> Es sieht so nett und freundlich aus,
> vergess' es nimmermehr.
> Denn drinnen, da wohnen drei Mägdelein fein,
> die kann man gewinnen, doch sind sie noch klein,
> tirallalala...
> (Und so weiter...)

Um drei Uhr in der Nacht schallte es vor dem ›Dreimäderlhaus‹, und alle wurden wach. Hei, was war das für eine Überraschung und Freude! Da kam ›Onkel Kurt‹, und für die drei einsamen Kinder begann eine frohe Zeit mit Singen und Erzählen. Oben im Haus schliefen an die zwanzig Holzfäller, die hörten mein Liedchen auch. Und am nächsten Tag, es war ein Sonntag, lauschten sie nicht nur den Klängen des neuen, eigens für die Mädchen gemachten Liedes, sondern auch den Märchen, die ich erzählen musste – drei Abende lang, bis tief in die Nacht. Und das dicke Klobenholz gab Wärme, der riesige Kachelofen strömte sein Bestes aus. Unter dem Rost leuchtete es rot heraus von der Glut – die einzige Lichtquelle im Raum. Da war's heimelig! Auch die Förstersleute kamen mit ihren Kindern dazu, und es gab ein Fest da im Winterwalde: Bratkartoffeln dufteten und Bratäpfel, Kräutertee wurde gereicht und aus Kaffeeersatz gebackene Plätzchen. Die Notzeiten waren ja noch nicht vorbei, alles war knapp, vor allem die Lebensmittel. –

Mit großem Erfolg kam ich zurück nach Halle. Fünfzehn Meter Langholz hatte ich erworben. Sogar der Abtransport war organisiert und ein Eisenbahnwaggon genehmigt. In einem Sägewerk vermochte ich aus meinem Holz Kanthölzer, Bretter und Schwarten schneiden zu lassen. Das aber war nicht billig, denn ich hatte jetzt nichts mehr zum ›Kompensieren‹.

In den Zeiten dazwischen bekam ich vom Arbeitsamt nach und nach die zwölf jungen Mädchen geschickt, die ich als Helferinnen für den Märchengarten – und auch für die Arbeit an den Schulen – auszubilden gedachte.

In der Brunnenschule, wo ein Klassenzimmer für uns freigemacht worden war, lernten sie so mancherlei. Vor allem lernten sie vorlesen und erzählen. Laut vorlesen kann nicht jeder, und erzählen will erst recht gelernt sein. Wem's aber von Natur gegeben ist, der kann sich glücklich preisen, er braucht um Zuhörer nie zu bangen.
Unsere Mädchen lernten auch Märchentheater spielen und Lieder singen. Kinder wurden aus den Klassen oder von der Straße hereingeholt und unversehens zu Zuhörern gemacht, so bekamen die Mädchen ein Gespür dafür, was bei denen ankam oder auch nicht. Mütter kamen mit ihren Kleinkindern von selber dazu. Sie sangen und spielten mit. Reigen wurden erlernt und Singspiele, es wurde gebastelt und gemalt.
Dann organisierte ich mit unserem Programm eine Gastspielreise durch die ganze Stadt und Umgebung, und jede so errungene Mark wanderte auf das Konto, das für den Märchengarten angelegt worden war. Es ging alles gut.

Der Sommer kam und es schien, als sei auch mein Lebens-Sommer angebrochen. Mit einem Architekten ging ich eines Tages zum Herrn Baudezernent. Und zu dem, was der Architekt dem Dezernenten, der auch Baumeister war, vortrug, sagte letzterer immer: ›Das ist nett, das kann ich gutheißen, die Bauweise ist geeignet für den Märchengarten. Reichen Sie nur die Pläne ein!‹
Ein freundlicher Mensch, der Herr Baudezernent. Ich hätte ihn doch kennen müssen – er war ein Heuchler!

Vernichtendes Unwetter

Wie im Sommer Gewitter auftreten und mit Urgewalt in das Werk des Menschen eingreifen, alles vernichtend, was Wind und Wasser im Wege steht – so zerschlug eine ›höhere Gewalt‹ auch alle schönen Hoffnungen auf den Märchengarten. Unbemerkt war das heraufgezogen. Eines Tages sagte Stadtrat Schmidt, als ich vor sein Büro kam: ›Komm mal rein, Onkel Kurt (denn mittlerweile nannten mich alle so), ich habe etwas für dich!‹
Und er übergab mir einen Brief vom Baudezernenten, und darin stand, dass alle Anträge abgelehnt worden seien, aus den und den Gründen. Berufung könne da und da eingelegt werden, doch bestünde keine Aussicht auf Erfolg, da hinter dieser Entscheidung die ganze Macht der Anordnungen der Besatzungsmacht stünde. ---

Stadtrat Schmidt sprach begütigend: ›Mach dir nichts draus, du kannst doch trotzdem bei mir weiterarbeiten. Du übernimmst die Freizeitgestaltung für die Schulkinder. Da kannst du in alle Schulen gehen und so weitermachen wie bisher! Menschen wie dich brauchen wir ja. Anhänger gibt's überall, aber Lokomotiven sind rar. Geh erst mal in Urlaub und überleg dir alles!‹

Ich ging, und als ich den Schlag schließlich verwunden hatte, machte ich mit meiner Mädchengruppe weiter. Das ›Werk der Jugend‹, dem wir angeschlossen waren, entwickelte sich in einem Dreivierteljahr rasch und gut. Überall wurden kulturelle Veranstaltungen durchgeführt, an denen wir mitwirkten mit Theaterspielen und Singen, mit Erzählen und Kinderspiel. Die Menschen dürsteten nach etwas Freude! Alle, wirklich alle diese Abende oder Nachmittage waren stets ausverkauft. Die Veranstaltungen der Partei – der SED – wurden immer weniger besucht.

Aber eines Tages im Sommer 1948, noch ehe wir durch die ganze Stadt gekommen waren, wurde dieses Jugendwerk sang- und klanglos aufgelöst. Die FDJ, die sogenannte ›Freie Deutsche Jugend‹ wurde mit allem weiteren, d.h. allem Kulturellen beauftragt.

Da war es natürlich auch für mich Feierabend. Kaum begonnen, schon zerronnen. Zum Glück war ich diesmal vorgewarnt und hatte es kommen sehen.

Die kommunistischen Herrschaften bildeten sich ein, dass die Massen nun in die Großveranstaltungen der kommunistischen Jugend gehen würden, um kulturell das zu suchen, was sie früher bei uns gefunden hatten. Was stattdessen geschah, war nur eine große Flaute. Der Ärger, der bei der Bevölkerung eintrat, als sie sich derart gegängelt sah, war gewaltig, denn das war ja nicht das einzige, was gegen ihren Willen passierte; die anschließende Lustlosigkeit noch gewaltiger.

Meine Märchen-Mädchen wurden nun arbeitslos wie ich auch, und Stadtrat Schmidt wollte mich gern an den FDGB (Freier Deutscher Gewerkschaftsbund) abtreten. Für Erwachsene war mein Stoff jedoch nicht gemacht, höchstens wenn sie mit Kindern zu mir kamen. –

Es herrschte im Jahre '48 aber auch eine andere Flaute. Die Ernährung stand schlecht, und die Versorgung mit dem Nötigsten, zum Beispiel Kohle, klappte schon 1947 nicht.
Kohlenzüge verließen unser Land in Richtung Osten, also Russland. Meistens wurden sie schon unterwegs, auf Rangiergleisen, beraubt und kamen leer in Russland an. Die Züge aber, die bewacht wurden, kamen nach vier Wochen zurück – voll beladen mit Kohle! Und es wurde dann bekannt gemacht, dass die große, starke und mächtige Sowjetunion dem deutschen Volk großzügig mit Brennstoffen helfe! Dabei saßen wir im ganzen Land buchstäblich auf der Kohle!

In Mitteldeutschland wurden und werden ja viel Zuckerrüben angebaut. Zuckerrübensirup ist das zähe, dunkelfarbige Abfallprodukt der Zuckerindustrie. Dieses bekamen wir kiloweise, statt Fleisch, Eiern und anderen Nahrungsmitteln. Es gab keine funktionierende Landwirtschaft, genauer gesagt, wir wussten nicht, wohin die Lebensmittel gingen, die unsere Bauern produzierten. Alles, aber auch alles war unzumutbar für die Menschen, die doch schon im Krieg genug entbehrt hatten.

Nach zwei Jahren ehrlichen Bestrebens, am Aufbau eines neuen Staatswesens mitzuwirken, wusste ich, dass meine Bemühungen hier keine Frucht tragen konnten.

So hatte ich beschlossen, einmal in den Westen Deutschlands zu fahren und Erkundigungen anzustellen, wie es dort stünde. Was man uns im Osten von offizieller Seite erzählte, war ja unkontrollierbar.

Etwas Besseres finden

Im Juni kam unser Kind zur Welt, ein kleines, stilles Mädchen. Das Glück, wieder ein Kind zu haben, inspirierte mich zu dem Märchen ›Vom Stern, der ein Mensch werden wollte‹, denn ich fühlte, dass dieses kleine Wesen von weither zu uns gekommen war. Wie gern wären wir froh und glücklich zusammen gewesen, aber da saßen wir in unseren zwei Zimmern zur Untermiete, arbeitslos, unter immer bedrückenderen politischen Verhältnissen.

Als es nicht mehr auszuhalten war, bin ich im August 1948 nach Thüringen gefahren, habe in Saalfeld bei Bekannten übernachtet, am nächsten Morgen weiter nach Süden. Im Zug erfuhr ich, dass man sich im Sperrgebiet befand, das ohne Erlaubnisschein nicht betreten werden durfte. Spätestens im letzten Bahnhof musste man den Schein abgeben. Danach war Niemandsland, und oben, auf dem Grat des Thüringer Waldes verlief die Grenze zwischen der Ostzone und der amerikanischen Besatzungszone. Drüben gab es keine Wachen, das hatte ich schon erfahren. Aber hüben, in der Heimat, waren Bahnhöfe, Brücken und Wegkreuzungen von der Volkspolizei bewacht. Ich hatte keinen Erlaubnisschein und musste auf mein Glück vertrauen.

Dann hieß es: ›Probstzella! Probstzella! Endstation, alles aussteigen!‹
– Nun also raus, und dumm stellen!
Da war die Sperre. Ein alter, freundlicher Eisenbahner sammelte die Fahrkarten und die Scheine ein. Dadurch dauerte es längere Zeit, denn viele Leute waren unterwegs. Und weil ich mich nicht drängelte, hindurch zu kommen, konnte ich eine Weile abseits stehen und mir alles ansehen.
Die Fahrkarte hatte ich ja. Notfalls würde ich mit dem nächsten Zug wieder zurückfahren. Doch es kam wieder einmal anders.
Eine FDJ-Gruppe sammelte sich an der Sperre, zwei große Jungen mit Klampfen dabei. Ich mit meiner Waldzither sah gewiss aus, als gehörte ich zu dem jungen Volk. Der Leiter gab seinen Sammelschein ab, der Eisenbahner zählte die Mädchen und Jungen, verzählte sich mehrmals und winkte schließlich, sie sollten nur alle durchgehen. Ich

legte mein Instrument über die rechte Schulter, tat so, als wäre ich ein Gruppenleiter und ging als letzter der Gruppe durch. Mit einem kleinen Klaps auf die linke Schulter wurde ich mit abgezählt, und auf einmal war ich in der Bahnhofshalle. Die Gruppe kümmerte sich nicht um mich, sie hatte ein festes Ziel. Ich aber musste erst mal Luft holen und trat hinaus auf den Bahnhofsplatz. Die Sonne schien, es war angenehm warm, und die Waldluft spürte man bis hierher. Ich lief ein bisschen durch die Straßen, kehrte schließlich in ein Wirtshaus ein und setzte mich. Ein Glas alkoholfreies Bier gab es überall, und ich ließ es mir mit meinem Frühstücksbrot schmecken.
Danach, Mittag war schon vorbei, trat ich wieder ins Freie. Längst hatte ich erfahren, wie man zur Grenze kam. Ich trabe aber erst ein Stück in die andere Richtung. Man konnte ja nicht wissen...!
Und dann hörte die Straße auf. Da waren noch Wiesen und Äcker am Feldweg, und auch der hörte schließlich auf. Mit einem Mal war ich im Wald. Steil ging es da bergauf; langsam stieg ich empor. Da rief plötzlich jemand: ›Halt! Bleiben Sie stehen!‹ Es war ein Volkspolizist.

Ich blieb stehen, ging ihm aber nicht entgegen. Er hatte schwer zu steigen, herauf zu mir. Als er vor mir stand – der Berg war so steil, dass sein Kopf mir nur bis zum Bauch reichte – fragte er: ›Wo wollnse denn hin?‹ - ›Mal nach drüben!‹ antwortete ich. ›Mich mal sattessen bei Freunden. Dann komme ich wieder. War schon oft drüben!‹
›Das will ich ja gar nich wissen!‹ entgegnete er. ›Wo kommse denn her?‹ - ›Aus Halle, hier ist mein Ausweis.‹
Er sah nach. Dann fragte er: ›Und was hamse denn da?‹
›Noch einen Ausweis!‹ Es war der vom Volksbildungsamt, dass ich Mitarbeiter war. ›Und hier ist noch einer!‹ Ich hielt ihm den Brief vom Schulamt hin, der besagte, dass ich an allen Schulen in der Unterstufe arbeiten könne.
›Ja,‹ sagte ich so ungezwungen wie möglich, ›jetzt sind Sommerferien, da kann mal schon mal abkommen.‹
›Verstehe!‹ sagte der Mann. ›Aber hier gönnse nich rüber! Hier ist mein Revier. Die Leute unten aufm Acker hamse schon gesehn. Nu' gehnse wieder raus aus dem Wald, laufen den Bach entlang, un' da drü'm, sähnse, da is mein Gollejen sein Revier. Um drei treffen wir dort wieder zusamm, und dann alle zwei Stunden wieder. Da gönnse dann rüber!‹

›Danke, sehr nett!‹ sagte ich, während ich inwendig hörte, wie mir der Stein vom Herzen fiel. ›Und hier, als kleine Anerkennung, ein paar Zigaretten für Sie!‹ Es war eine volle Schachtel Dresdner Ware, die hatte ich immer dabei für alle Fälle. Das war damals Gold wert. Ich selbst wusste nicht, ob und wie Zigaretten schmecken. Er nahm sie dankend an.

Dann lief ich hinab. Mehr gerannt und gestürzt bin ich, als gelaufen. Gelassen kam der Polizist hinterher. Für ihn war alles klar vor den Leuten: Ich kam zurück!

Ich hielt mich an seine Anweisungen und kam so an den Wachen vorbei. Dann aber ging es noch steiler aufwärts, und diesen Berg nennen sie dort Die Klinge. Oben ist der Rennsteig, der trennt Ost und West. Ihn hatte ich früher, an anderer Stelle, schon einmal überquert, als Deutschland noch ein großes, ganzes Land und Thüringen sein grünes Herz war, wo es sang und klang, wo sich Straßen und Bahnen kreuzten und Menschen aus allen Richtungen in alle Richtungen gingen.

Vollkommen durchnässt von Schweiß erreichte ich den Grat. Weiter weg sah ich nach rechts zwei Männer verschwinden. Die waren auch von meiner Seite her aufgestiegen. Weit kann man den Rennsteig nach beiden Seiten hin sehen, und ohne eine Pause machte ich, dass ich fortkam.

In zahlreichen Serpentinen führte ein Weg nach unten. Ein paar Schritte, und ich war in Bayern! Dann eine Stunde lang immer abwärts.

Im ersten Gasthaus kehrte ich ein. Bier gab's nicht, es gab überhaupt nichts mehr. Ich fragte die Wirtin: ›Kann ich vielleicht mal irgendwo ein Hemd wechseln?‹ - ›No, do gehn's nei!‹ sie wies mit der Hand zum ›Abtritt‹.

Ich wechselte Hemd und Strümpfe, wusch mich etwas am Brunnen im Hof, trank etwas Wasser, dankte und floh – weiter abwärts.

Wie lief sich das so leicht – nicht nur hinab ins Bayerische, sondern auch – in die Freiheit! Wo würde ich heute landen? Nach Bamberg würde ich kommen, wo ich als junger Bursch war, und ... und dann?

Aber jetzt war ich fröhlich, packte mein Musikinstrument aus, stimmte es und fing im Gehen an zu klimpern. Und wie ich so nach alter Fahrensgewohnheit ansetzen will zum Singen, sehe ich doch oberhalb in einer Serpentine einen Personenwagen anrollen. Ein Auto aus der Ostzone!

Hei! denke ich, der nimmt mich vielleicht mit. Und ich winke mit der Zither und rufe schon von weitem ›Holla ho!‹

Da bleibt der tatsächlich stehen, lässt die Scheibe runter und fragt: ›Wohin, du junger Wandersmann?‹

Und ich antworte: ›Jetzo kommt die Zeit heran, die Wanderszeit, die bringt uns Freud'!‹

Und dann fangen wir beide, der Fahrer und ich, an, das alte, schöne Lied zu singen. Die Tür öffnet sich und ich sitze, noch immer singend, im Wagen, und der rollt und rollt. Und drinnen sitzen zwei alte Jugendbündler und singen und singen.

In Kulmbach hält er an. Wir wissen immer noch nicht, wie der andere heißt, und er spricht: ›Jetzt müssen wir etwas essen! Haben Sie auch Hunger?‹ - ›Oh ja!‹

›Dann kehren wir hier mal ein!‹

Er fährt über den Markt, da sehe ich die alte Wirtschaft wieder, in der ich vor – hm, vor 22 Jahren eingekehrt und eingeschlafen war. ›Oh, da möcht' ich noch mal rein!‹ sage ich, und er erfährt die Begebenheit innerhalb einer Minute. So kehren wir ein und ich zurück in selige Zeiten. Es ist dieselbe alte Gaststube, nur etwas erneuert. Die alte Frau mit den Holzpantinen lebt nicht mehr, aber Zimmerlinden gibt's noch und dunkles Bier. Der Autofahrer fragt nach etwas Warmem. Wir bekommen Suppe, Kartoffeln mit Spinat und Eiern. Voll Dank nehme ich seine Einladung an. Er erzählt, dass er heute noch nach Bamberg wolle. Und ich sage, dass ich nach Nürnberg will, in die Spielzeugstadt. Denn ich habe in meinem Rucksack eine Erfindung mit, ein zusammenklappbares Spielzeug. Aber ich besitze nur noch zwei Rollen Geld aus Metall. Das Papiergeld, die 150 Ostmark, die ich außerdem habe, gelten hier ja nicht. Nur die kleinen Münzen von 1, 2 und 5-Pfennigen. Damit komme ich nicht weit. Vielleicht würde ein Verlag meine Erfindung kaufen.

Er ist interessiert und sagt: ›Das müssen Sie mir mal zeigen!‹ Ich zeige ihm meine Zauberbücher – Puppenschaukel, Karussell, Schiffschaukel und vieles andere.

›Hokus Pokus – da steht es!‹ Er staunt und lässt sich alles vorführen. ›Das ist eine Reise wert!‹ sagt er zum Schluss. ›Ich nehme Sie mit bis Bamberg!‹ - ›Schönen Dank!‹ freue ich mich.

Und weiter rollen die Räder. War das nicht ein Slogan im Kriege? ›Räder müssen rollen für den Sieg!‹ ? Ja, freilich, mit dem Sieg ist's aus, der Krieg ist aus – ob diese Räder hier nun für meinen Sieg rollen? Was wird mir alles noch begegnen? ----

Ich dachte an Zuhause, an Frau und Kind. Sechs Wochen alt war das kleine Mädchen. Als ich am Abend der Geburt nach Hause kam, war SIE ausgeflogen. Ein Zettel lag auf dem Tisch: ›Bin im Krankenhaus, unser Kind kommt!‹
Da war sie hingegangen, als sie merkte, dass es soweit war… Ach, wie hatte ich mich gesorgt, als ich erfuhr, dass es eine ›Steißgeburt‹ war, die gefährlich enden konnte. Doch der Arzt war ein ruhiger, tüchtiger Mann, er und die alte Hebamme hatten es geschafft. Ihm zum Dank verfasste ich dann ein Gedicht, weil ich so froh war. Als ich zur mitternächtlichen Stunde in der Klinik ankam, war das Kind schon geboren, ein paar Tage früher als erwartet, und es hatte von meiner Frau zwei Blumen-Namen bekommen.
Am 24. Juni `48 verließen wir mit unserem kleinen ›Bündel‹ das Krankenhaus, ein dreiblättriges Kleeblatt geworden, voll Dankbarkeit…

Nun saß ich also im Auto nach Bamberg. Ich wollte und musste herausfinden, ob es für uns irgendwo eine Lebensgrundlage gab im Westen. In Bamberg fand ich, durch Vermittlung eines mir bekannten Zeitungsmannes, ein gutes Nachtquartier, und am frühen Morgen des nächsten Tages löste ich eine Fahrkarte nach Nürnberg, wo ich Freunde zu finden hoffte.
Ja, ich fand Freunde, aber nur solche, die mir weiter nach München halfen. In dieser Stadt aber hat es noch furchtbar ausgesehen, denn dort hatten die Bomben ungeheuren Schaden angerichtet. Ich hatte mir erhofft, meine Zauberbücher an einen Verlag oder eine Spielzeugfirma zu verkaufen, aber in der Spielzeugstadt Nürnberg hatte niemand Verwendung für mein Klappspielzeug.

Ich fand in einem Münchener Ministerium den Mann, der mir empfohlen worden war. Er tat viel für mich, doch konnte er nicht das finden oder schaffen, was ich gebraucht hätte für später: einen Verlag oder eine Arbeitsstelle. Aber er schickte mich in ein riesiges Zeltlager, wo viele Stadtkinder während der Ferien zelteten. Dort fand ich einen Platz, wo ich etwas tun konnte, und verdiente mir wenigstens das Brot, welches ich zu essen bekam, und etwas Geld für die Rückreise.

Dann endete das Zeltlager, die Teilnehmer fuhren wieder nach ihren Wohnorten. Und da auch zwei Lastwagen nach Hamburg fuhren, wurde ich umsonst mit nach Hannover genommen. Dort bekam ich drei Tage lang Unterschlupf in einer ›Nissenhütte‹, einer der Wellblechhütten, die von der Arbeiterwohlfahrt für Obdachlose aufgestellt worden waren. Denn noch längst hatten nicht alle, die ausgebombt worden waren, ein neues Heim bekommen.
Dort, in der SPD-Zentrale, fand ich auch einen wirklich alten Freund, der mir bereits in Zeiten der Jugendbewegung die Treue gehalten hatte. Sehr schnell hatte ich dadurch neue Freunde und bekam auch eine Zuzugsgenehmigung. Die brauchte ich dann ja auch schneller als geahnt.

Nur kurz kam ich aus dem Westen wieder über den Harz zurück, um meine Frau und mein Töchterchen zu holen. Es war höchste Zeit geworden. Es kam eins zum andern, ich sagte es schon. Wenn etwas zu Ende geht, kann man es schon längere Zeit vorher spüren. Ich habe es immer gemerkt, und wenn die Zeit reif war, dann hat es sich auch ergeben, dann bin ich gegangen. Es war nur noch ein letzter Anstoß nötig. Die Welt ist weit, und ›etwas Besseres als den Tod‹ findet man auf jeden Fall.

Drüben, im Westen, würden wir neu anfangen, irgendwie mit irgendetwas beginnen; nur fort wollte, musste ich, fort von dem Ort, wo all mein Tun umsonst gewesen war, wo ich ein kleines Vermögen plus Liebe, unendlicher Liebe, geopfert hatte.
Aber halt! Ganz umsonst waren meine Anstrengungen nicht gewesen - es war ja alles schon zum Greifen nah, und ich fühlte, das war der richtige Weg für mich. Das war das, was ich machen wollte, was ich machen konnte: Märchen und Lieder den Kindern nahebringen. Und das kam, weil ich meine Ruth bei mir hatte, sie gab mir die Kraft und die Bestätigung, die ich brauchte für das Dichter- und Künstlerleben.

Lieschen Klee geb. Haller
Aufschrift auf der Rückseite: »Meine gute, geliebte Mutter, geb. 09.04.1885, gest. 29.05.1930« (gefunden in Kurt Klees Flüchtlingsausweis)

Haus Unterm Berge 28 in Teuchern, Wohnsitz der Familie Klee.
Links neben der Tür war früher die Bäckerei.

Bruder Artur Klee beim Bedienen im Gemischtwarenladen,
bevor die Bäckerei eröffnet wurde.

Kurt Klee in Uniform des »Reichsbanner
Schwarz-Rot-Gold«, Naumburg 1925.

Kurt als Jugendbündler mit »Schillerkragen« beim
Schillerstein in Teuchern, Sommer 1925

Aufschrift auf der Rückseite: »Ein Andenken an den Jugendtag in Teuchern 1928«
Der Mandolinenchor, 2. v. l. 1. Reihe: Kurt Klee mit Waldzither.

Sylvesterfeier 1929/30, Kabarett »Die Rote Horde« 1. v. r. Kurt Klee

Kurt mit Familie: 1. v. r. Ehefrau, in der Mitte Kinder Dieter, Käthe, Peter, Johanna, links K. K., im Hintergrund 3 Pflichtjahrmädchen.

Käthe auf Vaters Auto, ca. 1943

Gärtner Klee bei der Arbeit.

Die Klee-Kinder in ihrem vom Vater gebauten »Schwimmbecken«.

Ruth Mehnert 1943

Das »Hexenhaus« der Familie in der Dölauer Heide bei Halle/Saale

Kurt Klee als stellvertretender Direktor des Neulehrer-Seminars zu Naumburg, 1946

IM WESTEN

Brot verdienen

Hans Lassen, ein weiterer Freund aus Kinderfreunde-Tagen half uns, dass wir in Hannover wohnen konnten - zur Untermiete in einem möblierten Zimmer zu dritt. Viele Menschen lebten noch so, es gab kaum Wohnraum nach dem Krieg.

Was aber sollte nun so ein Märchendichter anfangen? Ich ging zum Arbeitsamt und fragte an, ob irgendwo ein Gärtner gebraucht wurde. Ja, Gärtner schon, aber ledige!
Seit der Währungsreform war es gerade erst ein paar Monate her, das Geld war knapp, Arbeitsplätze ebenfalls, obwohl es hieß, es gehe überall bergauf!
Ein verzweifelter Mann kam vor mir aus dem Amtszimmer – Tränen rannen ihm übers Gesicht, mit dem Ärmel wischte er sie weg. Ein Baum von einem Mann! Keine Arbeit gab es für ihn, keinen noch so kleinen Hinweis. Schluchzend taumelte er hinaus, und ich schloss mich ihm an. In dieser Richtung konnte ich also kein Brot verdienen.

Mit einem dicken Packen meiner Märchen und Kinderlieder ging ich nun von einem Amt zum andern – Kindgärten, Altersheime, kirchliche Verwaltungen und Jugendorganisationen. Alle gaben mir bereitwilligst Empfehlungen mit, doch Arbeit bekam ich dadurch nicht. Schließlich fasste ich mir ein Herz und versuchte es beim Schulamt Hannover.

Und siehe da, dort fand ich eine Schulrätin, Frau Ludwig, die ließ sich einige meiner Märchen geben und studierte sie. Nach ein paar Tagen schon kam eine Postkarte, und darauf stand: ›Besuchen Sie bitte die und die Schulen. Die Rektoren sind schon informiert.‹

Da hatte ich endlich wieder ein paar Märchenstunden zu halten. Drei Schulklassen waren vorgesehen, und jedes Kind sollte 10 Pfennig mitbringen, als Lohn für den Märchenerzähler. Die Lehrer aber

hatten gesagt: ›Kinder, sind 10 Pfennig nicht etwas wenig? Könnt ihr vielleicht zwei Groschen mitbringen?‹
Und als Onkel Kurt mit großem Beifall fertig war, klimperte es überall, und jedes Kind hatte zwei Groschen für ihn bereit. 120 Kinder waren meine Gäste – damals hatte jede Klasse 40 Schüler.
Die Lehrer waren überrascht, man kannte ja schon derartige Darbietungen. Als aber Onkel Kurt seine Erzählungen mit seinen ›Zauberbüchern‹ illustrierte, waren sie begeistert. Kleine, unscheinbare Pappdeckel öffnete der Erzähler mit geheimnisvollem Klopfen. Da taten sie sich wie Bücher auseinander und es kamen Häuschen, Schlösser und verwunschene Landschaften zum Vorschein. Dreidimensional standen sie vor aller Augen und leuchteten in bunten Farben auf. Dann zeigte ich noch meine ›Klappspielzeuge‹. Auch da öffneten sich zwei Pappdeckel, und kleine, bewegliche Schaukeln und Wippen, Karussells und viele andere falteten sich auf, standen wie Modelle da. Dazu immer wieder Erzählungen und kleine Lieder.
 Alle waren sehr zufrieden. Am meisten aber dankte Onkel Kurt. Und dann begann für mich ein Jahr des Wanderns, in ganz Hannover, von Schule zu Schule, von Dorf zu Dorf, im ganzen Umkreis, 50 Kilometer weit.

Zwischendurch versuchte ich, beim Jugend- und Schulamt Interesse für den Märchengarten zu wecken. Ich fand auch viele Freunde dafür, doch Mittel und Plätze gab es nirgends.

Inzwischen aber verschlechterte sich die Wohnsituation unserer kleinen Familie. In einem kleinen Zimmer zu zweit mit Säugling wohnen, kochen, arbeiten – das ging auf die Dauer nicht. Hinzu kam eine händelsüchtige Hauswirtin, die in meiner Abwesenheit mit meiner freundlichen Frau Schindluder trieb. Um des lieben Friedens willen tat Ruth auch erst alles, was die Vermieterin an unentgeltlichen Putzarbeiten von ihr forderte. Doch dann verlangte die immer mehr und mehr. Einmal, während unser Kind auf dem Hof im Kinderwagen schlief, schüttelte sie vom Stockwerk oben drüber ihren Staubmop aus. Andere Schikanen folgten. Wieder einmal kam ich nach Hause und fand meine liebe Frau weinend vor. An diesem Abend stellte ich der Wirtin eine Axt, die ich im Holzschuppen fand, vor ihre Wohnungstür, zum Zeichen, dass jetzt die Streitaxt ausgegraben war. Eine Zeitlang wirkte das, wenn es mir auch eine Anzeige wegen ›Gewaltandrohung‹ einbrachte, aber bald war es doch wieder unerträglich.

Da schickte ich meine Frau mit dem einjährigen Töchterchen nach Hamburg zu ihrem Vater, dem alten Mehnert, der dort eine neue, bescheidene Existenz gefunden hatte.

Allein zurückgeblieben, erfüllte ich noch drei Wochen lang meine angenommenen Aufträge, dann löste ich meinen bejammernswerten Haushalt auf und verließ den bisherigen Wirkenskreis. Das Fernweh hatte mich gepackt. Stuttgart, die Stadt der Verlage, nach Leipzig – das ja nun für den Westen verloren war - die Buchmetropole des Westens geworden, zog mich an. Ich hatte ja unzählige Manuskripte in der Tasche, die auf Veröffentlichung warteten.

Im herbstlich-kühlen Nebel des Nordens war ich in den Zug gestiegen, in spätsommerlich-gütiger Wärme kam ich in der Neckarstadt an. Die Menschen saßen hier noch im Freien und tranken Limonade und ›Moscht‹, sie waren vergnügt und zuversichtlich. Eine solche Umgebung konnte ich gerade gebrauchen! Und sobald ich dort eine Bleibe gefunden hatte, ließ ich in einem kleinen Bügelgeschäft meinen Anzug aufbügeln, wechselte Hemd und ›Binder‹ und zog, bewaffnet mit meinem Handkoffer und einer Liste der Industrie- und Handelkammer von Verlag zu Verlag. Stuttgart, das war ein ganz neues Pflaster für mich: Berg und Tal, neue Namen, neue Laute und ›Staffle, Staffle, Staffle‹ – fünfzig, sechzig, siebzig Stufen hinauf und hinunter – die Fußwege zwischen den oberen und den unteren Stadtvierteln!

Doch wie ich als Gärtner wusste, dass man den Boden erst umgraben und vorbereiten muss, ehe man säen kann, so erwies es sich auch hier. Niemand kannte mich, niemand brauchte mich, alle Verlage hatten Verträge mit Autoren, die schon jahrelang, teilweise von vor dem Krieg, auf den Druck warteten. Zwar ließ ich teilweise meine Geschichten und Lieder dort, zeigte auch meine Zauberbücher, aber es war nichts zu machen.

Auch beim Süddeutschen Rundfunk war ich, und da konnte ich wenigstens drei Gedichte verkaufen, die mir die ersten einhundert Mark einbrachten, und die auch gesendet wurden. Sie handeln von Not und

Tod in der Ost-Zone...Wie vieles andere von meinen Dichtungen gingen sie später verloren. Später, als ich überall für den Märchengarten warb, konnte ich auch das Neue Mailied an den Rundfunk verkaufen. Ich hatte es erweitert um einen gesprochenen Teil in Gedichtform, der jeweils von einem Mann und einer Frau vorgetragen wurden. Umrahmt wurde dies vom Chor. Ich nannte diese Komposition ›Es geht ein Wandel durch die Welt‹. Sie wurde am 1. Mai 1951 in Stuttgart uraufgeführt, vor großem Publikum (s. Anhang).
Weiter ging ich, von Amt zu Amt, wie in Hannover. Führte meine Zauberbücher vor, erzählte von Märchenstunden und meinem Vorhaben, einen Märchengarten aufzubauen. Alle hörten interessiert zu. Ein Regierungsrat, den ich auch sprechen konnte, sagte: ›Wenn Sie Jugendpfleger sind, werden wir Ihnen vielleicht eine Stelle verschaffen können. Kommen Sie in ein paar Tagen wieder. Sicher finden wir etwas!‹
Das klang verheißungsvoll, und erleichtert atmete ich auf der Straße die weiche, sonnige Herbstluft, die zu wehen begonnen hatte. Das war ja auf einmal alles wie Frühling!

Juchhe, Onkel Kurt, schau dich um! Warst du schon einmal in einem Weinberg? Hast du schon einmal selber Reben gepflückt? Du kennst das Schwabenland ja noch gar nicht! Fahr mal hinaus und guck dich um!

Ich gehorchte meiner inneren Stimme, und die Lieblichkeit der Landschaft am Neckar beglückte mich! Hoch oben in den Weinbergen fand ich ein Zimmerchen, zog meine Wanderkluft wieder an, nahm mein Instrument und zog hinaus in die Täler und Wälder, durch die Weinberge und Obstplantagen, die in üppiger Fülle das ganze Land am Neckar umsäumen.
Und ich begann wieder zu singen, und das Lied, mit dem ich damals meine Heimat angedichtet hatte, kam mir auf die Lippen. Oben, über dem silbernen Band des Neckars, tauschte ich den Namen ›Saale‹ mit dem Namen des Flusses, der mir zu Füßen dahinzog. Dann sang ich laut, während ›Gitta‹ mich begleitete.
Plötzlich war es mir, als sei ich zuhause an meiner Thüringer Saale...
Und noch plötzlicher wurde ich aus meinen Träumen aufgeschreckt, denn Leute waren gekommen und hatten den Klängen der Waldzither und meiner Stimme gelauscht.

Ich sang weiter, das lange Lied zu Ende, und da klatschten sie Beifall und – es war Sonntag, die Menschen waren froh gestimmt – legten sie mir auf meinen leeren Zitherbeutel Geld hin und allerlei Lebensmittelmarken, die es ja damals auch in West-Deutschland noch gab. Betroffen dankte ich und wurde ermuntert, ›…noch ewess ze singe‹. Und ich tat es und sang das Lied vom Vogelbeerbaum, das einige kannten und mitsangen. Dann folgten noch ein paar Lieder des schwäbischen Komponisten Silcher. Da waren wir ein Herz und eine Seele.

Ach ja, die Schwaben singen gern und viel, und weil es mir auch so ging, gefiel es mir dort – aber ich ahnte nicht, dass mir das Schwabenland zu einer neuen Heimat werden sollte, und auch nicht, dass eines Samstags im Stuttgarter Rundfunk mein Lied vom Heimatland erklingen würde. –

Dann erhielt ich durch den erwähnten Regierungsrat eine Empfehlung und eine Anstellung bei der Arbeiterwohlfahrt. So wurde ich 1950 Betreuer in einem ›Heim für schwer erziehbare Jugendliche‹ bei Stuttgart, wo rund 50 junge Männer im Alter von 15 bis 25 wohnten. ›Verwahrloste Jugend‹ hatte man mir gesagt.
Diese jungen Leute hatten sämtlich ihre Familien im Krieg verloren, viele waren an der Front gewesen. Ich ahnte nicht, wie ›böse‹ und hart sie geworden waren, was für schlimme Dinge sie im Krieg gesehen und gelernt hatten, weil sie irgendwie überleben mussten. Ich sollte es bald erfahren!

Zunächst hieß das für mich: Dach, Brot, Wärme! Die Sonne wollte wieder scheinen. Froh schrieb ich an diesem Abend an meine geliebte Frau – fast 1000 Kilometer waren wir voneinander entfernt ›…und wir brauchen nichts weiter mitzubringen als unsere Liebe zur Jugend, denn das sind ganz arme Teufel!‹

Dann reiste ich freudig nach Hamburg und holte meine beiden Lieben. Vier Wochen war ich fern gewesen, mein kleines Kind kannte mich nicht mehr, wollte nicht zu mir. Erst als ich über ihrem Bettchen die Gardinenschnur hin und herbewegte und ›Baum-Baum‹ dazu sagte, wie früher, als sie Säugling war – da ging eine Freude über ihr Gesicht, da griff sie plötzlich nach mir und suchte nach Zärtlichkeit.

Was aber in der Nacht dann war, konnte sich keiner erklären: Sie schlief schnell ein und schlief die ganze Nacht durch. Meine Frau und ihr Vater sagten am Morgen: ›Das ist die erste Nacht, dass es ruhig war! Was hat sie geweint die lange Zeit, jede Nacht!‹

Nun war auf einmal wieder alles friedlich und glücklich. Ruth aber war sehr mit den Nerven herunter und abgemagert. Es war allerhöchste Zeit, dass sie Ruhe bekam.

Verwahrloste Jugend

Mit liebevoller Anteilnahme empfingen sie uns im Heim. Einen Laib Brot und ein Pfund Salz als Willkommensgruß übergab uns die Köchin, und dann begann eine neue, ungewohnte Tätigkeit – für geringen Lohn, aber freie Verpflegung und Unterkunft für mich und meine Familie.
Ich fing morgens um sechs Uhr an mit wecken, alle waren ja irgendwo in Arbeit oder Lehre. Ich musste ihnen die Brote fertigmachen, kontrollieren, dass sie sich wuschen, ihre Betten machten, die Toiletten reinigten und vieles andere. Abends sorgte ich fürs Abendessen und für die Abendunterhaltung, damit sie etwas Sinnvolles taten, weil sie das nie gelernt hatten im Krieg. Heimat- und haltlos waren sie, und die meisten hatten irgendwas ›ausgefressen‹. Die Liebe zur Jugend ließ mich erst einmal vieles verstehen und überwinden.

›Wir sind eine Generation ohne Heimat und ohne Abschied. Unsere Sonne ist schmal, unsere Liebe ist grausam, unsere Jugend ist ohne Jugend.‹ – Das hatte der Dichter Wolfgang Borchert geschrieben am Ende des Weltkrieges, und ich könnte es nicht besser charakterisieren, was ich da kennenlernte – denn eine solche Jugend kannte ich nicht! Ich glaubte, sie wären wie wir damals, die wir in der Jugendbewegung gemeinsam unsere Ideale vertreten hatten. Äußerlich sahen sie ja so aus wie wir, aber sie hatten keine Ideale mehr. Sie waren ganz, ganz anders, das musste ich bald erkennen. Es war nichts mehr wie früher, der Krieg hatte alles zerstört, nicht nur die Städte, auch die Seelen dieser Menschen.

Für mich begann eine Zeit unermesslichen Leids in jenem Hause, ich kann es nur das ›Vorzimmer zur Hölle‹ nennen. Kein Tag verging, ohne dass irgendeine Straftat geschah.
Einer rückte über Nacht ab. Sie nannten das ›Der ist durch‹. Aber jeder wurde von der Polizei aufgegriffen, irgendwo, und hatte irgendwas gestohlen.
Die Verpflegung war gut und reichlich, aber einer stahl des andern Brot. Einer beschmutzte des anderen Kleidung. Einer stahl ein Fahr-

rad, ein anderer entführte ein Auto. Einer schob nachts die Klappe der Essensausgabe von der Küche in den Speisesaal hoch, stieg hindurch – und, als ich am Morgen die Brote für die Jungen fertigmachen wollte, fehlten 2 Pfund Margarine (Man konnte mit Lebensmitteln auf dem Schwarzmarkt immer noch etwas Geld machen).
Ich meldete es dem Heimleiter. Wir beschlossen, noch kein Schloss an der Klappe anzubringen, erst wollten wir den Dieb kennen. Wer Nachtdienst hatte, sollte ohne Geräusch stündlich in die Küche gehen, um nachzusehen, ob oder was verschwunden war. Dann hatte einer ein ganzes Paket Käse in Schachteln gestohlen. Ich meldete es, und schweigend schritten wir zur Tat. Der Schlafsaal I wurde abgeschlossen. Wir durchsuchten alle Schränke, Kartons, Kleider, Betten, Verstecke der Jungen und – wir fanden den Täter. Er flog am nächsten Tag raus. Eine andere Möglichkeit hatten wir nicht, denn wir mussten auch den anderen zeigen, dass wir es ernst meinten und ihnen nichts durchgehen ließen. Sonst hätten die das ganze Haus ausgeräumt und auf dem Schwarzmarkt ›verkloppt‹.

Einer schlug einen Jüngeren blutig, ein anderer hielt ihn noch dazu fest – zwei Brüder, die sich in üblen Taten gegenseitig überboten. Als mein Kollege das Blut sah und den Jungen am Boden liegen, wurde er rasend. Er warf mitten in der Nacht die Brüder Essig hinaus.
Einer, der nicht mehr im Heim war, stieg nachts durch ein offenes Fenster des Schlafsaals II. Dann ging er lautlos die Treppen hinauf in den Schrankraum. Dort brach er 5 bis 6 Türen auf und raubte Anzüge. Doch er wurde bald gefasst.
Einer stahl aus dem Büro die Kasse – auch er wurde gefasst. Ich könnte hundert andere Delikte schildern.

Aber die Jungen übten auch Selbstjustiz. Oben auf dem Zwiebel-Boden rumorte es eines Nachts. Da hatten sie einen beim Bestehlen des Bettnachbarn erwischt. Sie hatten ihm die Strafe freigestellt: entweder fünfzig Hiebe, oder zur Polizei. Er wählte die Hiebe. Doch sie mussten ihn zu sechs Mann festhalten, einer hielt ihm den Mund zu, und jeder nahm seinen Gürtel ab, der unbarmherzig auf den Körper des Delinquenten niedersauste.
Am nächsten Morgen kam die Polizei. Einer hatte die nächtliche Züchtigung einer Zeitung gemeldet, und diese brachte einen großen

Artikel über das Heim. Als bekannt wurde, wer es getan hatte, musste die Polizei ihn in Schutzhaft nehmen, weil man um sein Leben fürchtete. Er hatte sich natürlich von der Zeitung ein Honorar für die Nachricht geben lassen.

Nervenzusammenbruch

Bald konnte ich diese Dinge nicht mehr ertragen.
Noch dazu wurden wir Betreuer oft von den Lausejungen beschimpft, verdächtigt und betrogen.

In einer Nacht zum Sonntag war allerhand los, das war sonnabends immer so. Doch an diesem Abend gegen 11 Uhr stand hinter unserer Wohnungstür einer und blies in eine Trompete. Ich hatte keinen Nachtdienst und war gerade am Einschlafen. Ich fuhr im Bett hoch, und konnte danach nicht mehr einschlafen. Gegen Morgen nahm ich darum ein Bad zur Entspannung und war wohl in der Badewanne eingeschlummert. Da wurde zum Frühstück geläutet und ich fuhr abermals erschrocken auf und – fing an zu schreien. Ich weiß selbst nicht, wie es kam, ich musste einfach schreien. Meine Frau stürzte, als sie sah, dass ich nicht aufhörte, in den Esssaal und rief dem Heimleiter zu: ›Mein Mann hat einen Nervenzusammenbruch!‹ Da wurde es still im Saal, sagte sie später. Der Heimleiter sagte: ›Das musste ja so kommen! Wir sind auch bald soweit!‹

Der Doktor kam, gab mir Spritze und Schlafmittel, und am nächsten Tag kam ich ins Krankenhaus. Zehn Tage lag ich dort, und in dieser ganzen Zeit wusste ich nicht, wie es weitergehen sollte. Während des ganzen Krieges und auch früher hatte ich keine Angst gekannt, auch nicht die Angst vor dem Tod. Aber jetzt, in diesem Winter des Jahres 1950, der Krieg war lange vorbei, hatte ich Angst – Lebensangst!
Ich bat den Arzt, mich gesund zu schreiben, weil ich es nicht mehr aushielt, so untätig da zu liegen, aber er sagte: ›Sie bleiben erst mal zuhause!‹ Und danach musste ich mich richten. Wenigstens konnte ich das Krankenhaus verlassen.

Dann aber ging ich auf eigene Faust zum Arbeitsamt und sagte: ›Ich bin zu allem bereit, wenn ich nur arbeiten kann!‹
Und nach langem Suchen ergab sich dann etwas: Ich sollte bei der ›Mittelstandshilfe‹ arbeiten, als Verkäufer. Bei dieser Stelle konnten Firmen und Privatleute Möbel, Kleider und anderes abliefern, was dann versteigert wurde.

Ja – aber als ich ankam, hieß es: ›Die Stelle wird aufgelöst!‹ Und wieder stand ich ohne alles auf der Straße.
Noch war ich aber krankgeschrieben und bekam mein Gehalt von der Arbeiterwohlfahrt noch einige Wochen lang.
Danach musste ich mich wieder untersuchen lassen, und da stellte der Arzt fest, dass mit meinen Augen etwas nicht stimmte. Bei dem Nervenzusammenbruch war ich auf dem rechten Auge fast völlig erblindet. Er verschrieb mir eine Brille, aber als sich dadurch nichts besserte, sagte er: ›Sie müssen einen Rentenantrag stellen!‹ Da war ich 44!
Der Antrag ist dann zehn Monate gelaufen, und als er durch war, bekam ich 50 D-Mark monatlich und 15 D-Mark für unser Kind. Für ein Jahr war ich erwerbsunfähig geschrieben.

In der Zwischenzeit lebten wir von Sozialunterstützung, aber ich durfte nicht arbeiten. Ruth verdiente als Schokoladenvertreterin ein Weniges dazu. Sie ging in unserem Ort Birkach von Haus zu Haus, wozu sie unser kleines Mädchen im Sportwagen mitnahm. Die Leute kauften gerne von ihr, denn sie war immer freundlich und hatte gute Manieren. Auch war Schokolade etwas lang Entbehrtes, was jeder gern aß. Außerdem half sie in der Küche des Heims – unentgeltlich! Dazu fühlte sie sich verpflichtet, denn wir wohnten die ganze Zeit noch im Heim, obwohl ich nicht mehr arbeiten durfte. Wo hätten wir mit so wenig Geld auch wohnen können?

SEHNSUCHT NACH DEM MÄRCHENLAND

Bundesgenossen

Nun hatte ich aber immer noch die Märchengarten-Idee, und damit wollte ich jetzt weitermachen. Ich bastelte einige neue Zauberbücher, das konnte ich auch mit einem Auge! Einige waren aber doppelt und dreimal so groß wie die ersten. Und sie sollten meine Märchen ›Prinzessin Roselinde‹ und ›Im Zauberreich des Silberzwergs‹ illustrieren. Unser Hausarzt unterstützte mich sehr darin. Bei einem Besuch im Heim hatte er schon früher zu mir gesagt: ›Sie müssen hier raus! Sie werfen hier Ihre Perlen vor die Säue! Ihren Idealismus in Ehren, aber Ihr Platz ist bei den Kindern.‹

Als er einmal wiederkam, sagte meine Frau zu ihm: ›Sehen Sie doch, Herr Doktor, was mein Mann für schöne Sachen gebastelt hat!‹ – Und sie zeigte ihm meine Erfindung. Sie ließ die Klappspielsachen und Häuschen erstehen, indem sie einen Buchdeckel hob; sie verschwanden, wenn der Buchdeckel zugeklappt wurde. Eine Kirche, ein Schloss mit Türmchen, Dachgarten, Balustrade und Anbau; Grotten zeigte sie und geheimnisvolle Türme in verwunschenen Landschaften. Alles das entzückte den Arzt. Wie aber geriet er in helle Freude und zeigte ein Gemüt, das er sich aus der Kindheit erhalten hatte, als meine Frau ihm die beweglichen Klappspielzeuge vorführte – richtige Schaukeln und Karussells, ein Riesenrad, Schiffschaukel und Wippe. Da konnte er sich kaum fassen, saß da und staunte wie verzaubert – ein Mann der Wissenschaft!

Als er wieder zu sich kam und sich gesammelt hatte, sprach er: ›Das ist ja wert, überall vorgeführt zu werden, wo kranke Kinder sind! Ich spreche für Sie beim Rektor Schäfer in Birkach vor, der hat eine Sonderklasse an seiner Schule!‹

Dann ging er davon wie ein Junge aus einer Märchenstunde.

Ich erinnerte mich weit zurück, als wir Kinder der 3. Klasse mittwochs an den Nachmittagen zum Lehrer Lehmstedt gingen, wenn dieser in der Schule Grimms Märchen las oder erzählte. Damals, so glaube ich, ist in mich der erste Keim gelegt worden, der dann ein Menschenleben lang Blüten und Frucht trieb, vom einfachsten bis zum schönsten Lied, Märchen und Spiel.

So bekam ich durch unseren Doktor bald wieder eine Märchenstunde in einer Schule, und andere folgten. Ich schenkte dem jungen Staat meine Sozialunterstützung und ging wieder auf Spieltour. Aber der Doktor war auch an meiner Märchengarten-Idee interessiert und machte mich bekannt mit allen möglichen Helfern.
›Wie seid ihr bloß auf den Märchengarten gekommen?‹ hatte er mich gefragt. ›In einer Zeit, wo andere höchstens an ihren Gemüsegarten denken!‹
Ich antwortete: ›Gerade jetzt brauchen die Menschen das Märchen wie selten zuvor. Und sie sind ja ganz begierig auf ein wenig Gemüt und Fantasie, abseits von ihren materiellen Sorgen. Wir konnten das schon in Halle immer bei unseren Schulgastspielen sehen, wie begeistert die Kinder, und wie dankbar die Eltern und Lehrer waren.
Und ich – ich bin Gärtner und Märchendichter. Als sie Nahrung für ihre Mägen brauchten, habe ich sie ihnen aus meiner Gärtnerei gegeben. Jetzt brauchen sie Nahrung für die Seele, vor allem die Kinder. Die sollen sie aus den Märchen bekommen. Und Gärtner und Märchenerzähler arbeiten am besten zusammen - im Märchengarten!‹

Der Doktor und ich gründeten dann mit einigen Freunden – Lehrer, Eltern, Journalisten - in Stuttgart eine Gemeinschaft der Märchenfreunde. Ich ging los, ich musste gehen, in meinem Herzen war etwas, was mich trieb - und ich begann, für den Plan zu sammeln, sammelte Material- und Geldspenden für den Stuttgarter Märchengarten. Noch hatte ich keine Berechtigung dazu, unser Verein war noch nicht eingetragen, aber das wurde nach einem Jahr nachgeholt. Ich legte auch ein Buch für die Spenden an. Mein ›Goldenes Buch‹ kursierte in Geschäftshäusern und Fabriken, Verlagen und Verwaltungen.
Es war erstaunlich, was da alles gegeben, geschenkt und geleistet wurde. Ein junger Architekt fand sich bereit, die erforderlichen Zeichnungen für das Bauamt zu machen, denn es musste ja alles beantragt und genehmigt werden. Das Gartenamt der Stadt überließ uns einen Platz zum Lagern der vielen Materialien : Holz und Steine, Dachpappe und Farben, Sand, Splitt und Teer. Das Geld lag auf einem Sonderkonto bei der Bank.

Zu unserer kleinen Märchengartenfreunde-Gemeinde gehörte auch Marga Schumacher, eine kluge, gemütvolle ältere Dame, der ich hier gedenken muss. Sie förderte uns, wo sie nur konnte. In ihrem großen, alten Jugendstil-Haus an einer der steilen Hauptstraßen Stuttgarts, durch die sich die Straßenbahnen hochquälten, fanden regelmäßig Treffen von Theosophen, aber auch Freidenkern und anderen geistig denkenden Menschen statt, und es wurde viel philosophiert, aber auch heiß diskutiert. Alles fand aber in gegenseitiger Achtung statt. Hier fand ich die geistige Nahrung, die ich brauchte. Auch wurde ich aufgefordert, Märchen zu erzählen und meine Lieder zu singen.
Ihr zu Ehren schrieb ich eines Tages das folgende Lied.

    Einladung ins Märchenland

    Lasst euch, ihr Freunde, im Geiste entführen
    In eine Welt voller Sonne und Glück!
    Lasst euch beschenken mit schönen Gedanken,
    dann kehrt ihr freudig zum Alltag zurück....
    (s.Anhang)

Es war eine Zeit großer geistiger Anregungen. Immer wurden Ideen und Theorien ausgetauscht. Wir lernten so zwei Gralsanhängerinnen kennen und Vegetarier, die im Wald wie Einsiedler lebten. Ein großer Denker sprach über das Werden unserer Erde, wie es von Rudolf Steiner geschildert wird. Diesen Namen kannte ich durch die Waldorfschulen, mit denen wir auch zu tun gehabt hatten. Viele dieser Gedanken verarbeitete ich in Liedern (s. Anhang).

Aber neben dieser geistigen Tätigkeit sammelte ich weiter und fing schon an, kleine Bauteile für die Märchen-Häuschen vorzubereiten. Die Zeichnungen wurden eingereicht. Mein Schwiegervater im fernen Hamburg verschaffte uns ein hübsches, kleines Fertighaus, dem Stil eines Märchengartens angepasst, worin wir wohnen konnten.
Während dieser ganzen Zeit davor – fünf Monate des Jahres 1952 – lebten wir, meine kleine Familie und ich, in einem alten Arbeitswagen, den uns die Stuttgarter Straßenbahn zur Verfügung gestellt hatte. Er stand auf demselben Grundstück, auf dem wir alles Material gelagert hatten und später auch den Märchengarten errichten woll-

ten, auf der Feuerbacher Heide ganz oben, auf einem der Stuttgarter Berge, ein brachliegender, wüster Flecken am Rande eines parkähnlichen Geländes mit großen, alten Bäumen. Gerade rechtzeitig kam das kleine Haus, denn es wurde Herbst, und wie hätten wir sonst in dem Bauwagen den Winter überlebt? Wir besaßen nichts, noch nicht einmal Möbel. Die zimmerte ich nun aus den Brettern, die uns von einem Sägewerk geschenkt worden waren – Bett, Tisch, Küchenbank. Wir kochten und heizten mit Propangas und schafften die große Gasflasche auf unserem Handwagen heran. Auch das Trinkwasser holten wir einige hundert Meter weit her, von einem öffentlichen Wasserhahn, jeden Tag zwei Eimer voll. Wir wuschen uns in einer kleinen Zinkblechschüssel, kalt natürlich.

Unsere kleine Bellis hatte sich inzwischen angefreundet mit einigen Kindern – ich erinnere mich noch an den 4jährigen Wolfgang, dessen Vater in der riesigen Villa gegenüber, der Landesbibliothek, Hausmeister war, und an die blonde Betty, die jeden Tag kam und viel mehr Interesse an ›Tante‹ ‚Ruth hatte, die so fantasievoll mit Puppen spielen konnte. Und wenn es meine Zeit zuließ, spielte ich den Kindern Lieder auf meiner ›Gitta‹ vor. Vor allem mein Kind hörte dann stundenlang zu oder tanzte sogar, wenn ich improvisierte.

Treppauf und treppab ging das Sammeln weiter. Ich besuchte Verwaltung auf Verwaltung, einflussreiche Herren beim Stadtjugendring, beim Landesjugendamt, im Kultusministerium. Ich ging zu großen und kleinen Zeitungen, und überall fand ich Freunde, die die Märchengarten-Idee unterstützten, wurde bestellt in Schulen und Kindergärten, meine Märchenstunden zu halten, mit Kindern und Eltern zu singen. Alle Zeitungen der Umgebung berichteten von diesen Veranstaltungen mit den abendlichen Lampionumzügen im Herbst. Immer öfter kam nun auch wieder meine Frau mit, die für die kleinen Kinder als ›Märchenfee‹ die Klappspielzeuge vorführte. So fuhren wir mit dem ›Bummelzug‹ durch die Lande, auf dem wir im Gepäckwagen unseren kleinen Handwagen mit den tragbaren Kulissen, den Zauberbüchern, mitführen ließen. Unser Töchterchen saß dann am Zugfenster, sah die Telegraphenmasten vorbeihuschen und sang gedankenverloren vor sich hin.

Keine Zeitung versäumte es, mein ›Neues Laternelied‹ abzudrucken. Die Kinder damals lernten so etwas im Fluge auswendig sprechen, und dann, wenn ich zum Märchennachmittag erschien, sang ich es ihnen vor. Sie sangen es nach, und bald ›saß‹ die einprägsame Melodie. Am Abend zogen wir dann mit Lampions, Laternen und einfachen brennenden Kerzen durch die Straßen der kleinen schwäbischen Städte. Da sang es und klang es:

>›Wenn die Sonne schlafen geht,
>sind wir noch nicht müd',
>zünden die Laternen an,
>dass es hell erglüht.
>Sonne schläft, Laterne scheint
>doch nur schwach allein,
>erst wenn's viel Laternen sind,
>ist ein heller Schein.
>
>Wenn wir durch die Straßen ziehn,
>schau'n die Leute raus,
>ist das Lichtlein abgebrannt,
>geh'n wir froh nach Haus.
>Schauen zu den Sternen wir
>Schnell noch mal hinauf -
>träumen dann die ganze Nacht
>vom Laternelauf!

In Herrenberg verstopfte unser Zug die engen Straßen, in Sindlingen war der Zug vier Kilometer lang, In Esslingen zerweichten die Papierlampions im Regen, aber die fröhliche Schar hielt aus. In den Händen trugen sie die bunten Fetzen heim, die von den selbstgemachten Lampions übrigblieben, die Kerzen aber brannten trotz der Wolkengießkanne weiter. In Plochingen sperrte die Polizei die Hauptstraße und leitete den Autoverkehr um. In Besigheim umrundeten wir die alte Burg und zogen dann durchs Tor hinein. Das hatten die altehrwürdigen Mauern gewiss noch nicht erlebt.

Es war eine große Zeit, und mein treues Weib war überall mit dabei. Wie Kletten hingen die Kinder an ihr, jedes wollte mal an ihrer Hand im Zug gehen. Sie griff überall ordnend ein, wenn die Reihen sich aufzulösen drohten oder die Kleineren nicht so rasch mitkamen. Nie gab es einen Zwischenfall, nirgends ein Unglück. Zwei Menschen leiteten Hunderte sicher bis zum Ziel.

So waren alle Voraussetzungen geschaffen, später einmal aus der ganzen Umgebung Besucher in den zukünftigen Märchengarten zu bekommen.

Kein Platz für Idealisten

Da wir nun schon im ganzen Stuttgarter Raum bekannt waren und viele einflussreiche Freunde besaßen, hätte man doch meinen können, dass unser Märchengarten in Stuttgart willkommen gewesen wäre. Aber wir warteten und warteten auf die Baugenehmigung – eineinhalb Jahre warteten wir mit allen Märchengarten-Freunden auf die Baugenehmigung für ein Hexenhäuschen, für Zwergenhütte, Zauberpavillon und Märchenbühne. Natürlich juckte es mich in den Händen, und ich fing allmählich hier und da mit dem Bau der Märchenhäuschen an. Das Material, das noch nicht verbaut war, wurde inzwischen gestohlen oder verdarb über zwei Winter hinweg.
Doch das große Ach-und-Weh kam: Die Baugenehmigung wurde nicht gegeben! An einer anderen Stelle – ja, da hätten wir den Märchengarten bauen können. Weit außerhalb, am Rande der Stadt, neben einem alten Bauernhof mit riesigem Misthaufen, neben einer Viehweide, wo im Sommer Billionen von Fliegen und Schnaken Tier und Mensch belästigten – dort wollten die Herren vom Gemeinderat unsere Märchenwelt gestatten......

Da gab ich dem Verein den Auftrag zurück. Da übergab ich das restliche Material der Arbeiterwohlfahrt, die es dann für 50 D-Mark veräußerte. Das, was schon verarbeitet war, durfte ich behalten, zum Beispiel 100 laufende Meter Lattenzäune, Teile von Märchenhäuschen, Spielgerät. Ich bekam auch 5% der gesammelten Gelder zugesprochen. Viel davon war aber schon verausgabt für Löhne, für Anlagen, Wege, Bepflanzung. Alles war umsonst gewesen.
Aus einer Stiftung hatte ich sechs Monate lang einen Zuschuss für mich und meine Familie zum Lebensunterhalt bekommen. Alles, alles umsonst. Traurig und verzweifelt schrieb ich unter dem Titel ›Kein Platz für Idealisten‹ einen letzten Artikel für eine Stuttgarter Zeitung. Dann zogen wir fort.

Das hübsche Fertighäuschen von 30 qm Größe war transportabel und konnte an anderer Stelle neu errichtet werden. Aber wo?

Märchengarten Karlsruhe

Erst einmal suchten wir, fuhren noch weiter südlich, in die Schweiz, um im Tessin uns umzusehen. Schon immer hatte ich mich nach milderem Klima gesehnt. Inzwischen hatten wir uns ein kleines Auto angeschafft vom restlichen Märchengarten-Geld, ein ›Goggomobil‹ – der kleinste fahrbare Untersatz mit 4 Rädern, den es damals gab. Unser kleiner ›Goggo‹ trug uns treu und brav über den Sankt Gotthardt, wenn er auch gewaltig keuchte. Unsere kleine Bellis aber konnte besser atmen im Süden, und während der fünf Wochen dort hörte ihre ständige Bronchitis und ihr Rheuma in den Knien auf. Dass das Kind in so frühen Jahren schon so viel zu leiden hatte, lag sicher an dem ständigen Wechsel unserer Wohngebiete mit immer anderem Klima. Aber dort, in der südlichen Schweiz, war leider trotz langer Umfrage nirgends ein Grundstück zu finden, was eine Gemeinde für einen Märchengarten zur Verfügung gestellt hätte.
Nach fünf Wochen fuhren wir unverrichteter Dinge wieder ›heim‹ – das heißt, nach Deutschland, diesmal nach Karlsruhe.
Ich hatte nämlich eines Abends im Rundfunk den Oberbürgermeister von Karlsruhe sprechen hören, gerade als er sagte, dass er für die Kinder der Stadt noch mehr tun wolle, und dass bald so und so viele Spielplätze errichtet würden. Ich ließ mich also bei ihm melden, und – welch ein Unterschied zu allem Dagewesenen: Bereitwilligst erhielten wir einen Platz und dazu noch mancherlei Hilfen.

In Karlsruhe war alles anders. Dort trat ich nicht mehr als Vereinsgründer auf, sondern als ›Unternehmer‹. Denn ich besaß 4500 D-Mark, ein Darlehen, von meinem alten Freund Gärtner Pötschke verbürgt mit 6% Zinsen. Das war damals ein kleines Vermögen, und ich konnte es in einen Märchengarten investieren.

Zu Pfingsten 1953 wurde der Märchengarten Karlsruhe eröffnet. Der Platz lag ideal, an den großen ›Stadtgarten‹ angrenzend, in einem kleineren Park, dem ›Sallenwäldchen‹ mit Rasenflächen und Bäumen. Allerdings wurde uns gesagt, es könne sein, dass dort bald ein Schwimmbad gebaut würde; man war aber noch nicht sicher. Ich riskierte es. In einer Werkstatt wurden unter meiner Leitung die erträumten Häuschen gebaut. Ich fand neue Freunde, die halfen tatkräftig mit.

Eine Welle des Wohlwollens hob uns bei der Eröffnung empor, ein Rinnsal der Hoffnung war zu einem Fluss der Freude geworden, und bald schwammen wir in einem Meer voll des Glücks. Der Märchengarten wurde mit Gesang und Spiel und einem Laternenumzug durch Park und Straßen eröffnet.
Das war ein Fest! Viele Tausend Besucher kamen, und jeder gab gern seinen Eintritt. Schon im ersten Jahr zählte der Märchengarten 20.000 Besucher. Das zweite Jahr ging vorüber und erbrachte, trotz des vielen, vielen Regens, fast dieselbe Besucherzahl.

Wir hatten dort auch bald Mitarbeiter gefunden. Ein älterer Herr, der sich ›Kräuter-Onkel‹ nannte, brachte immer selbstgesuchte Kräuter aus Wald und Wiesen mit, erzählte von ihrer Heilwirkung und verband sein Wissen mit vielen Geschichten. Spielen nicht Kräutertränke, Beeren, vergiftete Äpfel, verzauberte Blumen in unzähligen Märchen bedeutende Rollen?
Eine Märchenerzählerin, die in Karlsruhe schon bekannt war, fand sich auch ein, genannt ›Tante Elfi‹.
Dann war da ein Maler namens Leo Schaeffer, der seinen Namen zu Unrecht bekommen hatte – er war kein Löwe! Er war ein zartbesaiteter Mensch, malte Märchenfiguren und sogenannte ›astrale‹ Bilder und lehrte die Kinder mit Farben spielen. Er hatte eine ›Wisch-Malerei‹ entwickelt, dabei malte er ohne Pinsel, nur mit Fingern und Fingernägeln. Bei ihm saßen die Kinder wie Besessene und übten sich in der bunten Kunst.
Lieschen Müller war eine brillante, junge Erzählerin. Sie konnte mitten im Märchen so wundervoll und wunderhell lachen, dass sich Erwachsene wie Kinder zu ihr hingezogen fühlten. Eigentlich war sie Schriftstellerin, aber auf ganz anderem Gebiet, denn sie verfasste – als Broterwerb – Krimis. Im Märchengarten trug sie den Namen Schneewittchen, sie trug ein schneeweißes Kleid und langes, dunkles Haar, wie sich jedes Kind Schneewittchen vorstellt. Sie war die Vierte in unserer Truppe.

Die Fünfte war ›Tante‹ Ruth, meine geliebte Frau. Sie lenkte die Besucher in Gruppen zu den einzelnen Pavillons mit ihren Darbietungen und Beschäftigungen und freute sich, dass der Betrieb keineswegs zusammenbrach, wie einige miesepetrige Damen uns prophezeit hatten.

Einmal am Anfang ging ein einzelner Herr im Hut und schwarzen Mantel überall herum und spionierte alles aus. Das war ein Diplompsychologe des Schulamts. Spät stellte er sich vor, inkognito wollte er bleiben, doch bei mir gab's so was nicht. Durch ihn jedoch erhielten wir ein glänzendes Zeugnis, worin er meine Frau als die ›mütterliche Dame‹ des Märchengartens bezeichnete, ohne zu wissen, dass sie die Dame meines Herzens war. Als er es erfuhr, war er verlegen, aber dann haben wir herzlich gelacht.

Die mütterliche Dame führte aber auch etwas vor, was helles Entzücken bei den Kindern hervorrief: ›Dreimal klatschen!‹ - und alle klatschten und ... da standen nach und nach all die beweglichen Klappspielsachen vor ihren Augen auf den Tischen, und kleine und größere Puppen durften mitspielen, schaukeln, Karussell fahren usw.

Ich selber war der Sechste im Bunde. Als ›Zauberer‹ im tiefroten Mantel, weit die Ärmel, weit der ganze Schnitt und goldrandbesetzt, mit großem, rotem Spitzhut trat ich auf. In meinem Pavillon wurden die großen Zauberbücher vorgeführt, mit denen ich alle Zuschauer in das Reich der Märchen entführte. Am Anfang stand immer das Lied, das auf das jeweilige Märchen einstimmte. Meine Absicht dabei war, die Kinder soviel wie möglich in Herz und Sinn aufnehmen zu lassen: Sicht- und Hörbares, ergänzt durch Musik und Gesang, sollte ihnen einen bleibenden, tiefen Eindruck vermitteln. So konnte das Märchen erzieherisch auf das ganze Leben wirken.

Das siebente Märchenwesen in diesem Kinderland war ein kleines fünfjähriges Mädchen mit dem Namen einer lieben Blume: Bellis. Sie war als Elfe gekleidet und in ihre Rolle sehr vertieft. So bemerkte sie gar nicht, wenn die Erwachsenen lächelnd sich gegenseitig auf sie aufmerksam machten und sie ›süß‹ fanden. Und beim Erzählwettbewerb, den die ›Märchentante‹ Elfi veranstaltete, da staunten Klein und Groß: Die kleine Elfe konnte erzählen, fast wie die große Elfi – die saß untätig dabei und hörte zu. Dann wurde das fünfjährige Kind beklatscht und gelobt. Ich bezweifle aber, dass sie alt genug war, um aus dem Beifall eine Ehrung zu erkennen. Sie stand auf, strich ihr Kleidchen glatt und lief zur ›Puppenfee‹, die ja ihre Mutti war. Da hing sie am Arm der Frau, die den ganzen Weitergang des Programms lenkte, und die kam mit Weh im Herzen nicht dazu, dem Kind mehr zu geben als ein paar liebe Worte und ein Streicheln. Da war die Elfe oft traurig und saß mit einem zugelaufenen Kätzchen unter der großen Buche neben unserem Haus, denn sie war scheu anderen Kindern gegenüber. Und einmal, als sie am 1. Mai mit vielen Kindern im Märchengarten den Reigen tanzte, den ich mit Musik begleitete, bekam sie plötzlich keine Hand mehr zu fassen und stand allein und ratlos im wirbelnden Kreis. Da fing sie laut an zu weinen, rannte fort und kletterte durch ein Fenster in unser Haus.

›Frühlingsgewitter!‹ rief ich den verblüfften Zuschauern zu, und da lachten alle.

Schule um Schule kam in den Märchengarten, Hort um Hort. Im Sommer fand in Karlsruhe ein großer Ärztekongress statt. 3000 Ärzte aus aller Welt waren da versammelt, und von diesen kam auch eine kleine Gruppe zu uns, hauptsächlich waren es Amerikaner, und sie wollten unser Märchenland sehen. Eine von ihnen, Frau Dr. Anna Koch, eine ausgewanderte Deutsche, freundete sich mit uns an. Lange Zeit war sie dann eine unserer wichtigsten Freundinnen und Förderer.

Ein anderes Mal kam aus dem Städtchen Ettlingen ein Sonderzug mit fünfhundert Gästen. Wir zogen ihnen zum Bahnhof mit Sang und Klang entgegen, voran ›Schneewittchen‹ und ihre 7 Zwerge in ihren Kostümen. Wir hatten nämlich inzwischen aus unseren eifrigsten Besuchern eine Gruppe der Sieben Zwerge aufgestellt, bei denen auch unser 5jähriges Kind mitmachte. Deren Mütter oder Omas hatten für sie die Kostüme genäht. Diese ›Zwerge‹ saßen in der Zwergenhütte und bastelten mit Tannenzapfen oder Kastanien im Hintergrund, während Schneewittchen erzählte. Mit ihnen führte ich während der Märchengarten-Pause des Winters in verschiedenen Sälen der Stadt

ein Zwergen-Märchen und anderes Kindertheater auf, wo unser eigenes Kind immer mitspielte. Im zeitigen Frühling dann brachten sie in einem von mir verfassten Singspiel aus dem Erdinneren das Feuer auf die Welt, um die Frost-Hexen zu vertreiben, welche die ersten Blüten zu erfrieren drohten.
Eine andere ›Hexe‹, die von Hänsel und Gretel kam aus ihrem Hexenhäuschen geplatzt, das über und über mit Zuckerkringeln behangen war, und jagte auf ihrem Besen hinter den Vorwitzigen her, die an ihre Tür geklopft hatten. Sie wurde von einem unserer großen Schuljungen gespielt der sich in ›Hexenkleider‹ mit Kopftuch und Flicken und einer furchterregenden Maske gekleidet hatte . Lachend und schreiend rannten alle weg und versteckten sich.

Ach, was könnte ich alles noch von dieser ›Märchen-Insel‹ erzählen. In den knapp zwei Jahren hatten wir ungeheuren Erfolg. Und doch hing über dem Märchengarten ein Damoklesschwert – das war die Tatsache, dass wir dieses Fleckchen Erde nur von Jahr zu Jahr überlassen bekommen hatten. Wir brauchten ja auch keinen Pfennig Pacht zu bezahlen, denn es stand von Anfang an fest, dass es wieder hingegeben werden musste. Aber niemand hatte zu denken gewagt, dass das so bald geschehen könnte.
Über Nacht, unverhofft, war es dann plötzlich soweit – das Hallenbad sollte gebaut werden, das Gelände wurde uns aufgekündigt.

Ein Herbst voll Sonne und Wärme hatte alle Blätter des großen Parks vergoldet. Sie fielen allmählich ab und deckten die Märchenhäuschen zu. Gold über Gold – ein herrlicher Lohn für die Märchenleute, die wie verzaubert staunten. Wie die Goldmarie im Märchen ›Frau Holle‹.
Ja, und dann schüttelte Frau Holle ihre Betten aus über das Land, und hüllte den Märchengarten ein. Aber das war, obwohl sehr hübsch, das Leichentuch für das Unternehmen Märchengarten.

So war ich wieder einmal ein Wanderer geworden, lief oder fuhr in der Stadt und im Lande herum und suchte nach einem neuen Platz für unser Märchenland; suchte nach Brot und Wasser zum Leben, denn ein anderes Leben als dieses konnten wir, meine liebe Frau und ich, uns nicht mehr vorstellen.

Die Stadt Karlsruhe war sehr nobel und half nach besten Kräften, damit der Abschied nicht zu schwer werden sollte. Dies soll nie vergessen werden.

Ach, und in dieser Zeit musste ich so oft an Lieschen, meine Mutter denken. Hätte sie damals gedacht, dass ich ewig auf der Wanderschaft sein würde? Musste ich nun, da ich so ein Märchenspieler und Dichter geworden war, immer weiter umherziehen, wie die Puppenspieler und ›Komödianten‹ es seit Jahrhunderten tun? War in mir Blut der fahrenden Sänger, die von Burg zu Burg, von Dorf zu Dorf zogen und in ihren Liedern, Gedichten und Geschichten die Dinge der Welt in die Einöden trugen?

Schon wollte ich alles verkaufen, da bekam ich von der LVA den Rat, nach Bad Dürrheim zu gehen. Dieser bedeutende Kurort war hauptsächlich ein Kurort für Kinder. 800 bis 1000 neue Kinder kamen dort alle 4 bis 6 Wochen hin. Ich fuhr also hin, und alles klappte wunderbar – so schien es. Ich fand einen Hotelpark, dort konnte ich alles wieder aufbauen. Das Hotel hatte eine kleine Gärtnerei, in der ich in der spielfreien Zeit für die Küche gesundes Gemüse ziehen sollte. Dabei stand ein romantisches, aber halb verfallenes ›Schwarzwälderhäuschen‹, das wir uns zum Wohnen herrichten konnten.

Nur noch einmal fuhr ich zurück nach Karlsruhe, um meine Lieben samt allen Märchenhäuschen abzuholen. Das Karlsruher Gartenamt schickte zwei Lastwagen. Einer nach dem anderen wurde mit Teilen der Hüttchen, Möbelchen, Spielgerät und Material beladen und dann zum Bahnhof gefahren. Dort standen zwei große Waggons bereit, alles aufzunehmen. Fünfmal fuhr jeder Wagen vor, zehn Stunden dauerte der Abtransport, so sehr hatte sich alles vermehrt. Zuletzt kam die Märchenhütte an die Reihe, wo wir alle drei drin gewohnt hatten.

Während dem Aufladen kamen Kinder und fragten: ›Onkel Kurt, du ziehst wohl weg?‹ - ›Ja, Kinderchen, leider müssen wir fort!‹

›Wo ziehst du denn hin?‹ - ›Nach dem Schwarzwald, ins Kinderbad Dürrheim!‹

›Sind da viele Kinder?‹ - ›Oh ja, alle vier Wochen kommen neue, jedes Mal etwa fünfhundert oder mehr!‹

›Und da willst du alles wieder aufbauen?‹ - ›Ja! So, wie ihr den Märchengarten Karlsruhe kanntet, werden die anderen Kinder den Märchengarten Bad Dürrheim kennen lernen!‹
›Ach schade, Onkel Kurt, schade, dass du nicht hierbleibst!‹
›Ach, Kinderchen, wir blieben ja so gerne, aber hier wird ja jetzt das Tulla-Bad gebaut, da müssen wir eben weg. Dann könnt ihr hier baden und werdet uns bald vergessen haben!‹
›Nein!‹ protestierten sie, ›Wir werden dich nicht vergessen, auch nicht Tante Ruth und eure Bellis!‹

Als Letzter ging ich zum Bahnhof, Frau und Tochter waren schon einen Zug vorausgefahren, und da hingen sie, die ›Onkel Kurt‹ liebten und verehrten, an seinen Händen und Armen, Mädchen und Jungen allen Alters.
›Erzähl uns noch was!‹ bettelten sie. Und auf dem Wege zum Bahnhof hörten sie noch einmal ein Märchen – etwa zwanzig Kinder gingen mit. An der Sperre winkten sie, und winkten, winkten und winkten, bis er nicht mehr zu sehen war. Niemand wusste, ob sie sich wieder sehen würden. Doch es gab eine Wiederkehr, nach zwei Jahren.

Märchengarten Bad Dürrheim

Unbeschreiblich war die Mühe und Arbeit. Noch nie hatte ich so wunde und wehe Hände gehabt.
Der Hotelpark war halb verwildert. Zusammen mit meiner Frau säuberte ich ihn erst einmal und bepflanzte die Rabatten mit Blumen. Dann zäunten wir uns für den Märchengarten einen hübschen Winkel ab. Große und kleine Fichten standen da und gaben einen wundervollen Rahmen ab für die Märchenhäuschen.
Ein paar Tausend Mark hatten allein der Umzug und Neuaufbau gekostet. Nun war unser Geld alle, doch es stand ja hier so gut wie fest, dass der Märchengarten nun für immer eine Bleibe haben würde. Das war 1955.
Glücklicherweise war zu Pfingsten, wieder unserem Eröffnungstag, herrliches Wetter.

Draußen vor dem neuen geschwungenen und überdachten Tor drängten sich schon die Kinder. Alles ging gut. Auch der zweite Tag stellte alle zufrieden. In altgewohnter Weise arbeiteten wir, hatten sogar noch ein junges Mädchen gefunden, das uns half und sehr gut und umsichtig war. Die Zeitung brachte einen schönen Artikel.

Doch danach wurde es anders. Wir hatten unsere Rechnung ohne die Heimleitungen gemacht. Da war nämlich vor kurzem ein Kasperspieler dagewesen, und sein Gastspiel war ausverkauft. Ein beängstigendes Gedränge hatte geherrscht, und nach zwei Tagen starben in einem Heim zwei Kinder, die angeblich bei dem Gastspiel infiziert worden waren. Seitdem durfte kein Kind mehr zu öffentlichen Veranstaltungen. Nur die dreizehn Kinder eines kleinen Heimes wurden von der Leiterin, einer alten, erfahrenen Dame, zu uns gebracht. Da spielten wir vor 14 Kindern, denn auch sie hatte sich ein kindliches Gemüt bewahrt.

Mit den drei Vorstellungen im neu errichteten Märchengarten war das Menschen-Reservoir erschöpft, das uns die Gäste bringen konnte. Wir aber hatten ja mit den Kindern gerechnet, die das ganze Jahr über zur Erholung kamen.

War es Strafe für mich, für irgend etwas, was ich in der Vergangenheit falsch gemacht hatte? Ich weiß es nicht; ich glaubte nicht an dergleichen Strafen.
Ein Vierteljahr lang arbeitete ich noch als Gärtner für das Hotel, was ich ja beinahe unentgeltlich, als Gegenwert für die Grundstücksbenutzung tat. Unser Töchterchen war in Bad Dürrheim gerade zur Schule gekommen, und so konnte sie wenigstens bis zu den Sommerferien bleiben.

Was nun? Ein Werk, das Tausende glücklich gemacht hatte, das von der Stadt Karlsruhe und dem Landesjugendplan unterstützt worden war, das allzeit eine gute Presse hatte – ging zugrunde. Nach kurzer Zeit entschlossen wir uns, alles, was wir besessen hatten, zum Verkauf auszuschreiben.
Eine Wohlfahrtsorganisation kaufte alles für ein Fünftel des Wertes. Sie besaß einen eigenen Platz, wo sie es wieder aufbauen wollte. An einem Sonnabendnachmittag kamen etwa 20 junge Männer in Uniformen des Technischen Hilfswerks und bauten all die hübschen Häuschen ab. Ich zeigte ihnen kleine, geheime Kniffe, die beim Ab- und Aufbau von Nutzen waren. Dann wurde das Ganze mit mehreren Lastwagen abtransportiert, dabei auch unser Märchenhäuschen, worin wir gewohnt hatten.

Konnte es nun noch tiefer gehen? 15.000 Mark hatte alles gekostet, 4.800 wurden erlöst. Die Darlehen hingen mir am Bein… Nun waren wir heimatlos, wohnungslos und arbeitslos - alles los!
In einem Eckchen seiner Scheune ließ uns der örtliche Spediteur die wenigen Habseligkeiten unterstellen, die wir als letztes persönliches Eigentum noch besaßen. Dann aber ging es wieder – auf Wanderschaft.

ZEIT DER FAHRENDEN

Reichtum zum Weitergeben

Es waren die ersten Schulsommerferien unserer Bellis, und wir wollten diese 6 Wochen nutzen, um zu versuchen, wieder ein Zuhause zu finden. Wir besaßen nun nichts mehr als das kleine Auto und unsere Zauberbücher.
Aber – stimmte das wirklich? Besaßen wir nicht viel, viel mehr? Wir hatten doch etwas, das konnte uns niemand pfänden oder abnehmen: Das war unsere Liebe zur Sache, zum Märchen, zu den Kindern. Es war auch unser Können, mehr noch – es war all unsere Zähigkeit und das Bewusstsein, dass wir etwas taten, das überall bitter not war. Denn wo gab es noch Menschen, die Märchen erzählten, die Kinder und Erwachsene ins Reich der Fantasie führten?
Das war unser Reichtum, den wir weitergeben konnten an Jung und Alt!

Wir begannen wieder, Märchengastspiele zu geben, wo immer sich Gelegenheit bot. Und immer wieder erlebten wir, dass mit einem Kind oft zwei oder drei Erwachsene zu den Veranstaltungen erschienen. Selbst die Väter von kleinen Kindern zeigten sich beglückt, wenn sie auch eigentlich nur zur Aufsicht mitkamen. Sie sangen mit und klatschten im Takt zu den Liedern, welche zum fröhlichen Spiel der Puppenfee gesungen wurden. Ja, die herzlichsten Lacher waren oft die Männer, die den Sinn der Handlungen schneller verstanden als die Kinder, und der Humor steckte so an, dass oft minutenlang kein Wort mehr gesungen oder gesprochen werden konnte. Der Beifall am Ende der Märchennachmittage war immer begeistert und stürmisch. Das war auch für uns Märchenleute der schönste Lohn und gab uns immer wieder Kraft zum Weitermachen.
Und wir waren auch frei! Frei, uns hinzuwenden, wo wir wollten, zu tun oder zu lassen, was wir wollten.

Es war ein schöner Sommer. Wir fuhren durchs ›Schwabeländle‹, und wieder hinauf in die Schweiz, unser Kind immer auf dem Rücksitz,

eingekeilt zwischen den Kisten der ›Zauberbücher‹, die in der Mitte gerade genug Platz ließen für den kleinen Körper einer 6Jährigen. Wenn der Motor des winzigen Autos anfing zu stottern, durfte sie den Reservetank aufdrehen, der in der Rücksitzlehne eingelassen war.
Zum Vierwaldstätter See ging es, dann wieder hinauf ins Gebirge und hinab ins Tal zum Bodensee. Wir setzten von Konstanz aus über nach Überlingen, fuhren weiter und weiter ins Bayerische, immer auf der Suche nach einem hübschen Ort, wo wir bleiben konnten. Doch es war alles hübsch, und wir fanden doch nichts.
Da sahen wir uns schließlich nur noch die Schönheiten des Allgäus und der Alpen an, kamen nach München und von da aus weiter nach Süden bis Garmisch, und besuchten die Schlösser des ›Märchenkönigs‹ Ludwig II.
Danach zum Bodensee zurück nach Überlingen, wo wir den Winter über bleiben wollten. Es war höchste Zeit, denn unser Kind musste wieder zur Schule. So mieteten wir eine kleine Zweizimmer-Wohnung und gaben dann von dort aus überall in Stadt und Land unsere Märchen-Gastspiele.

Drüben in Konstanz hatten wir den größten Erfolg: Zwei Spiele hatte ich angesetzt, es wurden drei daraus. So viele Menschen hatten wir nicht erwartet! Allüberall großen Erfolg, den ganzen Bodensee entlang, nach rechts und links. Auch ins Gebirge und an den Rand des Schwarzwaldes fuhren wir und schenkten Freude. Und die Kinder und Eltern schenkten uns ihre Herzen – und ihre Münzen! Das war eine glückliche Zeit! Unser Ruf eilte uns per Zeitungsberichte voraus. Sogar aus Österreich kam eine Einladung vom Landesobmann in Bregenz.

Doch der Winter kam uns mit einer unbarmherzigen Kälte dazwischen. Selbst der Bodensee fror zu, von dem die Sage ging, dass das nur einmal in hundert Jahren geschah.

In dieser Kälte des Winters 1955/56 konnten wir unseren ›Goggo‹ nicht mehr fahren. Seine Heizung war wohl eingeschaltet, aber wir hatten keine Ahnung davon, die Scheiben waren vom Atemhauch voller Eisblumen und mussten ständig freigekratzt werden. Da gaben wir Fahren und Spielen auf und machten ein paar Wochen Pause.

Bellis war in Überlingen in die Schule gekommen. Sie konnte nach der Schule in der Gaststätte unserer Wirtsleute bleiben, wo sie auch zu essen bekam und ihre Schularbeiten machen konnte. Mit Kindern spielen konnte sie dort allerdings nicht, und so war sie froh, dass ihre Mutti nun mal Zeit für sie hatte.

Sesshaft werden und mobil bleiben?

In jener Zeit wurde eine neue Idee geboren: Wir wollten uns ein fahrbares Häuschen aus Holz bauen lassen, denn bisher ging alles, was wir bei unseren Märchen-Spielen einnahmen, wieder für Hotels und Gasthäuser drauf, vor allem in den Feiertags-Pausen und den Schulferien. Da hatten wir ja keine Einnahmen und mussten doch irgendwo leben. So lebten wir fortwährend ›von der Hand in den Mund‹ und konnten nie etwas sparen. Von Rentenvorsorge ganz zu schweigen.

Also schuf ich mit einem Zimmermeister zusammen aus alten und neuen Teilen ein solches Häuschen und brachten es auf Räder – alte Lkw-Räder. Nun würden wir damit überall zuhause sein! Wir waren mobil und konnten in einem Gebiet bleiben, bis alle Orte ›bespielt‹ waren, und dann einfach in eine andere Gegend ziehen.
Zunächst aber wollten wir am Bodensee bleiben, denn wir hatten den Plan, in den langen Sommerferien und anderen spielfreien Zeiten eine Gärtnerei aufzumachen für biologisches Gemüse und Beerenfrüchte. Das sollte die großen Lücken schließen, in denen wir nichts verdienten. Um den ganzen Bodensee herum waren doch unzählige Sanatorien und Restaurants, die Abnehmer sein konnten.
Doch für ein Grundstück brauchten wir wieder viel Geld. Wir fanden auch eines, das uns geeignet schien in Unteruhldingen, 3000 qm, und erwarben es auf ›Stottern‹.

Denn so schön das Umherziehen auch war – wir merkten es wohl, unser Kind sehnte sich danach, bleiben zu können. Es hatte keine Heimat. Und auch wir waren ja entwurzelt.
Nach den Weihnachtsferien 1955/56 meldeten wir Bellis in der Dorfschule Unteruhldingen an – es war schon ihre dritte Schule im ersten Schuljahr!

Wir waren unserem Häuschen, das auf dem Güterzug von Überlingen kam, vorausgefahren, um einiges auf dem Grundstück zu ordnen. Einen kleinen Kiesplatz mit Weg hatte ich angelegt, wo es stehen sollte. Kaum aber hatten wir die Terrasse, die die großen Vorderfens-

ter zudeckte, heruntergeklappt, hatten unsere Tür aufgeschlossen, da erschien schon die Polizei und dann ein Regierungsinspektor und der Herr Bürgermeister. Wir durften mit unserem Häuschen auf unserer Scholle nicht bleiben. Hatte uns denn niemand gesagt, dass das hier Naturschutzgebiet war? Nein – niemand!
Also packten wir unter Tränen unser neu gekauftes Werkzeug wieder ein. Ein Vierteljahr durften wir noch gnädigerweise bleiben, weil unser Kind ja die Schule besuchen musste. Dann kam der letzte Tag vor den Osterferien – damals gingen die Schuljahre immer von Ostern bis Ostern – sie bekam ihr Zeugnis und stieg gleich anschließend in unseren Goggo, und dann wieder auf die Landstraße mit uns!

Inzwischen war ich aber nicht untätig gewesen. Ich war noch mal nach Stuttgart gefahren und hatte über 25 Märchengastspiele organisiert. Viele Menschen in Schulen und Zeitungsredaktionen konnten sich noch an den Märchenonkel Kurt erinnern und waren begeistert.
Unser rollendes Häuschen sollte nun auf einem Bauhof der kleinen Stadt Leonberg bei Stuttgart stehen, und von da aus fuhren wir also wieder auf Tour, und Bellis konnte bis fast zu den Sommerferien dort in die Schule gehen.

Durch Zutun eines alten Freundes in Stuttgart wurden wir bei einer unsrer Aufführungen von Karl Grieb, Werbeleiter eines großen Kaufhauses ›entdeckt‹. Ohne zu zögern nahm er uns unter Vertrag: Wir sollten im Herbst des Jahres 1956 für das bekannte Modehaus Breuninger nicht weniger als achtundvierzig Märchennachmittage durchführen, um die Breuninger-Modenschauen zu begleiten. Das sicherte uns für zwei Monate gut bezahlte Arbeit.
Dafür aber mussten wir ein neues Programm entwerfen. Ich schrieb das Märchen ›Die goldenen Schuhe‹ und baute dazu meine größten Zauberbücher. Sie hatten die Maße 0,80 m mal 2,50 m, wenn sie aufgeklappt auf den extra angefertigten Tischen standen. Der Clou des letzten der 12 Riesen-Zauberbücher war ein herrliches buntes Schloss, das aus den Buchdeckeln (die nun aus dünnen Hartfaserplatten bestanden) auftauchte und mit vierzig kleinen, farbigen Lämpchen, die daran befestigt waren, elektrisch illuminiert wurde. Die beiden Türme des Schlosses waren 75 cm hoch.

Ich verfasste auch ein Eingangslied für ›Die goldenen Schuhe‹, und auch für meine schon bestehenden Märchen ›Prinzessin Roselinde‹, ›Im Zauberreich des Silberzwergs‹, ›Der Feen-Brunnen‹, ›Die weiße Lilie‹ - dichtete und komponierte ich Lieder (Diese hat meine inzwischen erwachsene Tochter in letzter Zeit geordnet, denn ich selber bin in dieser Beziehung ziemlich ›liederlich‹ – wenn etwas gemacht ist, liegt es herum oder verschwindet sogar.)

Märchenspiele im Palmengarten

Um dies alles vorzubereiten, hatte ich acht Wochen Zeit. Die verbrachten wir in Frankfurt am Main, im berühmten Palmengarten. Dort, so hatte ich es organisiert, wurde unser rollendes Häuschen als Freilicht-Bühne aufgebaut – hierzu war unsere ausklappbare Terrasse ja bestens geeignet. Mitten im großen Palmengarten-Park standen wir, auf einer Wiese an einem der Hauptwege. Ein großes Viereck wurde um unsere Bühne mit Schilfmatten abgezäunt. Die Palmengarten-Verwaltung stellte uns 30 Bänke, die wir in aller Eile grün anstrichen. Auch unser Häuschen, das auf dem Bahntransport etwas beschädigt worden war, bekam einen frischen Anstrich. Und als alles fertig war, ging ich zu den drei großen Zeitungen und zum Schulamt. Bei diesem lieferte ich insgesamt 20.000 Einladungen ab, die in den Volksschulen ausgeteilt wurden. Aus diesem Grund hatten wir dort noch vor den Sommerferien anfangen müssen, damit die Kinder auch erfuhren, dass wir da waren, denn die Werbung über die Schulen war immer die direkteste und beste.
Dann startete die erste Vorstellung. Wir hatten drei Programme für die großen Ferien, und wir spielten jeden Nachmittag.

An den Vormittagen baute ich an dem neuen Programm für die Breuninger-Tournee. – Das war, trotz vielfältiger Tätigkeit, eine herrliche Zeit. Denn mein Gärtnerherz fand in den köstlichen Anlagen des Palmengartens viel Neues, das mich überraschte und freute. Und jeden Abend war Konzert im Freien, zwischendurch Tanzfeste, eine Rosenschau, ein Lichterfest. Eines Nachts in einem der riesigen Tropengewächshäuser waren wir Zeugen von der ›Geburt‹ einer Victoria regia(22) - einer besonderen Wasserrose – die nur sehr selten blüht. Andere botanische Wunder folgten.
Da ›tankten‹ wir alle drei mächtig auf, und das Kind Bellis fand ein wahres Märchenreich vor mit unzähligen Spielmöglichkeiten, Seen und Tieren, und jeden Tag viele Spielkameraden.

Vom Misstrauen der Sesshaften und dem Schicksal der Fahrenden

Für mich bedeutete diese Zeit, einmal abzuspannen, nämlich aus dem ständigen Kampf um Vorstellungsorte in Stadt und Land, denn der war oft hart. Oft ließen mich Schulräte, Rektoren, Lehrer und Lehrerinnen, ja sogar Pfarrer, die ich aufsuchte, immer wieder zweifeln, ob sie ihrem Auftrag, für Seele und Gemüt ihrer ›Schäflein‹ zu sorgen, noch gerecht würden. Hart und unverständlich waren oft die Worte, mit denen der ›Märchenonkel‹ abgewiesen wurde. Und oft ließen Rektoren, trotz Zusage, unsere Einladungen nicht an ihrer Schule verteilen, und öfter als dreimal ist es vorgekommen, dass wir in einem Saal alles aufgebaut hatten und dann erfahren mussten, dass kein Kind, keine Mutter etwas wusste… Auch Zeitungen brachten unsere Anzeigen oft zu spät oder überhaupt nicht. Und - eine ließ uns sogar mit der Polizei verfolgen (wir hatten ja keinen festen Wohnsitz und waren folglich so etwas wie Zigeuner!), weil wir angeblich die Anzeigengebühr nicht bezahlt hatten. Ich wies dem Polizeibeamten die Quittung vor, und – die Zeitung entschuldigte sich. Allerdings erst nach Wochen.

Einmal geschah in einem großen Dorf bei Stuttgart folgendes. Ich hatte in einer Gaststätte einen Saal gemietet. Dann ging ich, wie immer, zum Bürgermeisteramt und meldete den Märchennachmittag an. Zuletzt machte ich dem Rektor der Volksschule einen Besuch und legte meine Papiere vor. Aufgrund der Empfehlung vom Kultusministerium fand er sich bereit, am andern Tag den Kindern unsere Einladungen mit nach Hause zu geben. So war bei mir jede Veranstaltung organisiert.
Als wir am Spieltag ankamen, war der Saal schlecht und schmutzig. Anscheinend war seit Fasching nicht mehr saubergemacht worden, die Faschingsgirlanden hingen auch noch herum. Ostern stand vor der Tür – nie eine gute Spielzeit für uns!
Wir säuberten erst einmal und räumten auf, stellten Stühle in gewohnter Weise. Nach und nach stellten sich etwa 30 Kinder ein und warteten vor der Saaltür. Wir warteten auch, dass es mehr wurden, aber es kam niemand mehr.

Da ging ich hinaus zu den Kindern und erklärte ihnen, dass wir nicht spielen würden. Ich sagte:
›Hört doch bitte mal her! Wir wollten für die ganze Schule spielen, aber es sind nur so wenige Kinder gekommen, dass wir, wenn wir wirklich spielen, noch viel Geld für den Saal drauflegen müssen. Der kostet nämlich 30 Mark Miete, und wenn jedes von euch 50 Pfennig gibt, sind das erst 15 Mark. Versteht ihr mich auch?‹
Ja, sie verstanden und gingen wieder nach Hause. – Der Gastwirt aber wollte die Saalmiete trotzdem haben. Er schloss uns einfach in den Saal ein, während wir unsere Sachen packten. Doch er tat es so leise, dass wir es erst bemerkten, als wir alles zum Auto in den Hof tragen wollten. Zuerst erschraken wir, doch einem Kurt Klee konnte keiner Angst einjagen. Ich pochte mit beiden Fäusten fest an die Saaltür. Das war aber zu leise, niemand kam. Da nahm ich einen Stuhl, der kaputt auf der Bühne gelegen hatte, und stieß mit den Holzbeinen so heftig gegen die Tür, dass der kleine, hinterhältige Mann gar bald heraufkam und öffnete. Er hielt wortlos die Hand auf. Ich aber sagte:
›Wir haben nicht gespielt, Ihren Saal also nicht benutzt. Im Gegenteil, wir haben ihn sogar noch für Sie gereinigt. Folglich kriegen Sie keine Miete!‹

Als er nicht einsichtig war, schob ich ihn beiseite und wir trugen unsere Sachen an ihm vorbei zum Auto. Natürlich mussten wir mehrmals gehen, und beim Einräumen ins Auto fehlte der Sack mit unserem Lampen-Kabel, mit dem wir immer die Bühne illuminierten. Als ich deswegen schnell noch einmal nach oben zum Saal lief, erblickte ich den Wirt, als er eben diesen Sack in eine Kammer einschließen wollte. Oh, da bekam ich aber meinen Zorn! Ich schrie ihn an: ›So einer sind sie also – erst Freiheitsberaubung, dann Diebstahl! Her mit dem Sack, oder die Polizei kommt ins Haus!‹ Da gab er ihn wortlos und mürrisch heraus.

Unten aber, im Hof, wo unser Auto stand, sahen wir anschließend etwas, das manche Leute das Gruseln gelehrt hätte. Der Gastwirt hatte nämlich auch eine Schlachterei mit Metzgerladen beim Gasthof. Die Tür der Schlachterei stand nun offen. Da hing ein ausgeschlachtetes Rind an einem Kran und ein totes Schwein an einer Leiter. Und daneben standen zwei Schlachter mit blutbefleckten Schürzen. Diese

Männer glichen Riesen, als ihr kleinwüchsiger Chef zu ihnen trat. Er fragte: ›Habt ihr das eben gehört?‹
Sie glotzten uns an, als wollten sie sagen: Ihr könnt auch gleich unters Messer kommen! – Einer hielt ein Beil, der andere ein großes Messer in der Hand. Aber keiner hielt uns auf. Wir gingen zum Auto ohne sie zu beachten, stiegen ruhig ein und dampften ab. Hinter uns krachten beide eisernen Torflügel zusammen ins Schloss.

Das war ein Tag, wie zum Glück keiner wieder kam, wenn wir auch noch anderweitiges Pech hatten.
Ich unterlasse es gern, noch mehr davon zu berichten; denn es ist ja nur natürlich, dass fahrende Schausteller solche Schwierigkeiten haben. Doch die Freude an der Freude unserer Gäste gab uns immer wieder Trost und Kraft. In einem besonderen Tief aber, als ich über das Dulden, Leiden und immer neue Mittun meiner Frau Ruth nachdachte, erfasste ich die große Hingabe, mit der sie alles tat, und ihr liebevolles Wesen einmal ganz besonders, und ich dichtete für sie die folgenden Verse:

> Meiner tapferen Frau
>
> Immer schon waren uns Kummer und Sorge
> Bruder und Schwester zugleich.
> Immer schon war unser Leben Entsagen
> Und an Entbehrung so reich….(s. Anhang)

Ich hatte dazu auch eine Melodie komponiert und sang ihr das Lied vor. Sie war gerührt, ich sah es an ihren Augen, und dankte mir.

Auf Tour mit dem Breuni

Längst hatten wir uns mit dem vielen Abschiednehmen-Müssen abgefunden, aber den Palmen-Märchen-Garten verließen wir mit großem Bedauern! Soviel Schönes hatten wir dort bekommen - weit Besseres als das Geld, das wir natürlich auch verdient – und gebraucht - hatten. Danke Dir, lieber Palmengarten-Direktor Erke, der uns das alles ermöglicht hatte!

Nach den geschenkten, gesegneten Wochen des Sommers 1956 in Frankfurt zogen wir mit unserem bewährten rollenden Häuschen wieder nach Leonberg, wo unser Kind zur Schule gehen sollte und die Tournee für das große Stuttgarter Modehaus begann: Jeden Nachmittag an einem anderen Ort im württembergischen Raum.

Tausende kleiner und großer Märchenfreunde sahen unser Spiel und waren beglückt. Im ersten Teil, dem der Puppenfee, für die Kleineren, gesellte sich nun immer der ›Breuni‹ dazu, das war das Wahrzeichen der Firma Breuninger – ein brauner ›Bär‹, natürlich ein verkleideter Mensch, mit dem wir nun auf der Bühne unsere Späße machten, der tanzte zu den Klängen meiner Waldzither und dreimal in die ›Pfoten‹ klatschte, wenn die Zauberbücher sich öffneten. Auch über ihn hatte ich ein kleines, einfaches Lied gemacht, das Kinder und Erwachsene stets an Ort und Stelle lernten.

Überall hatten wir großen Erfolg, nie gab es einen Unfall. Was so spielerisch wirkte, war im Hintergrund straffe Organisation, die mir diesmal wieder abgenommen wurde durch die Werbeleitung des Modehauses. So schloss sich, nach einer Pause, in der es für alle Gäste kostenlose Getränke gab, eine Modenschau für Kinder- und Erwachsenenkleidung an.

Während der 48 Vorstellungen wurden weit über 15.000 Besucher gezählt – so etwas hatten wir noch nicht erlebt.
Es bereitete uns vor für weitere große Veranstaltungen, die wir bald wieder in eigener Regie durchführen sollten.

Finanziell war das alles für uns wie ein Geschenk des Himmels, eine unvergessliche Glückssträhne. Doch als die Breuninger-Tournee zu Ende war, wurden auch unsere Requisiten nicht mehr vom Lastwagen transportiert, und jetzt zeigte sich, dass wir für die riesigen neuen Zauberbücher nicht mehr das richtige Auto besaßen.

Unser ›Goggole‹ war viel zu klein!

Natürlich wollten wir mit unserem neuen Programm auch weiterhin auftreten, also brauchten wir ein neues Fahrzeug – ein gebrauchtes natürlich. Da war es dann auf einmal vorbei mit der Glückssträhne: drei Autos hintereinander, die uns alle im Stich ließen, und der Verlust war enorm.

Schließlich hatten wir dann, was wir brauchten, einen kleinen, flotten Kombi, in den alles und alle hineinpassten.

Wiedersehen mit Karlsruhe

Es gab keine Ruhe – wir mussten wieder auf die Landstraße!
Das hieß, unser rollendes Häuschen wurde in eine andere Stadt gebracht. Der Winter 1956/57 sah es im Winterquartier in einem Vorort von Karlsruhe.
Zweieinhalb Jahre waren inzwischen vergangen, seit der Märchengarten Karlsruhe abgebaut worden war. Nun erschien ›Onkel Kurt‹ eines Tages im Spätherbst bei der größten Karlsruher Tageszeitung. Wie waren da alle überrascht und erfreut, besonders der Chef der Lokalredaktion! Sogleich fragten sie, was ich vorhätte. Die meisten der Zeitungsleute konnten sich noch gut an uns erinnern. Wie wohl das tat!
Ich erklärte ihnen meinen Plan, in allen Teilen der Stadt eine Serie Märchengastspiele zu geben, und alle waren begeistert. Die Schulen oder andere Einrichtungen hatte ich schon organisiert, und am nächsten Tag erschien die erste Ankündigung.

In den acht folgenden Wochen wurde die Stadt förmlich durchkämmt. Keine Schule wurde ausgelassen, jeder Kindergarten und die Heime eingeladen. Alle wollten die neuen, großen Zauberbücher sehen, das Märchen von den ›Goldenen Schuhen‹ hören. Jedes Gastspiel förderte Dutzende Kinder und Erwachsene zutage, die schon 1953/54 den Märchengarten im Sallenwäldchen besucht hatten. Das war eine Wiedersehensfreude!

Auch unser eigenes Kind konnte wieder ihre früheren Freundinnen besuchen, wenn auch unser Häuschen nun in einem anderen Stadtteil von Karlsruhe stand, in einem kleinen, umzäunten Park. Dort ging Bellis nun auch zur Schule – zwei Monate lang. Ein beglücktes Weihnachten 1957 feierten wir noch dort. Der Winter zwang uns zu längeren Pausen, aber immer wieder hatten wir auch Gastspiele in den umliegenden Städten und Dörfern. Wir besuchten nun zum zweiten Mal mit noch größerem Erfolg das nordbadische ›Ländle‹. Im Geist fliege ich von Karlsruhe bis Freiburg hinauf, Mannheim, Basel – in diesem Dreieck bewegten wir uns damals. Weite Anfahrten jedes

Mal, die mich auch immer mehr anstrengten. So nahm ich die verschneiten Wintertage als willkommene Ruhepause, in der ich mich auch dem Schreiben widmen konnte.

Eines Tages hörte ich im inneren unseres Wohnwagens die erste Amsel singen, und wir traten vor die Tür in dem Park, wo wir wohnten, und spürten, es wurde Frühling. Dann erst nahmen wir endgültig Abschied von Karlsruhe.

Was in Frankfurt weiter geschah

Kurz vor Ostern 1958 kehrte unser Kleeblatt mit dem fahrbaren Komfort-Häuschen wieder an den Main zurück, und wir gaben abermals Gastspiele im Palmengarten – diesmal mit einem Dutzend spielfreudiger Kinder. Zusammen bauten wir eine ›Hasenschule‹ auf. Ein entsprechendes kleines Theaterstück in Versen hatte ich dafür verfasst. Nun wurden große Ohren aus Pappe gebastelt für Kinder und ›Lehrerin‹ (Wer das war, dürft ihr dreimal raten!), und das Stück mit den Kindern – einschließlich unserem eigenen – einstudiert. Genau zu Ostern wurde die ›Hasenschule‹ eröffnet, und – die Frühlingssonne spielte ihre Rolle auch wunderbar; denn das Ganze fand im Freien statt! Fünfmal wurde das Spiel aufgeführt, in einer Umzäunung, mitten auf einer Wiese. Von allen Seiten drängten sich die Zuschauer, und der Rasen, der dabei niedergetreten wurde, war, neu eingesät, nach acht Tagen schon nachgewachsen. Uns aber brachten die paar Spiele für viele Monate mietfreies Aufstellen unsres Häuschens ein und die gleichen, vielen Vergünstigungen wie im Vorjahr. Ich wurde auch wieder tüchtig angeregt, Neues zu ersinnen und zu schreiben.
Hiernach bekam ich auch von einem großen Frankfurter Lichtspielhaus ein Engagement. Dieses Kino – das ›Zeil-Kino‹ – brachte längere Zeitlang jeden Sonntag Vormittag Märchenfilme. Zur Einführung und besonderen Attraktion gab ich nun jeweils vorher eine kleine eigene Vorstellung, wo ich immer ein großes Zauberbuch vorführte und ein kurzes Märchen dazu erzählte. Anschließend gab es Preise für Kinder, die sich getrauten, auf der Bühne etwas auswendig aufzusagen – z.B. ein Gedicht – oder zu singen. Da gab es oft große Heiterkeit, und das Kino war stets bis zum letzten Platz besetzt.

Von alldem, wie auch von unzähligen anderen Märchenspielen, könnt ihr noch heute Bild und Bericht in meinem Album finden. Schon lange hatte ich ein großes Album angelegt mit Zeitungsausschnitten, Bildern und anderem denkwürdigen Material. Auch Schriftstücke von Schulämtern, Kultusministern und Kirchen finden sich da – eine Fülle von Dokumenten über unsere Arbeit für die Kinder jener Zeit. Dieses Album öffnete uns manche Tür zu Verwaltungen.

Und als ich damit auch einmal wieder in Frankfurt war und beim Schuldezernenten vorsprach, stellte es sich aufgrund der jugendpflegerischen Arbeit heraus, dass Professor G.(23) in meiner Heimat sehr gut bescheid wusste. Unser lebhaftes Gespräch führte uns in den Saale-Kreis, wo wir beide zu Beginn der Zwanziger Jahre in der Kinderfreunde-Bewegung gearbeitet hatten. Damals hatte ich – wie schon beschrieben – mein geistiges Rüstzeug erhalten in zahlreichen Arbeitsgemeinschaften, Vorträgen und Kursen, wobei ich Professor G. als jungen Doktor einer Universität kennengelernt hatte.

Wenn wir uns in der folgenden Zeit begegneten, und das war immer öfter, sprachen wir jedes Mal von den Menschen und Begebenheiten unserer ›mitteldeutschen‹ Heimat. Und dieser Professor G. wurde bald zu einer starken Stütze meiner Bemühungen um einen Märchengarten in Frankfurt.

Stuttgart-Feuerbacher Heide: Der Wohnwagen von Familie Klee, daneben das neue Holzhaus, auf dem Gelände des werdenden Märchengartens

Das Zwergenhaus im Rohbau - mit Zwergin Bellis

Zauberer Klapp mit seinem ›Klappspielzeug‹ im Flüchtlingslager. Ludwigsburg, 1952

Der Erzähler Kurt Klee bei der Stuttgarter Zeitung

Eins-zwei-drei - das Zauberbuch geht auf! Stuttgarter Kinder 1952

Die »Puppenfee« hinter den Kulissen auf Gastspielreise

Eröffnung des Märchengartens Karlsruhe im Sallenwäldchen, 1953

v. l. n. r.: Ruth Klee, Kurt als Zauberer, Bellis als Elfe, Lieschen Müller als Schneewittchen, »Tante« Elfi als Erzählerin; dahinter Maler Leo Schäffer und der »Kräuteronkel«

Kurt Klee (47J.) beim Aufbau des Märchengartens

Kurt erzählt in seinem Zauberpavillion.

Drei Mitarbeiter im Märchengarten erzählen sich was.

Die »Puppenfee« hat alle Kinder gern.

»Wir Zwerge, wir Zwerge, wir wohnen im Berge«. Kurt beim Kindertheaterspiel in Karlsruhe, vorn r. Bellis, l. Freundin Roswitha.

Kurt im Badischen Fasching mit »Brett vorm Kopp«

Abschied vom Märchengarten

Nur eine kurze Saison im Märchengarten Bad Dürrheim, Frühjahr 1955

Auf der Suche nach Bleibe: Familie Klee mit ihrem »Goggo« am Vierwaldstätter See, Schweiz, Sommer 1955

Auf Tour mit dem Breuni für das Modehaus Breuninger in Stuttgart, 1956, hier mit den großen Zauberbüchern im Hintergrund.

Der Zauberer und die Puppenfee im Palmengarten Frankfurt, 1956

AM ZIEL

Der Märchengarten wird...

Denn inzwischen hatten wir in Frankfurt am Main festen Fuß gefasst. Unser Häuschen stand auf dem Betriebshof eines großen Parks im Frankfurter Vorort Goldstein. Das war eine Siedlung, die Ende der Dreißiger Jahre für Arbeiterfamilien angelegt worden war. Nach dem Krieg wurden dort Flüchtlingsfamilien angesiedelt, die all ihr Hab und Gut verloren hatten. Zwischen Main und Wald hatte man das Flusstal mit tiefen Gräben entwässert und für viele Familien Garten- und Bauland geschaffen, wo sie leben und sich selbst versorgen konnten.
Ein alter Gutshof war das Zentrum; und dieser Gutshof besaß viel Grund um die Goldsteinsiedlung herum. Hier hatte ich wiederum ein Grundstück direkt an einer Seite des Parks im Auge. Es lag neben der Schule und schien für den Märchengarten wie geschaffen. Aber wie konnten wir ›Habenichtse‹ das diesmal schaffen – ohne Geld, ganz von vorne anfangen?

Zunächst fuhren wir während einer Gastspielreise in Süddeutschland zur guten Marga Schumacher nach Stuttgart.
›Wohin hat's euch diesmal geführt?‹ fragte sie leise, als sie uns die Tür öffnete, hatte sie doch während der Wanderschaft immer wieder mit uns korrespondiert.
›Nach Frankfurt!‹ sprachen wir.
›Das ist gut! Frankfurt war gut für euch und wird es wieder!‹
Dass sie, die geübte Astrologin, in der Nacht in mein Leben ›blickte‹, wusste ich nicht. Am nächsten Morgen sprach sie: ›Skorpion ist fähig, jederzeit wieder neu anzufangen. Wenn er heute schier zugrunde geht, kann er trotzdem morgen wieder beginnen!‹
Daran hatte ich nie gedacht. Wenn mir mit solcher Vorhersage früher jemand gekommen wäre, hätte ich ihn oder sie verlacht. Zu sehr war ich ein Kampfesmensch und überzeugt, dass jeder seines Glückes Schmied sei. Auch lehnte die Arbeiterbewegung diese Art des Vorherbestimmtseins ab, denn der Mensch sollte ja frei sein.

Das Horoskop aber, was Marga Schumacher mir gestellt hatte, hörte sich zuversichtlich an, besonders hinsichtlich eines Märchengartens in Frankfurt, und ich beschloss, mich danach zu richten. Hätte ich gewusst, was mir dabei noch alles ›blühen‹ würde – hätte ich's dann noch gewagt?
So hörte ich, dass meine Sterne günstig standen. Und ich wusste, dass wir jetzt endlich festen Boden unter den Füßen haben mussten. Ich wollte es wagen.

Alle zuständigen Ämter der Stadt Frankfurt waren interessiert, dass ein Märchengarten entstehen sollte. Ich hatte ihnen meine Pläne unterbreitet, und ich war ja durch unsere Palmengarten-Arbeit längst bekannt.
Ich sollte diesen Märchengarten leiten. Das Geld dafür sollte von der Stadt kommen. Schul- und Jugendamt, Kulturamt waren gewonnen worden, auch das Gartenamt und einige Stadträte. Was war da wieder alles vorbereitet und zusammengetragen worden!
Der Magistrat machte eine Vorlage für die Stadtverordnetenversammlung. Aber an dem Tag, als darüber verhandelt werden sollte, fehlte der wichtigste Mann, mein stärkster Fürsprecher, Professor G. Er war viele Hundert Kilometer weit weg als Delegierter auf einer Tagung, und der, der ihn in der Märchengarten-Sache vertreten sollte, hatte leider keine Ahnung und wusste nicht das Geringste zu sagen. Da musste ja alles ›daneben‹ gehen, und der Magistrat wurde aufgefordert, eine neue Vorlage mit ausführlicherer Begründung zu machen.

Das alles musste ich selber mit anhören und –sehen, denn ich saß unter den zahlreichen Zuhörern oben auf der Tribüne im Sitzungssaal der Stadtverordneten. Ich konnte und durfte nichts sagen, und ich hätte am liebsten geheult vor Enttäuschung und Kummer. Doch die Würfel waren gefallen, für lange Zeit.---

Ich aber ging wieder zur Stadtverwaltung. Denn das Grundstück am Parkrand, neben der neugebauten Volksschule, ließ mich nicht los. Täglich ging oder fuhr ich daran vorbei und dachte darüber nach. Und ich dachte so:

Wenn aus dem Märchengarten auch jetzt nichts wird – ich könnte doch wieder eine Gärtnerei schaffen. Wozu habe ich denn zwei Berufe! Im Sommer mit Pflanzen und Blumen arbeiten, und im Winter mit ›Menschen-Pflänzchen‹ umgehen!

...eine Gärtnerei!

Ich bewarb mich also um dieses Grundstück, das zum Teil der Stadt gehörte, zum anderen Teil dem Gutshof. Verkaufen wollte die Stadt nicht, war aber bereit, es auf 99 Jahre in Erbpacht zu vergeben. Lang waren die Verhandlungen und voll Zweifel, ob wir das Land bekommen würden. Bedenkt doch : 3000 qm gutes Gartenland am Rande einer Großstadt – welch eine Gelegenheit! Und wieder waren Freunde am Werk, die mithalfen...
Endlich war es dann doch soweit, und noch vor Weihnachten 1958 ließen wir unser Häuschen von einem Traktor auf das Grundstück ziehen, wo wir endlich sesshaft werden wollten.
Was für ein Geschenk am Nikolaustag! Schon Tage vorher hatte ich mit Bellis eine Stellfläche vorbereitet, und – o Wunder! – sie hatte an dieser Stelle in der Erde viele Geldmünzen gefunden beim Einebnen, insgesamt mehrere Mark. Ob das ein gutes Omen war?
Wie gut, jedenfalls, dass wir das Grundstück nicht hatten kaufen müssen. Wir konnten unser Spargeld zu einem späteren Hausbau verwahren. Wie gut auch, dass ich schon 2 Jahre zuvor einen Bausparvertrag abgeschlossen hatte, den wir uns buchstäblich vom Munde absparten. Nun waren wir wieder froh und voller Hoffnung.

Hart war die Arbeit, die dann folgte, sowie die Tage im Frühjahr 1959 wärmer wurden. Hart war das Land, fußballspielende Kinder hatten es festgetrampelt. Im Norden des Grundstücks wuchs meterhohes Unkraut. Ein Zaun wurde gezogen, ein Tor errichtet und ein Brunnen gegraben. Auf meine Bitte pflügte ein Bauer des Gutshofs den größten Teil des Landes um und riss zentnerschwere Schollen los, die ich mit der Hacke zerschlagen musste, mit Wasser befeuchtete und dann mit einer winzigen Gartenfräse zerkrümelte – jeder Quadratmeter dauerte eine Stunde. Auch unsere nun 10jährige Tochter half oft beim Umgraben.

Dann begann ich mit meiner Frau, die in guten und schlechten Zeiten zu mir gehalten hatte und auch jetzt wieder ohne Murren mitmachte, Blumen und Knollen zu pflanzen, Tomaten zu ziehen und Gemüse zu säen. Die Siedler konnten es nicht fassen, dass schon nach wenigen Monaten auf dem vormals wüsten Flecken Tausende Gladiolen und Dahlien blühten, und dass da plötzlich ein Gärtner war, bei dem sie ihren Bedarf an Pflanzen decken konnten.

Die Arbeit machte mir Freude. Noch bevor der erste Frost gekommen war, hatten wir ein Fundament für das Vorhaus unseres geplanten Gewächshauses erstellt. Nun, im Frühling fingen wir an, das kleine Gewächshaus zu bauen, und dann auch das Vorhaus, das gleichzeitig Arbeitsraum war. Fast alle Arbeiten führte ich mit Frau und Kind aus. So ein alter Gärtnersmann musste ein praktischer Mensch sein. Er musste nicht nur mit Hacke, Spaten und Pflanzholz umgehen können, sondern auch mit Säge und Hammer, Glasschneider und mit Zement.
›Im Sommer wird es hier blühen, und wir werden Blumen und Pflanzen verkaufen. Und wir werden auf biologische Weise Gemüse anbauen. Das Gewächshaus wird voller Schlangengurken hängen, und draußen werden Erdbeeren wachsen, und alles wird helfen, uns zu ernähren!‹
Es waren zukunftsfrohe Worte, die ich zu meiner Frau sprach.

Dann waren noch ein paar schneereiche Tage und Nächte gekommen, so dass wir draußen nichts tun konnten. Das war eine kurze, stille Zeit, zum Nachdenken geeignet. Doch das Befragen meines Inneren stimmte mich wieder traurig; denn immer wieder kam der Gedanke: ›Soll das nun heißen, du hättest das Land deiner Mütter vergessen oder willst es vergessen? Soll dein bisheriges Wirken umsonst gewesen sein? Für wen hast du denn all die Märchen, Lieder, Gedichte und vor allem – die Zauberbücher gemacht? Denkst du auch manchmal noch an Lieschen? Was würde sie nun sagen?‹
So erging es mir, und ich antwortete meinem Gewissen: ›Sei nur still! Dieser kleine Gartenbau wird drei Mäuler nicht ernähren. Der nächste Herbst kommt bestimmt. Und dann kommt der Tag, da schneiden wir die letzte Aster, und die Dahlien sind schon längst dahin. Vielleicht, dass wir zum Totensonntag ein paar Kränze und Gestecke binden. Dann aber ist alles vorbei. Dann werde ich wieder organisieren fahren und Märchengastspiele abhalten…‹
Und mein Märchenspieler-Gewissen wurde ruhig. –

Dann kam also der erste Frühling in der Gärtnerei und der erste Sommer. Oh diese Arbeit! Sie riss nicht ab. Neben dem Gewächshaus baute ich Frühbeete und kiesbedeckte Wege.
›Wie machen Sie das bloß alles?‹ fragten die Leute. ›Wie machen Sie es, dass Ihre Wege immer sauber sind? Ihre vielen Blumenbeete immer unkrautfrei?‹
›Nur durch Arbeit, liebe Leute, nur durch Arbeit!‹ antwortete ich. ›Bücken ist wie eine heilige Handlung. Es ist eine Verbeugung des Menschen vor der Erde, die uns erhält, und der wir alles verdanken!‹ Manche verstanden diese Philosophie, andere schüttelten den Kopf.-
Meine Frau, mein Kind und ich, wir freuten uns am Duft der Blumen und fragten nicht, was haben wir verdient. Die Hauptsache war, dass es immer zum Leben reichte und dass ich Material kaufen konnte.

Dann begannen wir, auf biologische Art Gemüse zu ziehen, ohne Kunstdünger und chemische Spritzmittel. Doch das kannten die Leute damals noch nicht, und sie verstanden nicht, dass dieser giftfreie Anbau viel mehr Handarbeit erforderte, und das Gemüse teurer machte. Zum Beispiel stellte ich eigenen Kompost zum Düngen her, der mit Weinblättern fermentiert wurde.
Leider mussten wir deshalb diesen Zweig des Gartenbaus bald wieder einstellen. Aber das Blumenland, das ich meiner Frau vorhergesagt hatte, erblühte, und auch die Gurken wuchsen in Mengen im Gewächshaus. Und während meine Märchenfee, die nun Gärtnerin war, zuhause Blumen verkaufte, brachte ich viele Eimer voll großer und kleiner Blumen in die Frankfurter Innenstadt. Dort wuchs mein Kundenkreis ständig – Hotels, Restaurants, Geschäfte und Privatleute. Vor allem große und hohe Blumen wollten die meisten haben. Da war es sehr gut, dass ich auch Sonnenblumen gepflanzt hatte, von der Sorte, die immer nachwächst. Hei, das war etwas für mein Gärtnerherz. Und wie war es mit dem Poeten?
Oh ja, der kam auch nicht zu kurz. Denn im Spätsommer, wenn das Wachstum des Unkrauts spürbar nachlässt, hatte ich Zeit, an den Abenden der Muse zu dienen, und ich dichtete und fertigte neue, große und schöne Zauberbücher an.

Dann kam tatsächlich der Tag, da die letzte Aster geschnitten war, wie ich im Frühjahr mein Gewissen beschwichtigt hatte. Der Acker war kahl und das Gewächshaus leer. Für ein zweites Gewächshaus lag schon das Material bereit. Das wollte ich bald bauen. Doch – es kam nie dazu.

Schnell war das, was die kleine Gärtnerei eingebracht hatte, wieder verbraucht. Oder glaubt ihr, ich konnte damit Reichtümer erwerben? Hinaus musste ich wieder - ›ins feindliche Leben!‹ Doch Schillers Ausspruch traf nicht mehr zu. Ich bekam überall Säle zu mieten und alle Leute waren freundlich gesonnen. Schon im vorigen Herbst waren wir ja an vielen Orten im Hessenland bekannt geworden mit unseren Märchenspielen. Und auch in diesem Herbst 1958 hatten wir Erfolg.
Wie glücklich war dann jedes Mal die Heimfahrt am Abend. Der Motor unsres kleinen Kombi surrte, und wir surrten mit – dankbar im Herzen über jedes Spiel und den Erfolg, aber auch darüber, dass wir immer wieder Freude geben konnten.

Krankheit

Um Weihnachten wurde es wieder still. Wir hörten um den 18. Dezember auf und wollten über die Feiertage den inzwischen pensionierten Vater von Ruth am Rhein besuchen. Auf dieser Fahrt ging plötzlich ohne Vorwarnung das Getriebe unseres Wagens kaputt. Langes Warten auf der Autobahn in Kälte und Wind auf den Abschleppwagen!
Seit jenem Tag verspürte ich an den Fingerspitzen der linken Hand einen sonderbaren Schmerz, der bald dazu führte, dass die Finger wie gelähmt waren und nicht mehr zugreifen konnten. Der Schmerz wanderte bis in den Unterarm herauf. ›Rheuma,‹ meinte der Arzt. ›Einreiben und warm halten!‹
Doch das half nichts, der Schmerz kroch höher, durch den Oberarm in die Schulter und von da wieder abwärts bis in die Nähe des Herzens. Ich wurde in die neurologische Klinik geschickt. Inzwischen war ich so schwach geworden, dass in kaum gehen konnte. Viele Jahre lang war ich nicht krank gewesen.
Eine Nervenentzündung wurde festgestellt. Neuritis(24)! Sofort ins Bett, und drei Wochen nicht arbeiten! Nun begann mein großes Leid. Von Dezember bis Juni dauerte diese gefürchtete Krankheit. Im Frühling säte und pflanzte meine Frau draußen nach meinen Anweisungen, damit der Gärtnereibetrieb weitergehen konnte.
Da lag ich dann oft allein in unserem Häuschen auf Rädern. Ich dachte oft an meine Mutter, an das ›Land meiner Mütter‹, an die Musen, und alle schienen reden zu können: ›Du hättest das mit dem Gartenbau nicht anfangen sollen. Das ist nicht gut, in deinen Jahren noch einmal anzufangen. Nun liegst du da und kannst gar nichts tun!‹
Ja, ich lag da, schwach und sinnend. Aber, konnte ich wirklich nichts tun?
›Kurt, bist du nicht Skorpion?‹ fragte eines Nachts jemand in meinen wirren Träumen. War das ein Auftrag? Meine Linke war krank, ja - konnte denn meine rechte Hand nichts tun?
›Komm, schreib!‹ befahl ich ihr. ›Ruth,‹ bat ich, ›zieh mich hoch, leg mir ein paar Kissen ins Kreuz, ich möchte sitzen!‹
Sie freute sich sehr, weil sie glaubte, die Krankheit wäre im Abklingen.

›Nein, meine liebe Hanne‹ – sie hieß ja mit zweitem Vornamen Hannah - ›ich will schreiben!‹ sprach ich. ›Gib mir bitte das Tablett aus Holz und Papier und Stift!‹
Sie erschrak und wollte es nicht tun. Doch ich, ich wollte und sollte.

Ein Kranker schreibt seine Geschichte

Ich schrieb. Und wisst ihr, was ich schrieb? Die märchenhafte Geschichte des Truk El. Ein erfundener Name für einen jungen Mann, in dessen Leben meine eigene Krankheit eine Rolle spielte. Fast 100 maschinegeschriebene Seiten wurden es später. Ich aber schrieb damals, im Bett sitzend, mit der gesunden Hand. Und oft übermannten mich Schwäche und Schmerz, dass ich aufheulte wie ein frierender Hund. Diese Geschichte wurde wahrhaftig ›in Schmerzen geboren‹!
Sie war aber anscheinend so interessant, dass Frau und Kind immer begierig waren, die oft kleinen Fortsetzungen zu lesen. Vor allem unsere Tochter, die schon damals eine große ›Leseratte‹ war, fragte jedesmal gleich, wenn sie von der Schule kam: ›Was macht Truk El?‹
Ach, das war gut, vergaß ich doch den Schmerz jeden Tag eine zeitlang, wenngleich er immer wiederkam. Drei Wochen hindurch ›Truk El, Truk El, Truk El‹! Dann kam das Ende der Geschichte und – das Ende der Schmerzen! Wer hatte sie besiegt? War's Truk El selber? War's die Zeit?

›Frag nicht, du Dummkopf, schließlich hört alles einmal auf!‹ So sprach es in mir. ›Steh' auf und mach' was!‹
Das Aufstehen aber war gar nicht so leicht, nach so vielen Wochen des Liegens. Das Laufen musste ich wieder neu lernen, wie damals in Stuttgart nach dem Nervenzusammenbruch. Wenn ich zum Arzt ging, so musste ich mich auf jede Bank setzen, denn mein Weg führte durch den Park.
›Wie lange noch?‹ fragte ich den Doktor. Schulterzucken!---

Inzwischen kam mit Macht der Frühling 1959 heran.

Wieder hinaus!

Ich musste durch die Fenster zugucken, wie sich meine liebe Frau abmühte. Nach Ostern wurde es besser. Hing es mit der wärmeren Jahreszeit zusammen? Ich wusste es nicht. Nur eines wusste ich: Ich musste wieder hinaus, etwas tun!

Auf den Knien lag ich dann, auf einer Matte, um Pflänzchen zu pikieren, auf Knien rutschte ich vorwärts. Das war die schlimmste Zeit meines Lebens, vor allem psychisch. Doch ich schämte mich nicht, wenn ich auch manchmal weinen musste, weil mir so elend war. War das etwa wieder mein Selbstmitleid?
Nein, es war nur so hart – und ich wurde hart und übte jeden Tag mühsam die geliebte Gärtnerkunst. Und ich siegte! Fast ein halbes Jahr hatte die Krankheit gedauert. Sie hatte mir Truk El hinterlassen, und einen weiteren Beweis für die Treue und Hingabe meiner geliebten Frau. Ich hätte der Krankheit eigentlich dankbar sein müssen. Oder war ich es im Grunde auch?
Lange konnte ich darüber nicht nachdenken, denn da draußen rief es überall: ›Komm zuerst zu mir! Ich habe Durst! Ich bin von der harten Erde wie eingemauert!‹
Das waren meine Blumen und Pflanzen. Ja, ich konnte sie hören, das ist etwas wie eine Geheimsprache in der Natur, man hört, sieht, fühlt, ja riecht sie. Was lacht Ihr da? Ach, Ihr glaubt es nicht?
Nun gut – ich aber weiß es! Ich bin Gärtner und Poet dazu, da ist es leicht, die Sprache der Pflanzen zu verstehen. Nicht jeder Mensch hat Zugang dazu, man muss ihn sich über lange Jahre erarbeiten, immer wieder hinhören und hinschauen auf Dinge, die ›unsere Schulweisheit sich nicht träumen lässt‹ – wie Shakespeare sagt!

Also, ich arbeitete wieder wie ein Junger. Die kleine Gärtnerei machte mir wieder viel Spaß, wenn sie auch kaum etwas zum Leben abwarf, wenn die Kreditraten bezahlt waren. Wieder fuhr ich Blumen in die große Stadt; wieder ging es bis zum Schnitt der letzten Aster.

Im Sommer des Jahres 1960 aber erhielt ich vom Stadtschulamt einen Vertrag. Ich sollte ab 1. September sieben Monate lang wöchentlich 20 Märchenstunden in Frankfurts Schulen halten. Das kam einem Lehrauftrag gleich, und ich war froh, denn es bedeutete regelmäßige Arbeit und Einkünfte. Ansonsten hätten wir im Winterhalbjahr wieder auf Tournee gehen müssen, das war viel mehr Arbeit und Verantwortung. 20 Stunden bedeuteten für mich nur 3-4 Stunden jeden Tag, bis Ende März war also vorgesorgt.
Die letzte Aster war da allerdings noch nicht geschnitten.

Frohgemut fing ich am 1. September in einer Volksschule an. Damals ging die Volksschule von Klasse 1 bis 8. Und es zeigte sich gar bald, dass ich nicht nur Kinder der unteren Klassen bekam, sondern dass auch Klassen mit älteren Kindern zu mir gebracht wurden, ich musste für sie dann oft den gerade fehlenden Lehrer ersetzen. Das war sehr anstrengend.
Die erste Woche verlief gut; die zweite brach an. Am Vormittag noch hatte ich in Niederrad drei nette Stunden gehalten.
Nach Hause zurückgekehrt ging ich gleich daran, Blumensträuße zu binden. Nach dem Essen wollte ich etwas ruhen, um dann die Blumen, die in Wassereimern warteten, in die Stadt zu bringen. Aber aus meiner Ruhe wurde nichts, denn es war eine Frau bei meiner Frau zu Besuch, die sehr unglücklich war und bei meiner einfühlenden Frau Verständnis suchte. Wir brachten es nicht übers Herz, sie wegzuschicken. Wir waren aber sehr beengt in unserem Haus auf Rädern, und ihr Lachen, das an eine Nervenkranke erinnerte, machte es mir unmöglich, auszuruhen.
So stand ich bald wieder auf, selber nervös geworden, und machte das Auto fertig. Eine Stunde früher fuhr ich ab und – kehrte erst nach elf Wochen zurück.

Ich hatte viele Kunden besucht, frische Blumen mochten alle gern. Noch zwei große Sträuße waren übrig. Da bekam ich Luftnot und starkes Herzklopfen. In einer Haustür setzte ich mich auf eine Treppenstufe, musste mich aber bald wegen eines Schwächeanfalls auf den Fußboden legen. Das Herzklopfen verstärkte sich zum Herzrasen, und dann...

›Herzinfarkt!‹ sagte einer der Sanitäter, in deren Notfallwagen ich wieder zu mir kam. Irgendjemand hatte mich im Hausflur dort gefunden und das Rote Kreuz angerufen. Ich war 54.

Zwischen Leben und Tod

Herzinfarkt ... was war das eigentlich? Monate vorher hatte ich einmal meinen Hausarzt danach gefragt, als ob ich es geahnt hätte. Der aber hatte ausweichend (oder unwissend?) geantwortet: ›Sie sind nicht der Typ, der einen Herzinfarkt kriegt!‹
›Herzinfarkt‹, sprach zu mir der Stationsarzt im Krankenhaus, wohin sie mich nun gebracht hatten, ›das heißt eigentlich Einriss!‹
›Was – Einriss?‹ fragte ich, denn ich konnte mich auf nichts konzentrieren.
›Es ist irgendwo ein Äderchen am Herzen gerissen, es bildet sich ein Blutgerinnsel. Und wenn das in den Blutkreislauf gelangt, wird es, je nach Größe, den Fortgang des Betriebes blockieren, und das Herz kommt zum Stillstand!‹
›Danke!‹ lallte ich. ›Und was tut man jetzt dagegen?‹
›Wir verdünnen das Blut mit Spritzen, d.h. wir vermindern die Gerinnungsfähigkeit. Wir können nur versuchen, entstandenes Gerinnsel aufzulösen.‹

Ich war schon wieder weit fort mit Geist und Seele, denn ich lebte nur halb. Ich hatte keinerlei Schmerzen mehr, die Luftnot war weg, das Bett war weich und weiß, das Zimmer still und dämmrig.
›Wie lange hat es gedauert, bis Sie hier waren?‹ fragte die Stationsschwester.
›Als mir übel wurde, war es gegen 16 Uhr.‹ Meine Gedanken wurden ab und an wieder klar. - ›Jetzt ist es 20 Uhr!‹ sprach sie. ›Oh, das war ja gefährlich für Sie!‹
Mir war das vollkommen gleichgültig. Ich sollte etwas essen, konnte den Löffel nicht nehmen, wusste nicht, wozu, und wurde gefüttert... brauchte nichts, hatte kein Interesse...

Dann kam meine Frau, die ich immer so geliebt habe. Weit weg war sie, obwohl sie nur vielleicht einen Meter von mir entfernt stand. Ob sie geweint hat damals? Aber sie sprach: ›Lass dich fallen, Liebster, lass dich fallen! Du brauchst dich um nichts zu kümmern. Es wird wieder gut. Morgen komme ich wieder!‹

Ja, wirklich, sie kam wieder. Jeden Tag kam sie, freundlich wie immer, stets mit Blumen von Zuhause. Warum kam denn meine kleine Bellis nicht mit? - ›Ach, die ist doch zur Kur auf Borkum!‹
›Da bist du ja allein!‹ - ›Ja, ganz allein,‹ antwortete sie ruhig. Dann sprach sie weiter: ›Mein Vater ist schwerkrank! Ein Bekannter hat telegraphiert. Ich möchte ihn noch einmal besuchen. Kannst Du einmal ein paar Tage ohne meinen Besuch weiterleben?‹
›Ich glaube! Wann willst du denn fahren?‹ - ›Morgen!‹
Dann kam sie am nächsten Tag doch noch einmal. Sie trug einen Koffer bei sich. Sie trat neben den Kleiderschrank und kleidete sich um – schwarz!
›Was ist denn?‹ fragte ich erschrocken.
›Er ist schon tot! Vorhin, gerade als ich zur Straßenbahn wollte, bekam ich Nachricht.‹
›Du Arme!‹ sagte ich und streichelte ihr Haar. Ihr Kopf lag auf meiner Decke. Nach einer Weile schaute sie mit rot geränderten Augen zu mir auf und flüsterte: ›Ach Lieber, es ist ja nicht der Mann oder das Kind!‹ Ich zog sie zu mir. Leicht, ganz leicht war sie zu ziehen. Wir küssten uns lange; das Weinen stand mir schmerzhaft im Hals.
Dann ging sie zur Bahn.

Mein Zustand wurde schlechter, ich vermochte nichts mehr zu essen, konnte nichts schlucken. Was im Magen war, würgte er noch heraus. Sie waren ständig um mich herum, die Ärzte, die Schwestern. Doch auch meine Angehörigen waren anwesend, die aber sah nur ich. Der verstorbene Schwiegervater besuchte mich; Bellis stand plötzlich in der Tür, lachte freundlich und verschwand. Auch meine Mutter sah ich. Die Augen, die lieben Augen meiner Frau schwebten überall mit hin, wo ich hinschaute; auch wenn ich den Kopf mit der Decke zudeckte, waren sie da. Ich muss sehr krank gewesen sein. Doch das wusste ich nicht, es war mir alles, alles gleichgültig.

Noch drei Tage, da ging es mir besser. Und ich konnte eine Karte an meine Frau schreiben. Sie war fünf Tage geblieben. Sie musste noch die Erbschaft regeln. Dann kam sie wieder und brachte ihren Bruder Erik mit, der war aus der ›Zone‹ – so nannten wir damals noch die DDR - zum Begräbnis gekommen.

Wie war das alles gewesen? Das Wiedersehen nach so vielen Jahren, der Abschied? Wie lange war Bellis schon auf Borkum, wie lange war ich schon hier im Krankenhaus?
So vieles beschäftigte mich, besonders an den Abenden. Trotz Einnahme von zwei Schlaftabletten schlief ich erst nach zwei Stunden ein.
Was wird sie tun, wenn keine Blume mehr in den Beeten steht und sie keine Einnahmen mehr hat?
Aber sie beruhigte mich: ›Die Kundschaft‹ sprach sie, ›ist so nett und freundlich! Alle warten geduldig, bis ich aus dem Krankenhaus zurück bin. Sei nur beruhigt, ich habe gute Einnahmen!‹
Freunde kamen und brachten ihr dies und das, Frauen aus der Siedlung, ein Lehrer aus der Schule gleich nebenan brachte ein schon geschlachtetes Huhn. Jeder hielt damals Hühner. Dieser Herr Seidel, der Konrektor war, hatte viel übrig für Märchen und Gedichte, schrieb auch selber Lieder. Oft hatten wir am Feierabend geredet, diskutiert. Nun brachte er meiner Frau Trost und Hilfe. Wir hatten viele Freunde in dieser Siedlung.

Dann aber, sechs Wochen war sie auf Borkum gewesen, kam unser liebes Töchterchen zurück. Oh, sie war stark und weinte nicht. Sie machte von nun an in meinem Krankenzimmer ihre Schulaufgaben, während die Mutti schweigend an meinem Bett saß und meine Hand hielt. Woche um Woche ging das so.

Doch ich selber hatte dann gesagt: ›Jetzt kommt ihr nur noch zu den üblichen Besuchszeiten, jeden zweiten oder dritten Tag, denn es belastet euch sonst zu sehr! Und ich kann doch warten, und es wird dann schöner sein für uns alle.‹

Und das taten sie. Aber von nun an kam jede Woche auch eine neue Krankheit zu mir: Zuerst der Magen, sicher durch die vielen Medikamente; dann die Galle mit Gelbsucht, dann eine Leber-Stauung. Danach eine Grippe, Lungenentzündung, Rippenfellentzündung usw. Der Oberarzt schüttelte nur noch den Kopf über mich. Elf Krankheiten kamen und gingen, und genau auf den Tag nach elf Wochen durfte ich also wieder nach Hause.

›Hier auf der Erden…‹

Unser kleines Heim hatte die liebe Frau neu tapezieren lassen, Tannenzweige steckten an allen Bildern und verbreiteten weihnachtlichen Duft. Advent stand vor der Tür. Öd und kahl war es draußen geworden, ich erkannte mein Grundstück kaum. Die Beete waren umgegraben von ihr allein, nur unsere ›große‹ Bellis hatte geholfen. Den Acker hatten sie pflügen lassen. Sie waren in den Stadtwald gegangen und hatten Tannenzweige und anderes Immergrün geholt und daraus Kränze, Kreuze und Buketts gebunden, was die Leute für den Friedhof kauften. Das hatte sie ja damals gelernt – in Halle! Längst war die Zeit vergessen gewesen.

Dann wurde wirklich alles gut, so wie sie gesagt hatte. Von meiner Familie umgeben, lebte ich wieder auf. Der Advent war für uns eine stille Zeit, mit Basteleien, Liedern und guten Gesprächen. Aber abends, wenn unser Kind in seinem Kämmerchen nebenan schlief, beriet ich oft mit meiner Frau, was nun zu tun sei. Konnte ich jetzt überhaupt noch die schwere Arbeit eines Gärtners tun? Und war der Plan, einen Märchengarten zu bauen, nicht auch viel zu viel?
Viele Zweifel hatten wir, und oft waren wir ratlos. Sollten wir alles aufgeben und wieder ›auf die Landstraße‹ gehen?

Da, als ich eines Morgens vor die Tür unsres Wohnwagens kam, hatte jemand mit großen Buchstaben in den Sandweg gekratzt: ›ICH WILL HIERBLEIBEN!‹
Das war mein Kind gewesen, das die Gespräche mit angehört hatte. In mir gab es einen schmerzhaften Ruck, und die Entscheidung war gefallen. Ich wollte weitermachen!

Am Anfang konnte ich aber kaum 100 Meter laufen, und Bellis musste wieder helfen und mich die zwei Stufen hoch zur Tür unsres Häuschens schieben. Doch von Woche zu Woche wurde es besser, und Weihnachten 1960 konnten wir endlich alle wieder froh sein: Die schlimme Zeit war überwunden.

Eines Tages kam der evangelische Pfarrer. Schon einige Male hatte er uns besucht, denn unser Kind ging seit einiger Zeit regelmäßig in seinen Kindergottesdienst. Bei seinen Besuchen wurde immer viel philosophiert, denn wir waren keine Kirchgänger und dachten anders über vieles. Er war ein kluger und herzlicher Mensch, der alte Pfarrer Schmidt.

›Ich glaube, Sie haben diesmal dicht vor der Schwelle gestanden,‹ sagte er, als wir über meine Krankheit sprachen; und ich wusste, was er meinte.

›Welches Herzeleid haben Sie denn so lange mit sich herumgetragen?‹ fragte er mich.

›Das Leid, keine Heimat mehr zu haben!‹ sprach es da aus mir. Ich hatte das vorher nicht gewusst! Wer sprach da?

›Dann haben wir geackert und gerackert, um wieder eine neue Existenz aufzubauen. Aber es war zu schwer – immer renne ich den Krediten hinterher, und es bleibt kaum was zum Leben übrig!‹

Nun musste es ja doch irgendwie weitergehen… In jener Zeit habe ich viel geblättert in meinen Werken – Geschichten, Gedichte, Lieder. Ich suchte etwas mit frohem Inhalt, um es meinen Lieben vorzutragen. Dann fand ich es, ein ›Neujahrslied‹, geschrieben 10 Jahre zuvor, nämlich in ähnlicher Lage, als ich im Jungenheim krank gelegen hatte:

> ›Das Jahr geht zu Ende, ein Altes zerfließt,
> wir steh'n an der Wende, der Kreislauf sich schließt….‹
> Das Lied endet mit:
> ›Lasst euch nicht rauben Hoffnung und Glauben
> an eine schön're, bessere Zeit -
> ›Hier auf der Erden kann alles werden,
> wenn wir zu tun es bereit!‹

Das war es, was ich gesucht hatte! Diese Hoffnung brauchte ich jetzt wieder genauso wie damals. –

Ein festes Haus bauen

Trotz vieler Sorgen und ständigem Sinnen um das Weiterkommen ließ ich nun einen Architekten kommen. Ruth hatte von ihrem Vater etwas geerbt, unser Bausparvertrag war verdoppelt worden. Wir wollten und mussten endlich wieder in einem festen Haus leben, mit großen Räumen und einer großen Terrasse.

Am 9. September 1961 – auf den Tag genau ein Jahr nach meinem Herzinfarkt – war der Bauschein da, und der Bagger kam zum Ausheben der Baugrube am vorderen Rand unserer Gärtnerei.
Noch wussten wir nicht, was das Haus kosten würde, aber das war uns gleichgültig. Ich wusste, dass ich vieles selber machen konnte. Nun begann eine hoffnungsfrohe Zeit, die sich auf meine Gesundung auswirkte.

Da standen dann die Nachbarn ringsum und schauten zu. Und wir konnten wirklich zusehen, wie der Rohbau wuchs, das Dach, der Ausbau. Aber ich sah auch, wieviel gepfuscht wurde und wie kaum Verlass auf Handwerker war. Also hörte ich auf, mit Handwerkern zu arbeiten. Ich suchte mir einen Trupp italienischer ›Gastarbeiter‹ – brauchte ja nur im Nachbarort zu den Baracken zu gehen, in denen sie wohnten – und sie kamen am Wochenende oder nach Feierabend, und wir machten das meiste selber. Sie waren flink und anstellig, bekamen bei uns ihr Essen und etwas Familienanschluss, und wir hatten viel Spaß beim Bauen. Immer sangen sie bei der Arbeit, und sie kamen, wenn sie gebraucht wurden. Sie konnten alle Arbeiten auf dem Bau, nicht nur mauern – das lernte ich von ihnen. Und ich ›mischte‹ überall mit, erst Zement in einer großen Wanne, dann Kalk und Sand für den Putz; ich nagelte am Dachstuhl mit und setzte Fenster ein.
Ehe der Winter kam, stand der Rohbau fertig da. Ostern 1962 zogen wir ein. Ein herrlicher, persönlicher Ostertag, Auferstehung in einem für mich besonderen Sinn! Wochenlang fühlten wir uns wie irgendwo auf Urlaub. Wir hatten ja noch nie Urlaub gemacht.
Und zum Überfluss begann es draußen wieder zu rufen und zu locken. Bald blühte und grünte es, und ein großer Garten breitete sich

hinter dem Haus aus und lag sonnendurchflutet vor uns, wenn wir sonntags auf unsrer Terrasse saßen und ausruhten. Da war die Arbeit wieder Freude geworden, und wir empfanden Schaffen und Ruhe wie eine Gottesgabe.

Zwar hatten Haus und Terrasse über 100 qm Land verschluckt, doch das hinderte uns nicht, der Scholle noch mehr Blumen und Gemüse abzugewinnen. Wenn Hochdruckwetter war, konnte ich tüchtig schaffen, und meine beiden Lieben halfen mit. So ein Jahr wie 1962 war vorher noch nicht gewesen, höchstens damals in Halle. Den schönsten Sommer brachte es, die höchsten Einnahmen.

Im Sommer aber schickte der Arzt mich nochmals ins Krankenhaus, wegen Angina pectoris. Mein Herz überstand die Krise auch diesmal. Allerdings würde es nun nie mehr ganz zur Ruhe kommen: ›Jedesmal nach zu schwerer Arbeit oder zu tiefem Grübeln wird Ihr Motor da drinnen stottern!‹ Das hatte mir der leitende Arzt im Krankenhaus beim Weggehen noch gesagt. Das hieß für mich: Langsamer werden, Pausen machen! Ab jetzt achtete ich sehr darauf: hie Arbeit – da Muße! In diesem guten Wechsel vergingen die Monate. Und wieder gab es Märchengastspiele.

Späte Ehrung

Eines Tages kam ein Brief vom Kultusministerium in Wiesbaden. Da wurde mir – angesprochen als ›Märchenspieler‹ - mitgeteilt, ich sei vorgeschlagen für den Kunstschein, und ich möge Termine nennen, zu denen eine Jury des Ministeriums kommen könnte. Oh, das war eine Ehrung, wie ich sie mir nicht hatte träumen lassen, obwohl ich damals im Osten auch einen Kunstschein besaß.
Und so kamen sie eines Tages in eine Schule Frankfurts, die Mozartschule. Der Turnsaal war in einen Theatersaal umgewandelt worden, und über 500 Mädchen und Jungen kamen, um zuzusehen und zuhören bei den Aufführungen des ›Zauberers‹ und der ›Puppenfee‹.
Eigentlich sollten ja nur die Kinder der Unterstufe kommen, aber einige Lehrer schoben auch ein paar höhere Klassen mit hinein. Das wogte und tobte, aber als ich anfing, war es mäuschenstill, und am Ende brach alles in Begeisterung aus.

Zum Schluss sagten Jury und Lehrerschaft einmütig: ›Es war erstaunlich!‹
Vor allem imponierte ihnen, dass die vielen Kinder der verschiedensten Altersstufen immer und immer wieder ›gefangen‹ wurden und sich willig führen ließen. Hier zeigte sich, wie geübt zwei Schauspieler sein müssen, die ein so bunt gemischtes Publikum unterhalten, belehren und begeistern sollen. Fröhlich und beglückt zogen Kinder und Lehrer heim und riefen beim Hinausgehen immer wieder: ›Das war fein, Onkel Kurt!‹
Und ein Junge ergötzte alle mit seinem Ruf: ›Onkel Kurt, dein Film war prima!‹

Dann kam der Kunstschein, die so begehrte Trophäe unter Künstlern. Aber wir konnten davon erst einmal fast keinen Gebrauch mehr machen. Zu vieles geschah, was das verhinderte.

So nah vorm Ziel!

Lange hatte ich mich so gesund gefühlt wie nur je zuvor. Ja, ich hatte das begonnen, was ich mir seit langem vorgenommen hatte: Nicht nur, dass wir endlich ein eigenes Haus bekamen. Ich war auch dabei, meine kleine Gärtnerei ›umzukrempeln‹ und – baute einen Märchengarten daraus. Es war ja nicht nur mein Wunsch gewesen, es war nun auch sehr nötig, denn etwas musste geschehen: Ich konnte immer weniger die schwere Gartenarbeit verrichten, bekam dabei immer schwerer Luft, musste immer öfter in das nahe gelegene Mittelgebirge, den Taunus, fahren, um reine, leichte Luft zu atmen.

Nun wollte ich also endlich auf eigenem Grund meinen Traum verwirklichen. Alle Genehmigungen waren schließlich erteilt worden. Viele Menschen in vielen Ämtern waren mir unbürokratisch entgegen gekommen, und ich hatte viele Dankbriefe geschrieben. Es ging alles sehr gut.

Schon waren nach dem genehmigten Plan Wege angelegt. Wir wussten mal wieder nicht, wieviel alles kosten würde, aber wir fingen einfach an. Jetzt hatte ich Aufwind, und ich konnte jeden Tag lange arbeiten.

Gleichzeitig gingen die letzten Arbeiten an unserem neuen Haus weiter, in dem wir schon wohnten. Die bestellten rotbraunen Well-Eternitplatten für das Dach konnten nicht geliefert werden, nur graue. Ich hatte sie auflegen lassen, und nun sollten sie angestrichen werden. Es kam ein wundervoller warmer Herbst, der mich mit Frau und Tochter förmlich aufs Dach trieb, mit dem Pinsel in der Hand.
Herrlich sah es aus, wunderbar die Farbenharmonie des Gebäudes: Moosgrün war der Sockel, sonnengelb die Wände, und dann oben das rotbraune Dach. Schon war das ganze Dach einmal vorgestrichen und zum zweiten Mal fast fertig. Ich kam mir da oben vor wie im Siebten Himmel, thronte auf meinem Dach und konnte den ganzen werdenden Märchengarten überblicken. Hier wollten wir bleiben, und niemand mehr würde das Recht haben, uns von hier zu vertreiben!

Mein selbstentworfener Plan war von allen Stellen gutgeheißen worden, an geldlichen Mitteln mangelte es nicht, dank der Zuschüsse. Ich war also endlich am Ziel – so glaubte ich. Gutgelaunt wollte ich den Pinsel in den Farbtopf eintauchen. Der aber stand etwas weiter unten – und da passierte es: Ich verlor das Gleichgewicht und stürzte, mich überschlagend, ab. Und die Erde war hart, noch härter als die Treppenstufe, auf der mein Fuß aufschlug. Und nun war ich nicht nur vom Dach, sondern gleichzeitig aus meinem Himmel heruntergestürzt: Ein Fersenbeinbruch! Ein ungeheurer Schmerz durchfuhr mich und warf mich erneut aufs Krankenlager.

So begann der traurigste Winter meines Lebens, und zugleich der härteste, den ich als Gärtner miterlebte. Und es war das Glück im Unglück, dass wir nun im Haus wohnten und in allen Zimmern Ölöfen hatten: Im Wohnwagen wären wir sicher erfroren in diesem Winter 1962/63, bei Temperaturen von minus 20 Grad!

Doch wie würde es nun weitergehen? Was sollte geschehen, wenn über den Winter nichts getan, kein Geld verdient werden konnte? Auch der Bau des Märchengartens lag darnieder, wenn auch arbeitswillig unsere Italiener an manchen Samstagen kamen. Der ›Kopf‹ fehlte doch für die Arbeit, denn ich musste liegen, und sie wussten nicht, wie sie die Bauwerke gestalten sollten.

Da lag ich nun mit gebrochenem Fersenbein wieder zuhause, nachdem mir im Krankenhaus der übliche Gips angelegt worden war. Ich wollte heim und ließ mich nach 12 Tagen entlassen.
Wie dieser lange, strenge Winter vergangen ist, war mir später ein großes Rätsel. Doch etwas von des Rätsels Lösung ist mir klargeworden: Die Liebe meiner Frau hat dazu beigetragen. Sie war nicht nur Ehefrau, sie war mir auch Hausdame, Vorleserin und Krankenschwester, und zwar die beste, die ich kennengelernt habe!

Schon nach wenigen Tagen aber fing ich an, mich mit dem Fortgang meiner Dinge zu beschäftigen. Ich hole auch nach, was an Korrespondenz liegen geblieben war, und vor allem schrieb ich vom Bett aus etlichen guten Freunden, die, so glaubte ich, einflussreich waren. Denn weil ich mir hatte sagen lassen, dass so ein Fersenbein-

bruch mindestens sechs bis acht Monate brauchen würde, um wieder zu verheilen, rechnete ich mir auch aus, dass alle Mittel, die ich für den Märchengarten verwenden wollte, nicht ausreichen würden, auch nur das nackte Leben der Familie zu fristen, ganz zu schweigen von der Abzahlung der Kredite.
Unsere Märchenspiele waren nun mal so konzipiert, dass wir sie nur zu zweit aufführen konnten. Wie sollten wir Geld verdienen?
Die Blumengärtnerei würde in wenigen Tagen beendet sein, dann war schon wieder die letzte Aster verkauft.

Ich wurde also aktiv und schrieb und schrieb, einen Brief nach dem andern.
Doch alles war umsonst. Einer antwortete:›…keine Mittel vorhand…‹
Der nächste: ›Sehe leider keine Möglichkeiten…‹
Ein anderer schrieb: ›Da die Sache privat aufgebaut wird, kann leider nichts gegeben werden.‹
Und das größte Chemiewerk des Landes teilte mit: ›Aus dem für Wissenschaft und Kunst zur Verfügung gestellten Fonds werden nur Forschung, Theaterensembles, Chöre usw. unterstützt.‹

Die Monate gingen hin, der Fuß wollte und wollte nicht heil werden. Ein neuer Gips musste angelegt werden. In einem anderen Krankenhaus wurden mir die Röntgenaufnahmen gezeigt: ›In Fehlstellung verwachsen!‹ hieß der Befund. Und: ›Zeitlebens gehbehindert!‹ war das Resultat aller Nachfragen. Ich wollte es nicht glauben!

Wieder versuchte ich, Hilfe von außen zu erhalten. Als ich einigermaßen an zwei Kücken gehen konnte, ging ich zu Vertretern der Stadtverwaltung in Frankfurt und zu einigen Stadtverordneten. Einige versprachen Hilfe, und so kam die Sache vor den Oberbürgermeister. Dort blieb sie sieben Monate lang, und dann weitere Monate beim Stadtschulamt, und als ein Jahr um war, hatte sich nicht das Geringste ereignet, was dem Bau des Märchengartens dienlich gewesen wäre.

Und doch hatte ich wieder Glück im Unglück: Mit meinem falsch verwachsenen Fuß galt ich nun als behindert, die Blindheit auf einem

Auge, die ich mir schon vor 10 Jahren zugezogen hatte, kam noch hinzu. Mein Hausarzt sagte: ›Da können Sie doch Unfallrente beantragen, Herr Klee!‹

Das tat ich dann auch, mit seiner Hilfe, und – ich wurde anerkannt. Allerdings musste ich auch darum noch ziemlich lange kämpfen. Mit dieser Unfallrente konnten wir uns nun über Wasser halten, ohne Sozialunterstützung anzunehmen.

Mein kleines Märchenschloss

Aber weil ich inzwischen auf allen Ämtern bekannt war, hatte ich doch viele Menschen überzeugen können, dass der Märchengarten eine gute Sache wäre. Und alle, die irgendwie helfen konnten, halfen: Das Gartenamt übernahm fast die gesamte Bepflanzung des Märchengartens mit Bäumen, Sträuchern und Blütenbüschen. Das Forstamt spendete zu denen von uns gepflanzten Nadelbäumen noch zwanzig Stück dazu. Dann kam das Stadtentwässerungsamt. Das machte die größte Anstrengung und ließ durch vier Arbeiter über den Grenzgraben entlang unseres Grundstücks eine drei Meter lange Brücke bauen, damit der Märchengarten einen schönen Eingang haben konnte!
Andere Menschen von anderen Ämtern boten ebenfalls Hilfe an, es war praktische Hilfe, eine persönliche Tat, soweit sie von diesen Persönlichkeiten verantwortet werden konnte. Der Märchengarten war ja genehmigt, und mein Kunstschein öffnete viele Türen.

Auch im Kultusministerium ging ich gleich an eine Stelle, wo ich bekannt war. So rollten nach und nach Zuschüsse heran. Und – als gerade das Letzte aus dem Erbe meiner lieben Frau verausgabt war, erhielten wir doch noch einen Zuschuss des scheidenden SPD-Oberbürgermeisters Bockelmann(25).

Und nun will ich erzählen, was aus unserem fahrbaren Häuschen wurde, das seit 15 Monaten leerstand: Es wurde zum letzten Mal abtransportiert. Eine Zugmaschine kam, und seine Räder rollten 100 Meter weiter nach Süden, aber auf unserem eigenen Boden. Dann wurden die Räder abgeschraubt und es wurde langsam, mittels einer Winde, die es auf einer Seite hochhob, auf ein Fundament gesenkt. Danach das gleiche mit der anderen Seite.
Nachher aber wurde es umgebaut: Das Häuschen, in dem wir 6 Jahre gelebt hatten, wurde zu einem kleinen Märchenschloss!
Ein Turm aus Steinen wurde angebaut mit Zinnen oben. Innen wurde es nach unserem eigenen Entwurf ausgebaut. Da war ein Podest, darauf die beiden goldenen ›Thronsessel‹ mit Baldachin für das noch

kommende Königspaar. Im Turmzimmer gab es ein Spinnrad, an dem sollte Dornröschen sitzen. Und alle würden ›schlafen‹.

Außen wurde eine Rosenhecke gepflanzt. Trotz meinem Humpelbein tapezierte ich innen und malte, machte aus den rechteckigen Türen und Fenstern Bögen, wie eben ein Schloss haben musste. Hatte ich nicht schon mehrere Schlösser in klein – in den Zauberbüchern – gebaut?

Und genau so ersann ich alle anderen Bauten: Die gute Stube der 7 jungen Geißlein mit der Standuhr. Das Hexenhaus mit Backofen. Den ›Brunnen‹ des Frosches mit der goldenen Kugel, und vieles andere. Vieles tauchte erst im Lauf der Zeit als Idee auf und wurde später gebaut.

Als uns die Mittel ausgingen, kaufte ich einen Fotoapparat und ›schoss‹ meine ersten Buntfotos – bis dahin hatte es nur Schwarzweißfotos gegeben. Jedes Bild ließ ich mehrfach abziehen, klebte je 3 Stück auf Papier und heftete es zusammen. So entstanden kleine Alben, mit denen ich Reklame machte für den Märchengarten bei den Zeitungen und im Rathaus. Und auch das blieb nicht ohne Wirkung.

Winters über fuhren wir wieder auf Gastspiel-Tournee, denn die Zuschüsse waren zweckgebunden und mussten jeweils nach einem Jahr vor dem Rechnungshof der Stadt abgerechnet werden und wir durften sie nicht privat verbrauchen.

Der Märchengarten nimmt Gestalt an

Inzwischen war der zweite Winter vergangen seit dem Unglück mit dem Sturz vom Dach. Wieder war es ein langer Winter gewesen. Aber wir machten guten Gebrauch von der kalten Jahreszeit. In unserem Werkraum bastelten wir all die Märchenfiguren, welche die kleinen Bauwerke des Märchengartens bewohnen sollten: Die Frosch-Prinzessin, Schneewittchen und die Sieben Zwerge, Hänsel, Gretel und die Hexe, Dörnröschen, König und Königin mit einem Turmwächter. Das war eine herrliche Arbeit!
Für das Märchen der Sieben Geißlein brauchten wir nur eine Hütte, außerhalb derer sich dann in einer Einfriedung echte kleine Ziegen aufhalten sollten.

Zunächst suchten wir, aus welchem Material die Figuren gemacht werden sollten. Da hatte bei Bad Homburg im Taunus ein Millionär einen Märchenpark eröffnet. Er besaß eine Gummifabrik, und in dieser hatte er alle seine Märchenfiguren gießen lassen.
Wir haben uns das angeschaut. Die ›Geschöpfe‹ waren recht originell, auch in mancher Geste. Doch die gummierte Buntheit gefiel uns gar nicht. Das war irgendwie zu ›materiell‹ und passte nicht zu den Märchen.
Später erhielt ich ein Schreiben von diesem Fabrikanten, in dem er sagte, ich solle doch lieber mit den Kindern als Jugendpfleger in seinen Märchenpark kommen, als selber einen aufzumachen. Der seine hätte bereits 250 000 DM gekostet! Wir erschraken etwas und überschlugen, was wir bis dahin ausgegeben hatten – das war noch nicht mal der zehnte Teil! Also, weitermachen!

Wir beschlossen, alles selber zu machen, und zwar aus Draht, Holzwolle und Papier für den Körper, Strumpfhosen und Hemden wurden damit ausgestopft. Auch die Arme wurden aus Nylonstrümpfen gemacht, mit gefärbten Baumwollhandschuhen als Hände. Mit dem Draht im Inneren waren sie biegsam für jede Haltung. Als Füße nahmen wir Nikolausstiefel aus lackierter Pappe; die wurden mit Beton ausgefüllt, damit sie schwer und standfest waren. Und als dann die

Faschingszeit kam, da gab es Masken zu kaufen, aus Leinen gepresste Masken, die für jede unsrer Figuren das richtige Gesicht abgaben. Was noch nicht unseren Vorstellungen entsprach, wurde umgeformt und bemalt.

Wir arbeiteten zu dritt und hatten große Freude an jeder Figur, die fertig wurde. Wir redeten auch mit den Figuren, und sie ›erzählten‹ uns, wie sie aussehen wollten. So zum Beispiel der König im Dornröschenschloss – er wurde mir ähnlich wie ein Bruder. Sein Bart war aber nicht so weiß wie meiner. Er war blond, auch das Haar. Er trug einen roten Mantel mit Goldverzierungen, die Königin einen in lila. Goldketten überall, Gold auch die Kronen der Schläfer – so lehnten sie in ihren Thronsesseln, der König nach links, die Königin nach rechts, und mussten schlafen, wie es das Märchen befahl. Das war uns sehr lieb, denn die Augen machten uns viel Kummer: Sie waren aus Glasmurmeln, und wie findet man in hundert Murmeln zwei, die dieselbe Farbe haben?

Anzüge, Mützen wurden genäht, Haare und Bärte machten Frau und Tochter, meist aus gefärbtem Hanf, wie ihn die Klempner verwendeten.

Noch ein paar Worte zur Hexe: Dürr und hässlich sollte sie in der Tür zum Hexenhaus stehen, einen Stock in der Hand. Glaubt mir – Hässlichkeit ist genauso schwer zu machen wie Schönheit, oder schwerer. Denn die verzerrten Gesichtszüge, die tiefen Falten, sie sprechen von der ganzen Tragik eines Lebens. Hinter der Hässlichkeit steht Bosheit oder Verbitterung. Ein vereinsamtes, dem Leben feindliches Wesen. Es wird gesagt, die Hexen wären hässlich gewesen, aber ursprünglich waren es weise Frauen, die heilkräuterkundig waren. Diese mussten sich im Mittelalter verstecken, weil sie sonst verbrannt worden wären. Im tiefsten Wald lebten sie so allein und brauten so manchen ›Zaubertrank‹, der kranken Menschen helfen konnte. Es war nicht ihre Schuld, dass diese Kenntnisse der Menschheit nicht zugute kommen konnten! So verkehrte sich das Gute in sein Gegenteil, wenn die weisen Frauen verbittert und hartherzig wurden und schließlich ihre Zauberkräfte missbrauchten.

Dreimal habe ich den Kopf unserer Hexe ›auseinander genommen‹ damit sie andere Augen bekäme – Hexenaugen - denn diese wurden von innen in die Maske eingesetzt und kreuzweise mit Klebeband befestigt. Sie hatte nun ein grünes und ein leuchtend gelbes Auge.

Als alle Märchenfiguren fertig waren, stellten wir noch allerlei kleine Möbel her und strichen sie bunt an: 7 kleine Betten für die Zwerge, über die quer hingestreckt das Schneewittchen im weißen Tüllkleid schlief; einen kleinen Küchentisch mit Bänken für die gute Stube der 7 Geißlein; den Thron für das Königspaar, und noch anderes. Über jedes kleine Stück, was so in Familienarbeit hergestellt wurde, herrschte Freude. Ich habe da eine gewisse Besessenheit kennen gelernt, die Menschen befallen kann, die etwas aus eigenem Antrieb, aus Freude an einer Sache – aus Idealismus tun. Der Märchengarten sollte ja der Allgemeinheit dienen und auch anderen Menschen Freude bringen. Das hier war jetzt mein Lebensziel! Ich war in meinem Element.
Früh um 5 Uhr war ich oft schon im Werkraum tätig. Ich sägte aus Platten Teile für die Hocker, Tische, Fensterrahmen usw. mit der Stichsäge aus, und aus den Abfällen davon sägte ich Blumen, Gesichter und Fantasiegebilde als Dekorationen heraus, ohne dass ich sie erst aufzeichnen musste. Ich hatte alles im Kopf und besaß das Augenmaß für Größe, Länge und Form. Das ist das Erbe, das praktische Können des taubstummen Großvaters, von dem ich schon berichtete, Lieschens Vater. Er hatte uns damals eine Weihnachtspyramide gebaut, die wir Kinder stets bestaunten.

Vom Großvater väterlicherseits habe ich etwas Geschäftssinn geerbt und lernte vor allem Sparsamkeit.
Dieser - ein großer, starker Mann - war Knappe in der ›Herrenmühle‹ meiner Heimatstadt Weißenfels gewesen. Er fuhr vierspännig jede Woche die hundert Mehlsäcke übers Land zu den Bäckereien. Damals enthielt jeder Sack zwei Zentner Mehl. Und für jeden Sack, den er vom schweren Wagen in die Backstuben trug, erhielt er von den Bäckermeistern 5 Pfennig Trinkgeld. Er vertrank es aber nicht. Er sparte, sparte und sparte diese Pfennige, 16 Jahre lang. Dann konnte er damit ein schönes Backsteinhaus in Teuchern kaufen, die Bäckerei, die dabei war, übernahm sein zweiter Sohn, mein Onkel Reinhold. Mein Vater hatte später eine eigene Bäckerei. Aber zurück zum Märchengarten!
Alle Figuren und Möbel wurden während zweier Winter hergestellt, denn wir gaben ja auch noch unsere Gastspiele im ganzen Umkreis.

Das Bruchstein-Wunder

Dann kam schon wieder ein Frühling und zog uns mit Macht wieder nach draußen. Ein Wachturm fürs Dornröschenschloss sollte gebaut werden, aber ich hatte noch keine Ahnung, aus welchem Material.
Eines Tages war ich mitten in der Stadt und sah, dort wurde eine Straße aufgerissen. Die Betondecke war 30 cm dick, Brocken von 1 bis 2 Quadratmeter wurden gerade mit Kran auf starke Lastwagen verladen.
Da hatte ich eine Idee. Ich trat an den Kranführer heran und fragte: ›Können Sie mir helfen? Ich möchte wissen, wer hier etwas zu sagen hat!‹ - ›Der da!‹ zeigte er mir.
›Danke! Wie heißt der Mann?‹ - ›Weber!‹
Da stand nun ein Hüne vor mir – jung und groß und stark. Ich, ein kleiner Mann mit graumeliertem Haar und Bart. Ich musste mich auf die Zehen stellen, um seinem Gesicht etwas näher zu sein, damit er mich verstand in dem Lärm: ›Herr Weber, könnten Sie veranlassen, dass wir zwei Wagen von diesen Betonbrocken angefahren bekommen?‹
Dann erklärte ich im, wozu ich das Zeug brauchte.
›Aber, guter Mann,‹ sagte er, ›wissen Sie, wie schwer es ist und welchen Härtegrad es besitzt?‹ - ›Nein!‹
›Wie wollen Sie das klein kriegen?‹ - ›Mit einem Hammer!‹
Der Ingenieur, denn das war er, blickte auf mich nieder, hob die Schultern und machte zweimal eine hilflose Handbewegung. Was er noch sagte, verstand ich nicht. Dann aber brüllte er in den Lärm der Luftdruckhämmer: ›Hier, der Herr kriegt zwei Wagen von dem Dreck. Fahrt gleich hinter ihm her!‹
Dann hielt er mir lachend seine Pranke hin: ›Ich besuche Sie mal, wenn alles fertig ist!‹ Und er hielt Wort, im nächsten Jahr. Als er in den Märchengarten kam, erkannte ich ihn sofort. Solch großen Mann übersieht man nicht - wenn auch viele Menschen mich nicht vergaßen, obwohl ich klein bin!

Da lagen also die zwei Fuhren Betonbrocken vor dem Tor. Ein einziges Stück von 50 auf 50 cm konnte ein Mann nicht allein auf die Schubkarre heben, und doch brauchte ich für den Unterbau der Turmruine kleine, etwa rechteckige Stücke. Ein Nachbar lieh mir einen schweren ›Lukas‹, einer der schwersten Vorschlaghämmer, die es gibt. Damit versuchte ich, ob ich etwas von den großen Brocken abschlagen konnte. Es war mir nicht möglich. Bei jedem Schlag, der nichts einbrachte, erzitterte mir das Herz.
›Wenn das ein Märchengarten werden soll, muss jetzt gezaubert werden!‹ dachte ich.

Unter meinen Italienern, die mir halfen, war Carlo, ein Sizilianer. Eine Römergestalt, groß, muskulös und braun. Den fragte ich: ›Carlo, kannst du das hier zerschlagen? Wenn du das so kaputt machst (ich zeichnete mit Kreide an, wie ich die Teile brauchen würde), wenn du das schaffst, kriegst du jede Stunde zwei Mark extra!‹

Stumm nahm er den Hammer und schlug zu – zuerst leise, so als wollte er etwas prüfen. Horchend hielt er inne. Er tastete den Brocken, der zuoberst lag, ab, suchte eine Stelle, wo er zerspringen würde. Und er fand sie.
Dann aber schlug er anders zu, und mit einem einzigen Schlag zersprang das Stück! Ja, das nennen wir ›gewusst wie!‹ In weniger als sechs Stunden hatte er den ganzen Haufen zertrümmert.

Danach wurden die kleinsten Stücke zum Bau der Turm-Ruine verwendet. Eine Ruine deswegen, damit man die hundert Jahre ›sehen‹ konnte, die im Märchen verstreichen, während das ganze Schloss schläft. Ich baute die ›zerfallene‹ Mauer selber, und da ich mit Mörtel und Kelle ungeschickter war als ein Maurer, sah das Ganze schön alt aus. Die Gast-Arbeiter standen manchmal drum herum und fragten, warum ich so ›kaputt‹ baute. Ich erklärte umsonst, denn sie sagten: ›Hier alles neu, warum das hier alt und kaputt?‹
›Na, lasst nur!‹ sagte ich, ›Es wird so gebraucht!‹
Dann machte ich ein Dach über den Turm und eine Tür daran, die ein echtes, uraltes Schloss zierte, das noch von Hand gemacht war. Im Herbst pflanzten wir Rittersporn und Kletterrosen an. Es wurde eine romantische Ecke!

Bauen für die Kinder

Nacheinander entstanden die anderen Bauten, die allbekannten Bilder aus Grimms Märchen. Wir mussten unseren italienischen Arbeitern immer die dazugehörigen Märchen erzählen. Da freuten sie sich wie die Kinder und gingen immer wieder gern an die Arbeit. Und sie wurden dabei jeden Tag auch von den Kindern beobachtet, da wir ja direkt neben der Schule bauten.

Dann, im letzten, dem dritten Baujahr, wurde ein großer, an den Seiten offener Pavillon gebaut. Dort sollten einmal Reigen und Tänze aufgeführt werden von Kindern und jungen Mädchen, die ich dafür ausbilden würde. Der Pavillon war ein Fünfeck, mit einem großen Bogen auf jeder Seite. Fünf Säulen trugen Wände und Dach. Oben in der Mitte des allseits gewalmten Daches leuchtete eine Spitze aus Glas, etwa einen Meter hoch. Ihre spitzwinkeligen Scheiben waren von innen vergoldet. Und auf dieser Spitze thronte eine Glaskugel in der Größe eines Fußballs, aus rotem, durchsichtigen Glas. Sie konnte von innen mit einer Birne beleuchtet werden. Der ganze Pavillon stand auf einer künstlichen Insel, um die herum später ein Teich entstehen sollte.

All diese größeren und kleineren Bauwerke baute ich selbstverständlich ohne einen Architekten.
Als der Pavillon fertig war, ging es weiter, und nacheinander entstanden noch:
- unsere Märchenbühne, für die das ehemalige Vorhaus der beiden Gewächshäuser umgebaut wurde,
- die Kräuterhütte, in welcher die ›Kräutermuhme‹ sitzen sollte,
- dann ›Onkel Kurts Hütte‹ – eine kleine Hütte aus den Stämmen des Waldes, wie ich sie mir schon als Kind erträumt hatte. Dort wollte ich mit den Kindern sitzen und ihnen erzählen aus alten Zeiten,
- davor ein ›Märchenbrunnen‹, in dem alle alten Märchen der Welt aufbewahrt waren,
- natürlich auch die Toiletten für die Märchengartenbesucher.

Auch Wege mussten angelegt und befestigt werden. Dafür fand ich eines Tages in der Stadt Pflastersteine auf einer Straße herumliegen. Auch sie wurden uns – auf Anfrage beim Bauführer und gegen reichliches Trinkgeld – vors Tor geschüttet, drei Lastwagen voll. Mit diesen Steinen habe ich dann die Wege eingefasst, mühsam mit Schubkarre in den Garten gefahren. Beim Arbeiten habe ich sie gezählt – es waren 4000 Stück. Doch das war zuviel der Anstrengung gewesen; wieder zwang mich mein Körper zu einer einwöchigen Pause.

Meistens, wenn schlechtes Wetter herrschte, musste ich untätig sein. Dann beherrschte mich der Tiefdruck der Natur. Einmal im März war drei Tage lang Nebel und kein bisschen Wind. Da tasteten wir uns mit dem Auto hoch in den Taunus, und bald, oberhalb von Königstein, wurde es hell. Und als ich beim ›Roten Kreuz‹ ausstieg, konnte ich wieder richtig und tief atmen. Das war so befreiend, dass ich weinen musste vor lauter Freude und Hoffnung…

Als der Märchengarten fast fertig war, kamen eines Tages zwei Elektriker mit einem Auto voller Kabel für Erde, Wände und Luft, Anstrahler, Schaltkästen, Verteiler, Schalter, Dosen und Fassungen, Scheinwerfer und tausend bunte Birnen. Nun wurden meine Märchenhäuschen farbig angestrahlt, und alles wirkte noch märchenhafter dadurch!
Da wurde das Hexenhaus rot beleuchtet, Das Kräuterhäuschen grün. Das Schloss nebst Turm bekam blaue Anstrahlung. Andere wurden gelb, weiß und violett angestrahlt. Auch die offenen Bögen des Pavillons wurden mit bunten Birnen versehen, und oben auf dem Dach leuchtete die Glaskugel weithin. Das war das Allerschönste!

Der Märchengarten ›Goldener Stein‹

Nun brauchten wir nur noch ein großes Schild, was außen neben dem großen Tor an der Wand hängen sollte. Dieses malte ich mit meiner Tochter zusammen: Da stand ein Zwerg mit einem großen Goldklumpen in der Hand, und die Schrift dabei sagte ›Märchengarten Goldener Stein‹, denn er war ja in der Goldsteinsiedlung erbaut worden – passender konnte es nicht sein!(26)

Die drei Jahre des Aufbaus waren rasend schnell vorbei gegangen! Ein paar Kleinigkeiten waren noch zu machen – ein Jägerzaun entlang unserem Wohnhaus, zwei Kartenschalter am Eingang. Inzwischen schickte ich Einladungen hinaus an alle Menschen und Institutionen, die ich gern bei einer ersten Führung dabei gehabt hätte. Ich lud auch drei städtische Kinderheime ein, aber nur zwei kamen. Das waren lauter elternlose Kinder.

Diese erste Führung fand zwei Tage vor der Eröffnung statt. Zeitungs- und Rundfunkleute, die ich eingeladen hatte, kamen. Wir führten den ganzen Märchengarten vor und am Schluss eines unserer Märchenspiele. Das war am 8.Juli 1965. Am nächsten Tag erschienen große Berichte in allen Frankfurter Tageszeitungen. Am Samstag, dem 10.Juli war die Eröffnung. 1000 Einladungen waren gedruckt und teilweise von uns selbst in unserer Siedlung verteilt worden. Sie hatten folgenden Text:

›Samstag, den 10. Juli 1965
ERÖFFNUNG DES MÄRCHENGARTENS GOLDENER STEIN
ab 20 Uhr Besichtigung, danach Märchenspiel. Dann Illuminierung und Spaziergang. Wer kann, bitte Lampion mitbringen!
Eintritt:Kinder1 DM, Erwachsene 3 DM‹

Der Eröffnungstag war ein Riesenerfolg. Klein und groß kamen, viele Kinder mit Lampions. Mit Sang und Klang spazierten wir die Wege entlang, von einem Häuschen zum andern. Gespannt lauschten alle der Märchenvorführung. Und als danach wie durch Zauberhand

auf einmal alles bunt beleuchtet wurde, ging ein staunendes ›Aaah!‹ durch die Menge. Alle waren wie verzaubert, auch ich. Ich hatte meine Zauberbücher vorgeführt und fühlte mich beinahe wie im Traum. Die fröhlichen Menschen, ihre frohen Laute, das schöne Licht – vor allem aber, dass wir es nun wirklich geschafft hatten – all das war das Glück, von dem ich, wer weiß wie lange schon, geträumt hatte.
Doch das war erst der Anfang des Lohnes für alle Mühen und Beschwerden, Sorgen, Arbeit, Streitereien, Umherfahren und –laufen!

Der 11. Juli, vor vielen, vielen Jahren ein Unglückstag für mich, brachte uns zweimal hintereinander große Menschenmassen als Besucher. Da waren viele Freunde zu gewinnen. Ich begrüßte jedes Kind einzeln, soweit es nicht etwas Furcht vor dem Mann mit dem weißen Bart zeigte. Und während im Märchentheater gespielt wurde, sammelten sich vor dem Eingangstor schon wieder die Leute. Wie gut, dass unser eigenes Kind schon so groß war, sie war jetzt 17 und konnte helfen beim Karten- und Getränkeverkauf. Alles hatten wir drei zusammen bewältigt.

Und das Wetter war richtig golden – von einem bestellt, der immer schon auf die Natur geachtet hatte!

Nun, beim Spiel der Puppenfee waren selbst die allerkleinsten Kinder begeistert. Was gab es da alles zu sehen und zu erleben! Es war ja auch ihre eigene Welt, wenn da auf der Bühne mit Puppen gespielt wurde, wie sie es noch nicht gekannt hatten – wenn die Püppchen Karussell und Schiffschaukel fuhren. Und manches Kind konnten die Erwachsenen nicht halten, es wollte hinauf zur Bühne, zur ›Fee‹, wollte etwas sagen, etwas anfassen, mitspielen: ›Ist ja alles echt!‹ rief eins.
Kein Reden half da, manches Kind ging erst wieder auf seinen Platz zurück, wenn es von der schönen Fee im grünen Gewande zurückgeführt wurde. Da schaute alles amüsiert zu. Das waren kleine, liebenswerte Unterbrechungen des Spiels, die wir kannten und gern in kauf nahmen.

Wochenlang ging das so. Kindergärten mit den Kleinsten erschienen. Von weither kamen die Menschen, weil in unzähligen Zeitungen Artikel und Bilder gebracht wurden. Von Hamburg bis München, aus

dem Rheinland, ja, aus Bayern kamen sie. Später Kartengrüße und Fotos von überall her, Anerkennungen…
Immer voller wurde der Märchengarten. Manchmal waren 500 Personen und Persönchen drin. Und hinten am Schloss reichten die Bänke nicht aus, wenn ich auf dem kleinen Schlossplatz mit den Kindern Reigen spielte und musizierte.

Ich hatte auch über 10.000 Ansichtskarten machen lassen von verschiedenen Märchengarten-Ansichten, und viele Leute nahmen oft die ganze Serie von zehn Postkarten mit.

Doch es gab noch etwas Wunderbares: Das waren unsere 7 jungen Geißlein! Eine Zeitung hatte es schon bekanntgegeben. Sieben echte Geißlein, und eine große Geiß oder Ziege. Die sprangen umher in ihrem Stall, in ihrem Hof. Nur in ihre ›gute Stube‹ durften sie nicht. Die Kinder staunten, und mehr als ein großer Junge hat gefragt: ›Was sind denn das für Tiere?‹ Die Stadtkinder kannten so etwas nicht mehr. Andere, die es wussten, gaben ihm lachend Antwort. Da ging ein Erkennen und Erinnern über das Gesicht des Fragenden. Das gab es doch nur im Märchen! Dass es das auch im wirklichen Leben gab, hatten viele Kinder nicht gewusst!

Was sie aber auch nicht wussten, war, wie viel Arbeit eine solche Ziegenfamilie macht. Ziegen fressen nämlich unaufhörlich! Jeden Tag fuhr ich mit dem Kombi hinaus und nahm die Sense mit, die uns ein alter Siedler geschenkt hatte. Damit mähte ich an den Straßenrändern das Gras ab, stopfte es in Säcke und brachte es heim. Aber das reichte nicht. Im Märchengarten wurde alles, was an Blumen verblüht war, jedes kleine gerupfte Unkraut an das hungrige Volk verfüttert. Auch Kraftfutter war nötig. Dieses wurde mit warmem Wasser aufgelöst und flüssig in Eimern gereicht. Ei, das mochten sie gern, denn es war zuckerhaltig, ein Abfallprodukt aus der Zuckerherstellung.
Alle drei Tage musste der Stall ausgemistet und neue Holzwolle gegeben werden, worauf sie schliefen. Das tat die ›Fee‹. Sie hatte besonders viel mit ihnen zu tun, und später, als ich eine Magenschleimhautentzündung bekam, molk sie jeden Tag die große Geiß – die Jungen waren längst feste Nahrung gewöhnt - damit ich die Ziegenmilch trinken konnte. Davon wurde mein Magen wieder heil.

Der ›Matten-Prozess‹ und andere Gegner

Inzwischen spielten wir weiter im Märchengarten und hatten Erfolg. Da waren natürlich auch gleich viele Neider auf dem Plan. Vor allem hatten wir rechts von unserem Grundstück sieben Nachbarn. Die konnten es nicht verwinden, dass wir das ganze große Grundstück von über 3000 qm bekommen hatten; denn sie waren ja früher als wir dagewesen und hatten zu ihrem ›Sozial‹-Haus nur etwa 500 qm Land erhalten. Einige hatten in der Vergangenheit versucht, die große Fläche, die an ihr Grundstück grenzte und brach lag, aufteilen zu lassen. Die Stadt aber wollte nur einwilligen, wenn jeder Siedler hinter seinem Haus ein gleich breites und großes Stück Land nahm, damit keine ungenutzten Streifen des Geländes dazwischen liegen blieben. Doch nicht alle waren bereit, ein Stück zu nehmen.
Diesem Hin und Her machte das Liegenschaftsamt dann ein Ende und ließ sagen, dass nur einer das Land bekommen sollte, der es im Ganzen nähme. Ja – und derjenige war ich!

Nun also wuchs ob des Erfolges der Neid der Nachbarn. Eines Tages wachten wir morgens auf, und fast alle unsere neu gepflanzten Tännchen hatten keine Spitzen mehr. Die waren über Nacht einfach gekappt worden! Wir pflanzten also neue.
Dann strengten sie gegen uns einen Prozess an, weil wir entlang ihrer Grenze einen Sichtschutz aus Schilfmatten gebaut hatten. Dadurch konnten sie nicht mehr in den Märchengarten schauen, und die Besucher mussten nicht mehr die liederlichen Gärten und die aufgehängte Wäsche sehen.
Sie verlangten also, dass die Schilfmatten entfernt würden, und – sie bekamen vor Gericht recht.

So baute ich den Schilfmattenzaun ab, stellte ihn dann aber erneut im Zickzack wieder auf, in zwei Meter Abstand von der Grenze. Da klagten sie wieder gegen uns, aber diesmal blitzten sie ab.

Im Bund mit jenen Leuten waren jedoch auch noch andere Menschen in der Siedlung. Eines Tages sprach mich ein Mann auf der Straße

an, und ich merkte gleich, dass er zu den Neidern gehörte. Er sprach: ›Na, es geht ja mächtig aufwärts, bleibt denn auch genug übrig?‹ - ›Warum nicht?‹ fragte ich zurück. ›Hat nicht jeder seinen Lohn, wenn er arbeitet?‹
›Ja, gewiss!‹ antwortete er. ›Sie nehmen aber doch ganz schön ein, jedes Wochenende ein paar hundert Besucher – das läppert sich! Und wenn man bedenkt, dass Ihnen die Stadt alles bezahlt hat!‹
›Schön wäre es!‹ sagte ich darauf, ›aber es ist nicht wahr, und wer das behauptet, weiß nichts oder er ist ein Lügner! – Außerdem - Sie bemerken doch sicher, dass es laufende Ausgaben gibt, wie Strom und Wasser, Steuern, Kreditabzahlungen usw., die vom Einkommen abgehen?‹
Gern wollte er mehr erfahren, ich aber erklärte: ›Ich brauche ja niemanden in meine Bücher gucken zu lassen. Die Hauptsache, der Rechnungshof hat uns bescheinigt, dass alles in Ordnung ist. Auf Wiedersehen!‹

Euch aber will ich Folgendes sagen: Es liegt da noch ein dicker Ordner in einer Kiste auf dem Dachboden. Das ist die Gesamtabrechnung für den Märchengarten beim Rechnungshof Frankfurt. Da ist jede Rechnung und Quittung abgeheftet und obenauf die Nachricht, dass alles seine Richtigkeit habe.
Wir erhielten 30.000 DM; 23.000 DM haben wir selbst an Geld und geleisteter Arbeit eingebracht, einschließlich der Rentennachzahlung von 6.000 DM, die ich von der Unfallrente bekam, nachdem ich vom Dach gefallen war, und die ich komplett in den Märchengarten investierte.

Es war allerhöchste Zeit, dass wir nach den drei Jahren des Aufbaus endlich größere Einnahmen hatten, denn für unser Haus mussten ja auch Zins und Tilgung geleistet werden. Für uns blieb immer der kleinste Teil der Einnahmen übrig, so dass manches Kleidungsstück buchstäblich der gemeinsamen Kasse abgetrotzt werden musste. In dieser Beziehung ging es uns wie jedem Arbeiter, wenn wir auch auf anderer Ebene tätig waren. Ja, es war eigentlich ein Wunder, dass man zu jener Zeit, als alles immer mehr nach materiellen Werten trachtete, noch als Idealist existieren konnte.
Wieviele künstlerisch begabte Menschen gaben die Malerei auf, die Schnitzkunst, das Puppenspiel, weil es nichts mehr einbrachte. Die

fahrenden Familien mit Marionettenbühnen gaben auf, die Erwerbsdichter und Musikanten. Sogar die Leierkasten-Männer kamen nicht mehr, die Tanzboden-Pfeifer und die Ziehharmonika-Spieler. Mancher Begabte vertauschte sein Instrument mit einem elektrischen, oder ging in die Fabrik, um sein Leben zu fristen. Wer weiß, wohin sie alle gingen!

Nebenher muss ich aber auch die drei Gegner erwähnen, die wir hatten. Das waren keine Menschen mit Neid und Missgunst – das waren Gewalten.

Die oberste war das Wetter, besser gesagt, der Regen! Wenn schlechtes Wetter war, kamen keine oder nur wenige Gäste in den Märchengarten. Dann schoben die Leute den Besuch auf für später. Schien jedoch die Sonne, konnten wir mit Massenandrang rechnen, der kaum zu bewältigen war. Das war schon in Karlsruhe so gewesen.

Der zweite große Gegner war der Fußballsport. An jenem Samstag, als die deutsche Fußballmannschaft aus England zurückkam, war nicht nur im Märchengarten kein Besuch, alle Straßen waren wie leergefegt, selbst Frauen und Kinder blieben zuhause vor dem Fernsehapparat. Nur eine einzige Oma kam mit einer Urenkelin per Straßenbahn zu uns. Gebeugt schritt sie daher, sie muss sehr alt gewesen sein. Aber wie glücklich die junge und die alte Märchenfreundin nach der Vorstellung weggingen, kann man nicht mit Worten beschreiben. Es war rührend.

Der dritte Gegner waren die großen Ferien. Schon damals, Anfang der Sechziger Jahre, verreisten alle, die nur irgend konnten. Die Kinder aber, die nicht verreisen konnten, wurden durch Schule oder Sozial-Verbände in Ferienheimen untergebracht. Auch unsere eigene Tochter nahm ja mehrmals an Zeltlagern der ›Falken‹ teil, als sie noch klein war. Diesen Ferien-Freizeiten war es anscheinend unmöglich, die Kinder zu uns zu bringen, obwohl ich viele einlud in den Märchengarten. Nun, wir hatten trotzdem frohe Stunden, wenn auch mit wenigen Kindern und Erwachsenen.

Wenn die Sommerferien zu Ende waren, stiegen schlagartig die Besucherzahlen bei uns an. Die stille Zeit vorher nutzte ich, besonders an den Vormittagen, auswärts Gastspiele für den kommenden Herbst und Winter zu organisieren. Aus Erfahrung wusste ich, dass der Monat September volle Säle brachte.

Die Tage wurden kürzer und kühler. Sonntags konnten wir nur noch eine Vorstellung geben. Um 16 Uhr war es schon sehr kühl und die Leute waren froh, dass sie in ihre warmen Autos steigen konnten.

Da setzte ich für dieses Jahr – 1965 - die letzte Vorstellung an. Aus Stuttgart kam dazu unser alter Familienfreund, ›Onkel Grieb‹, der Werbefachmann, von dem ich schon schrieb, und der uns immer die Treue gehalten hatte, auch mit handfester Hilfe.
Dann, um 14 Uhr, saß er unter den Gästen. Er staunte über alles, was er sah und hörte, und darüber, welchen Zulauf wir hatten – zweihundert kleine und große Besucher an einem Nachmittag saßen auf den Bänken des Märchentheaters, von denen waren manche zwei-, drei-, ja fünf- und mehrmals zu Gast bei uns. Ein hübsches kleines Mädchen aus Königsstein im Taunus war mit seinem Papi sogar zehnmal dagewesen!

Am Abend erzählten wir unserem Freund Karl Grieb, was alles notwendig gewesen war, um den Märchengarten so aufzubauen, wie er ihn jetzt sah. Ich erzählte, auf wie vielen Ämtern ich vorstellig geworden war, welche Verwaltungsleute ich kennenlernte, und welche Krankheiten und andere Schwierigkeiten es gab. Viel zu schnell bin ich hier bei der Niederschrift meiner Schilderung über alles Widerwärtige hinweggegangen. Zum Glück verblasst das ja im Laufe des Lebens!
Karl Grieb sprach: ›Dass ihr das alles geschafft habt, grenzt an ein Wunder!‹

So war denn die erste Saison zu Ende. Die Sieben Geißlein mussten verkauft werden, denn draußen wuchs kein Futter mehr. Um sie zu kaufen waren wir im Mai weit in den Odenwald gefahren. Jetzt, im Oktober, waren sie groß geworden und keine jungen Geißlein mehr. Einige waren schon reif für die Nachzucht. Der Verkauf aber wickel-

te sich sehr schnell ab. Ein Anruf – und am nächsten Tag holte sie ein Mann in einem großen Kombiwagen ab.
Im kommenden Frühjahr würden wir neue Geißlein haben, das war unser Trost; denn wir hatten uns sehr an sie gewöhnt.

Danach war es still im Märchenland. Wir holten all die Märchenfiguren aus ihren Hütten und dem Schloss in unser Heim. Da standen, lagen, saßen oder schliefen sie weiter in unserem Gästezimmer und ›unterhielten‹ sich wortlos. Der Ritter stand neben der Frosch-Prinzessin, als wären beide ein Brautpaar. Eine ›Hochzeit‹, die lange gedauert hat – bis zum nächsten Frühling.

Vorboten des Abschieds

Wir aber gaben wieder Märchen-Gastspiele im ganzen Hessenland und hatten Erfolg. Vergessen vieles, was mich einst so bedrückte. Die einstige Not des Herzens war vorbei. Der ›Rubel‹ rollte gut, wenn auch die Gastspiele mich immer mehr anstrengten.
Mehr als von der Vergangenheit mit ihren Sorgen und Kümmernissen sprachen wir in diesem Winter 1965/66 vom kommenden Jahr, von der Zukunft. Unsere Tochter Bellis machte uns Freude, diesen Sommer würde sie ihren Schulabschluss machen und wollte dann für ein halbes Jahr nach England. Also würden wir ohne ihre Hilfe fertig werden müssen. Wir machten schon wieder Pläne für eine neue Märchengarten-Saison. Ich hatte immer wieder Ideen für etwas Neues, um den Märchengarten für unsere Freunde interessant zu halten.

Noch vor dem Winter aber, als Niesel und anhaltendes Tiefdruckwetter kamen, da kehrte auch meine Angina pectoris wieder. Doch zu ihr gesellte sich auch wieder eine Magenschleimhautentzündung, und diesmal gab es keine Ziegenmilch mehr, die mir heilende Nahrung bot. Ich konnte kaum etwas essen, alles verursachte Schmerz. Wieder sagte der Doktor: ›Hinauf in die Berge!‹

Ich fuhr, es war Winter geworden. Schmerzen am Herzen und im Magen lief ich dort oben umher, die Berge hinauf und hinab. Ich merkte, je höher ich kam, umso leichter ging das Atmen. Und als ich die Runde zum zweiten Mal machte, siehe da – da hörten die Herzschmerzen auf, und bergab wurde ich froh und fing an, Lieder zu summen.
Im Haus der Naturfreunde blieb ich und fragte nach etwas Essbarem. Seit dem Morgen hatte ich nicht mehr gewagt, etwas zu essen. Die Hausmutter sagte: ›Ich habe für Sie etwas ganz Besonderes! Das hat meinem eigenen Mann schon oft geholfen. Er hat dieselbe Sache am Magen, und nicht das erste Mal.‹
›Was gibt es denn?‹ fragte ich gespannt. - ›Ei, Thüringer Klöße mit Meerrettichsoße und Sauerbraten!‹

›Wie, das soll bei Gastritis gut sein? Ich vertrage nicht mal eine Fleischbrühe!‹ - ›Sie müssen es ja nicht essen!‹ beteuerte die Frau. ›Aber mein Mann verlangt das ausgerechnet dann, wenn die Krankheit am schlimmsten ist.‹

Ich wollte es versuchen. Vorsichtig schluckte ich etwas Soße, ängstlich verfolgte ich das Rinnsal durch die Kehle in den Magen. Langsam kauend verzehrte ich zwei Klöße, ein gutes Stück Fleisch und alle Soße. Und – ich vertrug alles!

›Du liebe Zeit, wie kommt das bloß? Unten vertrage ich gar nichts, hier oben im Taunus sogar das! Hängt das auch mit dem Luftdruck zusammen?‹ fragte ich den Hausvater.
›Ohne Zweifel! Sehen Sie, ich war unten in Oberursel Gastwirt. Dauernd hatte ich was am Magen. Seitdem wir hier sind, hab ich's nur noch einmal gehabt, und nur zwei Wochen. Ziehen Sie herauf, dann sind Sie alles los!‹
›Wie hoch liegen Sie hier?‹ - ›Siebenhundert Meter.‹
›Na, ich werde mit meiner Frau reden, und mit dem Arzt.‹

Dann ging ich schlafen, und ich hatte weder nach dem Essen, noch in der Nacht irgendwelche Beschwerden. Ich schlief die ganze Zeit tief und fest, und auch am nächsten Morgen ging es mir gut. Ein leiser Wunsch wurde wach in mir. Könnte ich hier oben gesund werden!

Kurz vor Weihnachten aber musste ich drei Gastspiele absagen, denn es ging mir gar nicht gut. Es war ein Verlust, ja, aber ging nicht die Gesundheit vor? Hatten wir nicht ununterbrochen gearbeitet das ganze Jahr? Und was war übrig geblieben?
Auf der Fahrt vom letzten Gastspiel nach Hause ging das Getriebe unseres Kombi kaputt. Jeder Autofahrer weiß, was das kostet. Dazu mussten wir ein Taxi nehmen, um nach Haus zu kommen, und am nächsten Tag noch den Wagen abschleppen lassen. Ein Batzen Geld, zwei Wochen umsonst gearbeitet!

Nun machte ich erst mal Pause. Weihnachten war ruhig und gemütlich in unserem schönen Zuhause. Und erstmals sprach ich mit mei-

ner Frau über das, was ich im Taunus im Herbst erlebt hatte, über die Möglichkeit, dort vielleicht zu wohnen, in gesunder Luft…
›Dann müssten wir ja hier alles aufgeben!‹ sprach sie traurig, ›gerade jetzt, wo endlich alles so gut geworden ist!‹ Da wusste ich, dass es diesmal nicht so einfach sein würde, weg zu gehen. Sie, die mir überallhin gefolgt war, wollte bleiben.
›Aber‹, sagte ich, ›wenn ich hier bleibe, wird es vielleicht auch nicht mehr lang gehen. Sollte es nicht möglich sein, irgendwo noch etwas Besseres zu finden als den Tod? Unser Kind ist groß und geht bald in die Welt. Wir beide könnten zusammen noch mal woanders hingehen und ein ruhigeres, gesünderes Leben führen…‹

Da lief meine gute, liebe Frau aus dem Zimmer, in den Keller und weinte. Bellis kam aus ihrem Zimmer und fragte, was los wäre. Und dann gingen wir zu zweit hinunter und umarmten sie, und sie ließ sich hinaufführen. Und wir weinten alle drei.

Ein großer Empfang im Märchengarten

Und dann kam der nächste Frühling, und damit eine neue Saison im Märchengarten. So vieles Neue hatten wir geplant – ich wollte es noch mal ›schultern‹!
Es war der 1. Mai, als wir unsere Tore öffneten. Unsere 75 Birken standen in duftigem Grün. Sie trugen bunte Krepppapierstreifen, die lustig im leichten Maiwind flatterten. Grün prangten auch Büsche und Tannen im Maiwuchs, und viele, viele Blumen blühten schon. Der Andrang war riesig, denn wir hatten den Schulen jetzt angeboten, die Kinder an ihrer Schule abzuholen und nach der Märchengarten-Vorführung wieder zurückzubringen. Mit Sang und Klang sollte es zur Straßenbahn gehen.

Die Frauenhof-Schule meldete 126 Kinder an. Als meine Frau und ich hinkamen, waren es 260. Die konnte keine Straßenbahn auf einmal mitnehmen. Wir fuhren also in zwei Gruppen. Ein Glück nur, dass ich 500 Fahrscheine bei der Straßenbahn besorgt hatte. So fuhr ich mit den jüngeren Kindern voraus, und ›Tante‹ Ruth kam mit den größeren eine halbe Stunde später. Da mussten wir improvisieren. Und es klappte alles so wunderbar, dass jeder Freude bekam, und wir Genugtuung dazu. Auch private Besucher kamen, unser Theater war voll wie noch nie!

Viele Kinder, die schon im vergangenen Jahr dabei gewesen waren, suchten gleich nach den Sieben Jungen Geißlein. Vergeblich! Wir hatten diesmal nur eine alte Geiß und ein Zicklein zu kaufen bekommen.

Es gab aber ein neues Programm, das wir in unserem Märchen-Theater aufführten. Ich hatte auch im Winter neue Zauberbücher angefertigt, die für ein neues Spiel verwendet wurden. Es hieß ›Die Reise ins Märchenland‹, und dazu gehörte ein Segelschiff mit zwei Segeln. Ich komme später darauf zurück. Zuvor will ich berichten, wie die offizielle, ›große‹ Saison-Eröffnung ablief.

Das war ein Abend – unvergesslich! Das hätten wir nicht geglaubt, dass dazu etwa 500 Kinder und 200 Erwachsene kommen würden! Klein und Groß sammelten sich draußen vor dem Tor, auf der breiten Brücke über dem Graben. Ich musste beide Torflügel öffnen. Sechs nebeneinander, so kamen sie über die Brücke hereingeströmt. Alle wussten: Es gibt Lampions und Kerzen ›umsonst‹ zum Laternelauf. Es gab auch Bonbons gratis und andere Leckereien, auch Fähnchen mit dem Frankfurter Stadtwappen. Das alles hatte die Stadt bezahlt, warum, werdet ihr gleich hören! Zwar reichten die Lampions nicht aus, und manches Kind wurde enttäuscht. Viele rannten nach Hause und holten ihre eigenen.
Im herrlich illuminierten Pavillon – der mit der roten Glaskugel obendrauf – musizierte eine Posaunenkapelle. Es wurde gesungen, und durch den Märchengarten wälzte sich ein endloser Zug, einer feurigen Schlange gleichend, bunter, leuchtender Lampions.
Dann hielt alles vorn bei unserem Haus, alle sammelten sich im Halbkreis, und ich erzählte die Goldstein-Sage, die ja unserer Siedlung den Namen gegeben hatte(26).

Inzwischen hielt vor unserem zweiten Tor eine kleine Autokolonne: Der Oberbürgermeister Frankfurts, Professor Dr. Brundert (25) kam mit Begleitern. Er wollte von der Terrasse unseres Hauses zu den Kindern sprechen. Danach würden wir ihn mit Gesang und im Schein der Laternen durch den nächtlichen Park zum neugebauten Bürgerhaus begleiten, wo er eine Bürgerversammlung besuchen wollte.
Prof. Brundert wurde durch unsere Wohnung geführt. Solch hohen Besuch hatten wir nie zuvor und nie mehr danach. Meine liebe Frau begrüßte ihn und überreichte ihm ein Album vom Märchengarten. Auf unserer Terrasse war ein Mikrophon aufgebaut, damit auch alle ihn hören konnten. Nun war alles mäuschenstill. Zum ersten Mal sprach er für Kinder, und sie klatschten am Ende Beifall.
Dann wurde von der Polizei die Straße vorm Märchengarten gesperrt, dass die etwa siebenhundert Menschen hinüber konnten, den prominenten Gast zu begleiten. Solch ein Gewimmel und Singen hatte der Goldsteinpark noch nie erlebt. Auch das Bürgerhaus war schon voll besetzt, und die Leute schauten aus den großen Fenstern zu uns heraus. Da verabschiedete sich der Oberbürgermeister von den kleinen und großen Bürgern. Er soll sich drinnen noch lobend und begeistert über den Märchengarten geäußert haben.

Aber waren wir nun stolz? Nein! Nur sehr froh, dass wir der Stadt, die so viel für uns getan hatte, etwas zurückgeben konnten.
Dann stand es in den Zeitungen, und wir hatten noch mehr Zulauf in den folgenden Wochen.
Im Märchengarten selber aber musste erst einmal aufgeräumt werden. Ihr glaubt nicht, wie das aussah – die Wege, die Rabatten – fünf Stunden habe ich gearbeitet. Ich tat es aber gern, denn ich war selber noch ganz erfüllt vom Vorabend. Zum Glück war das Erdbeerland beim Zwergenhaus verschont geblieben. Es lag dort unberührt, wie wir es seit der Gärtnerei gelassen hatten. Die Erdbeeren hatten sich nach allen Seiten so vermehrt, dass die Reihen überwuchert waren. Nun, im Mai, war es ein einziges Blütenmeer. Als die Beeren dann wuchsen, mussten wir staunen. Wir hatten keinen Dünger gegeben, keine Hacke gebraucht, und es gab herrliche große und süße Beeren, sechs Wochen hindurch, einen ganzen Zentner! Das machte der meterdicke, gute Lößboden des Maintales, da gedieh alles wunderbar. Leider gedieh meine Gesundheit nicht ebenso – der Mensch ist eben keine Pflanze und braucht noch etwas mehr zum Leben.

Nun war diese zweite Saison aber so gut angelaufen, es war unmöglich, so bald wieder zu schließen. Ich hielt aus, so gut es ging, fuhr immer wieder hinauf in bessere Luft. Auf diese Weise lief der Märchengarten sogar noch ein drittes Jahr – und wäre auch noch länger gelaufen. Aber als das Nebel- und Nieselwetter im Rhein-Main-Gebiet wieder begann, fing auch meine Herzkrankheit wieder an, und jeden Herbst stärker. Jetzt kam dieser unbeschreibbare Schmerz sogar, wenn ich morgens noch im Bett lag und aufstehen wollte.
Ich wusste, ich musste fort, wenn es auch bitter war für uns alle. Es war nur eine Frage der Zeit. Immer wieder ging ich zum Arzt, immer wieder sagte er: ›Sie müssen höher wohnen! Ziehen Sie in den Taunus. Ich kann Ihnen nichts anderes sagen!‹
Aber wie sollte ich das anstellen? Sollten wir vielleicht das Haus vermieten und den Märchengarten behalten? Etwas musste geschehen. Wir berieten oft und lange, doch der Winter verging ohne Resultat. Der Frühling kam und mit ihm die neue Saison.

Wir machten keine große Eröffnung wie die Jahre zuvor. Wer kommen wollte, sollte nur kommen. Meine fleißige Frau hatte den Märchengarten in bester Ordnung. Und für eine Vorführung reichte meine Kraft schon. Es kamen viele Gäste, die auch im vergangenen Jahr dagewesen waren. Es kamen auch Schulklassen, sogar von auswärts. Doch da ich eben krank war und wir keine Werbung betrieben, war der Besuch nur mäßig. Und eigentlich fand ich diese kleinen Veranstaltungen am schönsten!

Eben habe ich meine liebe ›Frau Fee‹ gefragt, und sie kann sich noch gut an das Rätselspiel ›Die Reise ins Märchenland‹ erinnern. Ein kleines Segelschiff hing an einer Kranvorrichtung von einem Balken des Bühnendaches. Es konnte daran ringsherum gefahren werden. So schwebte es herein – man sah die Drähte nicht, an denen es hing – und die Puppen-Passagiere stiegen ein. Der Kapitän – ebenfalls eine Puppe in entsprechender Kleidung – betrat die Kommandobrücke. Dann tutete es, und ab ging die Fahrt. Ich spielte auf der Waldzither das alte Lied ›Nun adé du mein lieb Heimatland..‹ – und alle sangen mit. So schwebte das Schiff hinter die Kulissen. Wohin ging die Reise? Zu keinem geographischen Ort, sondern zu den Grimmschen Märchen wurden die Zuschauer gebracht: Die Fee begann mit der Vorführung der Zauberbücher, deren jedes ein bekanntes Märchen darstellte. Zuvor las sie jeweils das Rätsel vor, das zu dem Märchen gehörte, und das das Publikum raten sollte.
Eines davon ging so: ›Einer gab Speise, einer gab Gold, einer gab einem, was der nicht gewollt – wie heißt das Märchen?‹
Richtig: Tischlein deck dich, Esel streck dich, Knüppel aus dem Sack! Und vor dem Öffnen des Zauberbuchs dreimal klatschen, nicht zu vergessen.
So ging das weiter, und jedes Kind, das richtig geraten hatte, bekam ein großes, schönes Bonbon. Bei etlichen Kindern häuften sich dann die Bonbons, und es war ein großes Vergnügen, viele Antworten kamen wie aus der Pistole geschossen. Wir freuten uns, wie viele Kinder doch in den Märchen bewandert waren.

Was in uns gelegt ist

Ich bin heute auf den Hausboden gestiegen und habe den großen Karton mit den damals neuen Zauberbüchern heruntergeholt, die lagen da viele Jahre gut verpackt. Ich hatte die Rätselverse alle vergessen. Heute ist Donnerstag, der 9.Mai 1974, das Ganze ist jetzt acht Jahre her.
Und kaum habe ich den Karton aufgeschnürt, schon ist wieder alles gegenwärtig, was damals geschah. Alles Zauberhafte ist jetzt hier im Raum, bei mir. Da sitzt unser kleines Theater voller kleiner und großer Leute, die Fee hat eben das weiße Schiff auf die Reise geschickt, und alle warten gespannt, was nun geschieht...

Und während ich dies schreibe, muss ich plötzlich noch weiter zurückdenken, als ich im Zug ins ›Land meiner Mütter‹ fuhr und jenen eigenartigen Traum hatte. Wie war das doch damals – da war Mutter Erde im Traum und ein Mädchen mit Gold, was kein Gold war, wonach die Menschen trachten. Und ich sollte es ihr nicht wegnehmen, sonst würden wir arm in der Seele. An ihren Augen würde ich sie erkennen und an dem grünen Kleid, sie würde meine Frau werden, und nach viel Unglück käme viel Glück. Ich hatte nicht verstanden, als Mutter Erde zu mir sagte, dass ich Dinge sehen und erleben würde, die es gar nicht gibt, die aber da sein sollten. ›Vergiss es nicht!‹ hatte Mutter Erde mir nachgerufen, und doch hatte ich es vergessen. Ich war ja noch ein Junge, hatte noch das ganze Leben vor mir.
Aber jetzt, nachdem ich das alles aufgeschrieben habe, ist mir ein Licht aufgegangen. Und ich sehe meine ›Fee‹ vor mir, im hellgrünen Gewand. Und auch alles andere ist so, wie es mir im Traum geweissagt wurde: Ihre lieben braunen Augen, die ich wieder erkannte, als sie mir zuerst begegnet ist; das Gold, ihr Gold – das war in ihr, das konnte nur einer sehen oder spüren, der sie erlebte, im Spiel für die Kinder, als meine Frau, als Mutter ihres Kindes. Vor allem scheint mir ihr Gold die Freude oder der Wille für alles zu sein, was unserer Sache, der Sache des Märchens, diente – ihre Begeisterungsfähigkeit, ihre Ausdauer und die Liebe, mit der sie alles tat.

Alles hat sich erfüllt, alles! Und sogar der Mann mit weißem Haar und Bart – der war ich jetzt! Wie konnte ein Junge von vierzehn oder fünfzehn so etwas träumen, etwas, das er erst ein halbes Jahrhundert später verstehen und als erfüllt betrachten konnte? Und heißt das nun, dass uns alles vorbestimmt ist, was uns begegnet? Dass das, was in uns angelegt ist, uns auf unseren Schicksalsweg zieht, unausweichlich? Wie ich hin- und hergerissen wurde von Schicksalsschlägen, Eindrücken, Erkenntnissen und Entschlüssen – all die vielen Einflüsse von außen, die mich letzten Endes doch auf meinen Weg lenkten – war das mein vorbestimmtes Schicksal?

Oft habe ich darüber nachgesonnen. Was in uns schlummert, scheint zu einem ›Muss‹, einem Tun-Müssen zu werden, ob man will oder nicht. Wir glauben, dass wir wissen, warum wir etwas tun. Wissen wir es wirklich? Ist es unser freier Wille, oder folgen wir diesem ›Muss‹? Und wie ist es denn in uns hineingekommen?
Das alles sind große Rätsel, aber ich habe, wie ihr ja sehen konntet, Rätsel immer geliebt. Wie bin ich zum Schreiben, zum Märchen- und Lieder-Dichten gekommen? Das ist wieder ein Rätsel… Da kommt ein Nebel, eine Wolke von weither und hüllt mich ein, und dann muss ich einfach schreiben… All diese Fragen habe ich in einem Lied verarbeitet, und das will ich hier noch aufschreiben (siehe unten).

Aber für heute höre ich dann zu schreiben auf, denn es wird langsam dunkel. Ich muss ja auch meine Augen sehr schonen, denn sie sind nicht mehr gut.

Meinem kommenden Bruder im Geiste

Wenn einstmals mein Mund keine Lieder mehr singt
von bunt verronnenen Tagen,
wenn einst meine Zither nicht wieder erklingt,
dann ist zu Ende das Fragen.

Und wenn meine Märchen vergilbt sind, verstaubt,
an die ich mit Tausenden Kindern geglaubt,
dann ist auch da drin alle Sehnsucht gestillt,
dann hat sich ein Leben erfüllt.

Und wenn einer wieder dann Märchen ersinnt,
Gedanken und Weisen erhascht und verspinnt,
dann sagt ihm, ich hätt' ihn schon immer gekannt,
noch ehe sein Name genannt.

Denn immer kehrt wieder, was in uns gelegt
von Ahnen, Erben und Geistern!
Das ist's, was uns immer und immer bewegt –
das macht uns zu Mühern und Meistern.«

NACHWORT

Das letzte Heft war zu Ende. Langsam kam ich zu mir. Draußen dämmerte es. War es Morgen oder Abend? Ich lag angezogen auf meinem Bett - in diesem verwaisten Haus, das mir auch wie verzaubert schien. Waren nicht meine Eltern eben noch hier gewesen? Irgendwann hatte ich mir Tee gemacht und Zwieback gegessen, den ich noch im Küchenschrank fand. Ja, es musste Morgen sein. Hatte ich die ganze Nacht gelesen? War ich entrückt ins Märchenland? Seltsam, dachte ich. Und... seltsam mutet es an, dass er das Ende des Märchengartens und alles, was danach kam, so offen gelassen hat, so ganz ohne Schluss. Ebenso seltsam, dass wir, Mutter und ich, ihn nie danach gefragt haben.

Ich glaube, dass der Märchengarten für ihn einfach weiter bestand. »Es war das Schönste, das Beste, was ich je gemacht habe!« hatte er einmal gesagt. Was so erkämpft worden war, was sein ganzes Lebenswerk war - wie hätte das jemals aufhören können!
Aber – wie ging es denn danach weiter? Ja, ich weiß es noch, und ich will deshalb die Geschichte noch ein wenig ergänzen.

Langes, leidvolles Hin und Her. Niemand wollte Haus und Märchengarten zusammen kaufen. Am Ende wurde das Haus separat verkauft, den Märchengarten übernahm eine große Organisation, die auch Kinderfreizeiten veranstaltete, für den symbolischen Betrag von 5.000 D-Mark.

Ich vergoss viele Tränen, und ich bin sicher, meine Eltern taten es auch. Aber es war nicht zu ändern, wir mussten wieder mal fort. Etwas Besseres finden als den Tod.
Sie hatten noch nicht einmal den Vorschlag gemacht, ich möge den Märchengarten weiterführen. Es war klar, dass das nicht mein Weg war.

Eines Tages, als alles geregelt war, kam ein Möbelwagen und brachte unser Hab und Gut in den Taunus, wo sie vom Erlös unseres Hauses ein neues, kleineres gebaut hatten, hoch oben, weit weg von der Stadt. Der ganze Märchengarten blieb, wie er war und wurde so weitergegeben. Sie schlossen einfach das Tor zu und gingen weg, ohne sich noch einmal umzudrehen.

Sehr bald aber merkten sie, dass es auf dem Altersruhesitz zu ruhig war, zu abgeschieden. Sie, die immer im Mittelpunkt von Menschen gestanden hatten, konnten so nicht leben. Phasen der Melancholie suchten ihn heim, in denen er manchmal tagelang nicht sprach.

Der zweite Versuch war in einer Kleinstadt im Taunus. Auch da wurde ein – nun noch etwas kleineres – Haus gebaut, aus dem Erlös des zweiten. Aber es stand an einem Nordhang, in einer Senke, und das Klima dort war wieder ungünstig.

In der Zwischenzeit war ich in Saarbrücken fest verwurzelt, und sie wollten mehr in meine Nähe. Das neue Haus, ein kleines Holzhaus, stand diesmal in einem Dorf im saarländischen Hochwald, am Südhang. Die Straße hieß ›Goethestraße‹, und sie waren die ersten Siedler auf diesem Neubaugelände.
Da bekamen sie dann manchmal Besuch der Verwandten aus der DDR und wurden dann auch in die alte Heimat eingeladen. Rätselhaft, dass er dort nie seine Kinder aufgesucht hat und auch nie davon sprach. Wer weiß, wie tief er damals diesen Schmerz in sich vergraben hatte. Aber auch die Kinder haben ihn nicht mehr gesucht. So hatte ich mein Leben lang vier Geschwister, die ich nicht kannte. So stand der Eiserne Vorhang außen und innen zwischen uns.
Diese Geschwister habe ich nach der Wende erst kennengelernt. Der Obergärtner jedoch war damals nicht geblieben, und Frau und Kinder hatten sehr ärmlich gelebt. Mir war es wie ein Wunder, dass sie mich nun so herzlich aufnahmen und akzeptierten - als hätte ich von jeher dazugehört... Endlich war ich kein Einzelkind mehr!

Wer aber denkt, dass Kurt Klee nun einfach bis zum Ende seiner Tage in einem saarländischen Dorf seinen kleinen Garten bestellt hätte und zufrieden war, der ist auf dem Holzweg. Die Märchenspiele gingen auch da weiter, in der ganzen Umgebung, an Schulen und Kindergärten.

Im Winter jedoch gab es seit dem Abschied von Frankfurt etwas Neues. Eines Tages war ein Freund zu Besuch gekommen und hatte erzählt von der Kanarischen Insel Teneriffa, wo er Urlaub gemacht hatte: Traumhaftes Klima, wunderbare Landschaft, üppige Vegetation, freundliche Menschen! Und das Meer! Warst du schon mal am Meer, Kurt?
Von da an wurde diese Insel das Märchenland, wo man den Winter verbringen konnte, der dort ein andauernder Frühling war. Von den Hausverkäufen war genug Geld übrig geblieben; die Rente war zwar klein, aber beide waren anspruchslos. Es reichte immer für ein kleines Pensionszimmer in der Nähe des schwarzen Strands von Teneriffa, und gekocht wurde auf dem mitgebrachten Campingkocher. Und weil viele Rentner, vor allem deutsche, es ähnlich machten, kam man schnell in Kontakt, machte gemeinsame Wanderungen oder auch Gesangsabende. Da leistete die bewährte Waldzither wieder gute Dienste. Und als Kurt Klee dann die ›Teneriffa-Freunde‹ gründete, die sogar ein eigenes, von ihm verfasstes Lied hatten, da war er wieder in seinem Element. Beide lebten auf und kamen jedes Mal um Jahre verjüngt zurück.

Bis auf das eine Mal, das für ihn zum letzten Mal wurde.
Er war 73, und seine Gesundheit hatte sich, solange er in Deutschland blieb, nicht gebessert. Auch nicht im saarländischen Hochwald, dort, wo er mir sieben Jahre zuvor seine Geschichte erzählt und aufgeschrieben hatte.

Wieder hatten beide den Winter auf der Trauminsel verbracht. Viele intensive Träume hatte er dort, die er alle aufschrieb. Über Weihnachten hatte ich die beiden dort besucht, und kurz vor Ostern war ich schwanger. Ich teilte es ihnen brieflich mit. Der Brief kam dort an wie ein Sturm.
Sie hatten damit nicht gerechnet. Nicht nur, weil meine Einstellung bisher immer war, ›kein Kind in diese böse Welt‹ zu setzen. Ich war ja auch nicht verheiratet! Seine Tochter und ein uneheliches Kind? Das war doch immer seine große Angst gewesen... Schule, Studium – alles umsonst?---

Aber nicht deshalb kamen sie früher zurück als geplant. Es hieß, er habe beim Wandern in den Insel-Bergen einen Sonnenstich erlitten. Oder war es nicht doch ein Schlaganfall?

Jedenfalls, sie waren wieder zuhause, und nun wurde alles zwischen uns geklärt, eins nach dem andern. Wieso ich mir ein Kind hätte anhängen lassen? – Was hieß hier anhängen lassen? Ich wollte dieses Kind! Ja, ich hätte meine frühere Haltung aufgegeben. Doch, es gebe einen Vater, und ich liebte ihn, aber ich wollte nicht heiraten. – Was denn das nun wieder sollte?
Langes, zähes Ringen. Nie hatten wir in der Vergangenheit so gesprochen, immer war ich sein kleines Mädchen gewesen. Nun musste er anerkennen, dass ich schließlich, mit 30, erwachsen geworden war und andere Vorstellungen vom Leben hatte als er. Hatte denn nicht auch die Jugendbewegung verkündet, dass die Kinder anders werden müssten als die Eltern?

»Na, dann bin ich froh, dass der Panzer des Keine-Kinder-Wollens von dir abgefallen ist!« sprach er endlich. »Und ich hoffe nur, dass der Panzer des Nicht-heiraten-Wollens auch noch abfällt!« So sah er das. - Wir umarmten uns. Es war alles gesagt.

Eine Woche später lag er mit einem weiteren Schlaganfall im Krankenhaus. Als ich hinkam, hatte er sich aber schon gut erholt. Im Zimmer lag noch ein anderer Mann, und die beiden verstanden sich so gut, dass sie in wenigen Tagen gute Freunde wurden.
»Das ist der Freund, den ich mein ganzes Leben lang nicht hatte – jetzt habe ich ihn endlich gefunden!« So stellte er ihn mir vor. Den Namen habe ich vergessen.
Nach einer Woche aber wollte er trotz allem nach Hause. Sie ließen ihn gehen, doch ich habe nicht mehr mit ihm reden können. Denn am nächsten Morgen wachte er nicht auf, schlief einfach weiter, immer weiter – vier Tage lang. Mutter und ich wachten abwechselnd an seinem Bett. Und während ich so dasaß und seine Hand hielt und auf seinen rasselnden Atem horchte, sah ich Farben von ihm aufsteigen, die Formen bildeten, sich wieder verflüchtigten. Das Leben verließ ihn, sein starkes Leben, das ihm die zahllosen Ideen gegeben hatte und die große Liebe zum Märchen, zu den Kindern.
Da hatte ich am Nachmittag des vierten Tages plötzlich das deutliche Gefühl, ich sollte weggehen. So fuhr ich nach Hause. Er starb am selben Abend noch. Seine geliebte Frau war bis zuletzt bei ihm. Das war am 27. April 1980.

Zum Begräbnis am 30. April – es hätte für ihn eigentlich der 1.Mai sein sollen, aber da arbeiten noch nicht einmal mehr die Totengräber – kam das ganze Dorf. Es war kalt und regnerisch, wie das im Hochwald so ist um diese Jahreszeit. Der Pfarrer hatte einen Trauer-Gottesdienst angesetzt in der evangelischen Kirche, und das, obwohl Kurt Klee der Kirche nicht angehörte, denn er war ein Freidenker. Und als die Leute dann am Grab standen und der Sarg eben hinunter gelassen wurde, gab es ohne Vorwarnung einen lauten Donnerschlag von oben, und plötzlich wurden alle Schleusen des Himmels geöffnet. Es regnete ins offene Grab.
›Frühlingsgewitter!‹ dachte ich. ›Kennen wir das nicht irgendwoher, Paps? Diesmal bist du es, der sich davonmacht!‹

Im November, genau gesagt am 6., kam mein erster Sohn zur Welt, im Zeichen des Skorpions, wie sein Großvater. Am 1. November war Vaters Geburtstag.
Jahre später, ich hatte schon das zweite Kind, und Mutter genoss alle Freuden einer Oma – genannt ›Ama‹ – da las ich in einem alten Astrologiebuch, dass, wenn in einer Familie ein männlicher Skorpion geboren wird, ein halbes Jahr vorher ein anderer Skorpion stirbt – genau wie es bei Kurt war. Auch im Tod gibst du uns noch Rätsel auf, Vater!

Seine Frau hat ihm dann noch 25 Jahre lang die Treue gehalten in jenem kleinen Holzhaus, bis zuletzt. Sie half nach Kräften, mit all ihrer Fröhlichkeit und Fantasie, ihre Enkel aufzuziehen. Das waren dann drei, und die waren mit allen Märchen ›gewaschen‹. Und sie führte die Zauberbücher allen Kindern der Nachbarschaft vor, studierte mit ihnen Puppenspiele ein – die von ihrem Mann natürlich – organisierte Lampionumzüge, lehrte Jung und Alt seine Lieder. Wenn Erdbeerzeit war, verschenkte sie weit und breit ihre süßen Beeren. Und dann die vielen, vielen Äpfel!
Nur als sie dann alt wurde und ihre Kräfte abnahmen, wurde sie einsam und lebte ganz zurückgezogen in ihrem Häuschen, wo sie sich ihrem Mann nahe fühlte. Immer sprach sie mit ihm.

Der Märchengarten zu Frankfurt aber wurde nie wieder aufgemacht. Bei der Organisation, die ihn übernahm, gab es wohl keine Menschen, die eine solche Aufgabe erfüllen konnten. Da lag er dann, der ganze Park, mit den immer höher wachsenden Bäumen, im Dornröschenschlaf. Noch lange hing am Tor zur Straße das Schild mit dem Zwerg mit dem goldenen Stein in der Hand. Irgendwann steckten Brandstifter die Märchenhäuschen an und brannten in einer einzigen Nacht alles nieder. Die Feuerwehr konnte nicht löschen, weil es keine Zufahrt mehr gab. Danach ist das Grundstück in Vergessenheit geraten, ein verwilderter, verwunschener Garten, überwuchert von Geißblatt und Knöterich. »Dornröschen, schlafe hundert Jahr‹…« hatten wir damals immer gesungen, wenn Kinder zum Dornröschenschloss kamen… Und so schläft es halt, das Märchenland. Erst nach hundert Jahren – so heißt es im Märchen – kann einer kommen, der es erlöst.

Wie viele Rätsel gibt es doch auf der Welt, Kurt!

Seine – unsere – wiedergefundene Geschichte unterm Arm habe ich das kleine Holzhaus und die Zeit darin abgeschlossen und bin weggefahren. Vaters Märchen und Geschichten, alle Manuskripte, sie hatte ich schon lange bei mir. Und wenn jemand mal die Zauberbücher sehen will, die sind jetzt auf meinem Dachboden. Und : Dreimal klatschen, bitte!

Kurt und Ruth Klee beim Bau des Hauses der »Sieben Geißlein« im Märchengarten Frankfurt-Goldstein, 1962

Die Kinder sind immer schon dabei, auch vor der Eröffnung.
Hier: »Es war einmal ein Junge, der hatte einen Traum...«.

Die braven »Schwarzarbeiter« kommen sonntags zum Kaffeetrinken, Sommer 1963.

Der Dornröschenturm im Märchengarten
Frankfurt, gemauert von Kurt Klee.

Frankfurts OB Prof. Dr. Brundert spricht zur Eröffnung der Märchengarten-Saison, 1965.

Große und kleine Kinder gehen durch das geheimnisvolle Tor..

Die Zwerge inspizieren ihr neues Heim. Wo ist denn der siebte?

Ach da! Er besucht die Chefin.

1967 schließt der Märchengarten für immer sein Tor.

Nun spielt »Zauberer Klapp« nur noch für Nachbarskinder.

Das Rentnerpaar Ruth und Kurt Klee im Kreise ihrer Teneriffa-Freunde, 1978

Gärtner Klee in seinem
Balkongarten auf Teneriffa.

ANHANG

Gedichte und Lieder
von Kurt Klee

Liebeslied unserer Zeit

Zwischen Rädern und Gestängen
blieb mein Herz an einer hängen,
die war schön, trug braunes Haar
und ein funkelnd' Augenpaar.
Ja, sie wurde meine Liebe
in dem lauten Werksgetriebe,
mancher Blick flog hin zu ihr,
mancher Gruß kam her zu mir.

Refrain: Mägdelein, braun und fein,
 kannst mein Allerliebstes sein,
 schau nicht rechts, schau nicht links,
 lass' das dumme Flirten sein!

Und zum Feierabend gingen
wir hinaus mit frohem Singen,
ließen die Fabrik zurück,
wanderten in unser Glück.
Durch die Wiesen und die Felder,
in die heimlich stillen Wälder
führt ich sie mit leichtem Schritt –
willig ging sie immer mit.

Refrain: Mägdelein, braun und fein,
kannst mein Allerliebstes sein,
schau nicht rechts, schau nicht links,
lass' das dumme Flirten sein!

Eines Tages, welch ein Schrecken,
wollt' sie sich vor mir verstecken,
senkte stets den Blick vor mir –
sehnsuchtsvoll schaut' ich nach ihr!
Um den Kopf ein Tuch geschlungen,
doch das Haar war durchgedrungen,
lugte unterm Rand hervor –
hing ihr BLOND um Stirn und Ohr!

(Refrain wie oben)

Ach, sie ließ sich jetzt blondieren,
Fingernägel rot lackieren,
im Gesicht war sie bemalt –
wer wohl hatte das bezahlt?
Einen Ami tät' sie lieben,
hat sie später mir geschrieben,
doch die Liebe war bald aus,
keiner führt sie mehr nach Haus…
Werd' sie aber nie mehr nehmen,
müsst' mich vor mir selber schämen –
doch von meiner Liebe fern
sing ich noch das Liedchen gern:

Mägdelein braun und fein…(usw.)

Einzug der Roten Armee

Sie zogen ein, mit Pauken und Trompeten
Und kündeten die gold'ne Freiheit an!
Doch nichts ward wahr von allen schönen Reden –
Wer Freiheit will, ist ein verlor'ner Mann!

Sie zogen ein – zerlumpt, mit Panjewagen,
Der Pferde Zaumzeug war aus Stricken nur.
Die Uniformen, die sie jetzo tragen,
Die weisen stofflich auf die deutsche Spur…

Sie zogen ein – und plünderten drei Tage,
Mit ihren Pferdchen fuhr'n sie über Land.
Und jeder wusste – das war keine Frage –
Dass jeder Panjewagen Ladung fand!

Sie zogen ein – mit deutschen Marsch-Musiken,
Weil sie dran arm wie Kirchenmäuse sind.
Es schnitt ins Herz und war zum Krämpfe-Kriegen!
Ich wandt' mich ab und schluchzte wie ein Kind.

Die Kindergräber von Giebichenstein

Drei kleine Mädchen führten schweigend mich hinauf,
auf einem Schleichweg nur, ich kannt' ihn vorher nicht.
Die offizielle Straße hielt ein Holzzaun auf,
und der war lang und hoch und – dicht.

Doch auf dem Schleichweg kamen wir von hinten
an eines neuen Friedhofs grünen Saum heran.
Dort mussten sich zwei Männer schaufelnd schinden,
und jeder fing ein neues Grab zu graben an.

Ich zählte langsam all die kleinen Hügel,
doch bald, gar bald hört' ich zu zählen auf.
Die kleinen Kreuzlein sahen aus wie trockne Flügel,
und keine Blume auf den Gräbern obenauf.

»Da liegen Kinder, die in einem Jahre starben!«
sprach eins der Mädchen, zeigend mit der Hand.
Und auf den Kreuzen konnt' ich schaudernd sehen,
dass eine Nummer flüchtig draufgeschrieben stand.

Dreitausend Kinder – an der Sommer-Ruhr gestorben,
den Eltern weggenommen und vergraben hier!
Die Seuchen sind der Sowjets allergrößte Sorgen –
Welch eine Nummer haben morgen wir?

Heimat

Es windet sich friedlich im Tale
ein Fluss durch das Thüringer Land.
Es glänzen im Sonnenstrahle
die Wasser, ein silbernes Band.
Und an seinem Rebenstrand
liegen, allen wohlbekannt,
viele Orte, bunt wie Spielzeug hingestreut.
Schweift vom hohen Bergesrand
weit mein Auge übers Land,
fühl' ich tief im Herzen wahre Lieb' und Freud'!

Refrain: Ich liebe das schöne Land,
die Saale im Tal –
so singt es am ganzen Strand,
so klingt's überall.

Die Heimat mit Wäldern und Wiesen
liegt tief mir in all meinem Sinn!
Werd' niemals die Augen verschließen
vor ihr, wenn ich anderswo bin.
Wandre ich auch einmal fort,
zieht's zurück mich an den Ort,
wo ich einst als Kind gelallt, gelacht, gelebt.
Find' ich draußen Halt und Hort,
nie vergesse ich das Wort,
das mir jetzt ins Inn're ist wie eingewebt

Refrain: Ich liebe das schöne Land,
die Saale im Tal,
so singt es am ganzen Strand,
so klingt's überall!

Das Neue Mailied –
Es geht ein Wandel durch die Welt

(hier schon erweitert um gesprochenen Teil)

1. Sprecherin:
Gleichwie im März der Wald, das Feld
im Frühlingsahnen stehen,
so geht ein Wandel durch die Welt,
noch ist es nur ein Wehen.
Und wie die Saaten Tag um Tag
in Wind und Sonne sprießen,
geht auch die Wandlung weiter fort,
es ist ein ständig' Fließen.

1. Sprecher:
Des Jahres Frühling schnell vergeht,
der Sommer kommt gegangen,
und mancher Herbst, er ist verweht,
kaum dass er angefangen.
Das aber ist die Wandlung nicht,
von der ich möchte singen,
und unsrer Sonne warmes Licht,
es wird sie nicht vollbringen!

Chor(Gesang):
Es grünt ein neuer Mai heran,
ein schöner erster Mai,
von aller Menschheit heiß ersehnt,
von jeder Kriegsnot frei!
Manch' Wintersturm wird noch die Welt
durchzieh'n mit bitt'rem Leid,
bis einst ein Menschenfrühling sie
zu ihrem Glück befreit.
Maifest der Freiheit, Maifest der Freiheit,
Maifest der Freiheit, wir grüßen dich!

1. Sprecherin:
Noch liegt die Welt in Schnee und Eis,
die Herzen sind erfroren,
und manches frühlingszarte Reis
im Frosthauch ging verloren.
Profit, Geschäft und Kapital -
Das sind die Eisbastionen!
Ihr Hauch bringt Hunger, Kälte, Qual
uns, die auf Erden wohnen.

1. Sprecher:
Die Wandlung dieser kalten Welt
wird anders sich vollenden,
kein Lenz wird da in Wald und Feld
wie üblich sich verschwenden:
Der Geist ist da der Frühlingssturm,
die Güte ist die Sonne,
die Freude ist der Glockenturm,
umrankt von Glück und Wonne!

Chor(Gesang):
Es grünt ein neuer Mai heran,
ein schöner erster Mai!
Er soll einst finden alle Welt
im Geiste stark und frei!
Dann herrscht nicht mehr der Bruderstreit,
nicht Willkür und Gewalt -
der Mensch formt froh und hilfsbereit
des Lebens neu' Gestalt!
Maifest des Geistes, Maifest des Geistes,
Maifest des Geistes, wir grüßen dich!

2. Sprecherin
Käm' je die Wandlung von allein,
ein Märchen wär's, ein Wunder!
Für alle plötzlich Sonnenschein
und Rosen und Holunder?
Indes, die Zeiten sind vorbei,
da solches noch geschehen –
vernehmt den Sinn des ersten Mai
und lernet ihn verstehen!

2. Sprecher
Wir müssen selbst die Wandlung sein
und Frühlingssturm und Wehen
voll Geist und Kraft und Sonnenschein –
wer will uns widerstehen?
Wir müssen selbst die Güte sein,
die einstmals sprach: Es werde!
Die Märchenwelt den Kinderlein,
uns aber sei – die Erde!!

Chor(Gesang):
Es grünt ein neuer Mai heran,
ein schöner, erster Mai –
der Menschheit schönster Feiertag,
von Not und Elend frei!
Die Arbeit dann nur Freude bringt
Und Segen jeden Tag,
doch wenn des Maifests Ruf erklingt
verstummt der Hammerschlag:
Maifest der Arbeit, Maifest der Arbeit,
Maifest der Arbeit, wir grüßen dich!
Maifest der Arbeit, Maifest der Arbeit,
Maifest der Arbeit, wir grüßen dich!

Der Zukunft geweiht

Unsre Zukunft zu bau'n
Lasst uns freudig vertrau'n
Unsrer Kraft, unsrer eigenen Kraft!
Nicht vor Trümmern erschreckt,
feig die Hände versteckt,
wie ein Spießer, der tatenlos gafft.
Was im Weltsturm versank,
in den Wogen ertrank,
sei vergessen, für immer dahin!
Wer Vergang'nes beweint
Wird dem Neuen zum Feind,
der verdient nicht der Zukunft Gewinn!

Refrain: Steil ist der Weg noch,
und weit bis zum Ziel,
doch wir sind jung, ja, und schon so viel!
Einig im Wollen, im Geist unsrer Zeit –
Völker der Erde, wir sind bereit!

Wo jetzt Räder sich drehn,
neue Häuser erstehn,
da allein blüht nicht unser Geschick.
Neuer Geist muss ins Hirn,
muss erhellen die Stirn,
neue Liebe erfüllen den Blick!
Volk, was zauderst du lang,
Volk, was redest du bang –
Schau, die Jugend, sie ist schon bereit!
Hat begonnen die Tat
Und das Leben bejaht,
hat dem Kampf sich der Zukunft geweiht!
(Refrain)

Was ist das Dasein wert?

Oft hab' ich tief hineingeschaut
ins Wesen dieser Welt.
Oft hab' ich weit hindurchgeblickt
durch dieses Himmelszelt.
Oft schwamm auf dunklen Wassern ich
und sah doch hellen Grund.
Oft flog in langem Geistesflug
ich zu den Sternen rund...

Und wenn ich auf die Berge stieg
und doch nicht oben war,
ich sah und fand die Quelle stets
mit Wasser silberklar!
Und noch im tiefsten, fernsten Traum
erkenn ich Seel' und Geist!
Das ist des Daseins wahres Gold,
seht, wie es glänzt und gleißt!

Einladung ins Märchenreich

Einführungslied zu einem Märchenabend für
Erwachsene. In C-Moll

Lasst euch, ihr Freunde, im Geiste entführen
In eine Welt voller Sonne und Glück!
Lasst euch beschenken mit frohen Gedanken,
dann kehrt ihr freudig zum Alltag zurück.
Refrain: Nichts hier ist schöner,
nichts hier ist größer,
einzig der Geist nur, der Geist nur allein!

Lasst euch, ihr Freunde, ein Märchen erzählen,
lauschet den Liedern, dem frohen Gesang!
Schaut in die Augen der Märchengestalten,
spüret die Liebe, die Sehnsucht, den Drang…
Nichts hier ist schöner,
nichts hier ist größer,
einzig der Geist nur, der Geist nur allein!

Lasst euch, ihr Freunde, die Herzen nun füllen,
trinket die Schönheit der geistigen Welt!
Esst von den Früchten, die jung euch erhalten,
eh' es zu spät und ein Glöcklein euch schellt!
Nichts hier ist schöner,
nichts hier ist größer,
einzig der Geist nur, der Geist nur allein!

Menschwerdung

Jahrmillionen sind vergangen,
seit die Erde wüst und leer,
seit die ersten Wolken stiegen
aus dem weiten Weltenmeer,
seit die ersten Tropfen fielen
auf ein glühend heißes Land
und im Spiel der Elemente
alles Leben einst erstand.
Jahrmillionen sind vergangen,
seit ein Stern, der Erde heißt,
immer neues Leben gebend
um die ferne Sonne kreist,
seit nach unerforschtem Walten
jene Wandlung sich vollzog,
die, so unscheinbar begonnen,
alles andre überwog.

Refrain: Lang, lang ach lang, wie in friedvollem Hafen
Hat vor Aeonen die Erde geschlafen,
lag so geborgen,
bis einst ein Morgen
rief sie empor zum Leben,
dass sie in ihrem Schoße gebar
Wesen wunderbar!

Jahrmillionen sind vergangen,
seit ein Auge Licht geschaut,
seit das erste Herz geschlagen
und zu hoffen sich getraut,
seit das erste Wort gesprochen
und der erste Laut erklang,
und ein Vogel jubilierend
seine erste Strophe sang.
Jahrmillionen sind vergangen,
seit aus Stoff sich Geist gebar,
dass in Menschenhirnen wohnen
ungezählter Geister Schar,
dass sie suchen nun und sinnen
nach des Ursprungs Zauberwort –
und solang' sie es nicht finden,
lebt der Glaube fort und fort
(Refrain s.o.)

Meiner tapferen Frau

Immer schon waren uns Kummer und Sorge
Bruder und Schwester zugleich.
Immer schon war unser Leben Entsagen
Und an Entbehrung so reich.
Aber die Not macht entschlossen und still,
schmolz uns zusammen wie Blei –
Zwang uns zum Kampfe, gab Richtung und Ziel,
einte – und machte uns frei!

Alles auf Erden, was lebt, das muss kämpfen,
oder es stirbt und vergeht!
Kämpfen heißt leben, und Leben heißt kämpfen,
wer das begreift, der besteht!
Der uns gegeben den Geist zum Versteh'n
Gab uns auch Willen und Kraft.
Werfen den menschlichen Mut wir dazu,
wird auch das Schwerste geschafft!

Lass uns im Wissen des Kampfes ums Leben
Tragen die Nöte der Zeit!
Kämpfen wir weiter, ohn' Zagen und Klagen,
tragen wir ab unser Leid.
Ohne die Not ist kein Kampf, ist kein Sieg,
ohne den Sieg kein Gedei'hn!
Kummer und Sorge, Begleiter bis heut',
werden es einst nicht mehr sein!

Anmerkungen

1) Der BDM (Bund Deutscher Mädel) wurde im Juni 1930 als Untergruppe der Jahre zuvor ins Leben gerufenen männlichen Hitler-Jugend (HJ) gegründet. Später wurde der BDM als Teilorganisation der HJ zur einzigen parteiamtlichen Mädchenorganisation der Nationalsozialistischen Deutschen Arbeiterpartei (NSDAP) erklärt.
Nach der Machtübernahme der Nationalsozialisten 1933 stieg die Zahl der im BDM organisierten Mädchen beträchtlich an. Schon 1939 waren die Hälfte aller Mitglieder in der HJ Mädchen. Die meisten traten dem BDM aus unterschiedlichen Gründen bei: Viele lockte die attraktive Freizeitgestaltung, ein großer Teil wurde im Zuge der sogenannten Gleichschaltung (d.h. des Verbots) aus anderen Jugendverbänden übernommen. Auch wurde von seiten des Staats auf Beamte und Angestellte Druck ausgeübt, ihre Töchter dem BDM beitreten zu lassen. Hauptsächlich versprachen sich ältere Mädchen auch Vorteile für ihre eigenen beruflichen Möglichkeiten. Zudem wurde der BDM gerade von Töchtern bürgerlicher Familien als eine Möglichkeit wahrgenommen, sich der Einengung des Elternhauses zu entziehen.
Zu Beginn des Zweiten Weltkriegs und mit der Anpassung an die Erfordernisse des Kriegs wandelte sich der BDM immer mehr zur Kriegshilfsorganisation. Er engagierte sich nun in der Organisation von Ferienlagern für Erholungsbedürftige oder der Kinderlandverschickung (KLV). An Heimabenden wurden jetzt häufig Briefe an Soldaten geschrieben oder Pakete gepackt. Mit der Einführung des Pflichtjahrs für alle ledigen Frauen unter 25 musste ab 1938 zudem ein einjähriger Dienst in einem Haushalt, in der Soldatenbetreuung, in der Erntehilfe, im Luftschutz oder im Nachrichtenwesen geleistet werden.

2) Idealismus: eine durch Ideen oder Ideale bestimmte Weltanschauung und Lebensführung (also ein >praktischer< Idealismus) . Schon lange hatte K.K. sich ganz dem Dichten und Erzählen, der Arbeit mit Kindern widmen wollen, um ihnen die Welt der Fantasie zugänglich zu machen.

3) SED, kurz für Sozialistische Einheitspartei Deutschlands
In der DDR die in der sowjetischen Besatzungszone am 21.4.1946 unter Druck der Sowjetischen Militär-Administration in Deutschland durch Zusammenschluss der KPD und SPD gebildete kommunistische Staatspartei. Die anfänglich paritätische Besetzung der Funktionärsposten wurde offiziell 1949 aufgegeben.Oberstes Parteiorgan war das Zentralkomitee (ZK), das das Politbüro und das Sekretariat wählte.

4) Schöpsenbraten: Hammelfleischgericht

5) Guttemplerorden: freimaurerähnlicher Orden zur Bekämpfung des Alkoholismus, wurde 1852 in New York gegründet und ist über die ganze Erde verbreitet (International Order of Good Templars). Die deutsche Großloge wurde 1889 gegründet, 1937 von den Nazis aufgehoben und 1945 neu errichtet.

6) Sozialistische Arbeiterjugend (SAJ)
Sozialdemokratisch orientierter Jugendverband von zunächst 14- bis 18-jährigen (ab 1926 der 14- bis 20-jährigen) mit Hauptaufgabe, die »Forderungen der Arbeiterjugend auf sozialem, wirtschaftlichem und kulturellem Gebiet« zu vertreten und »seine Mitglieder im Geiste der sozialistischen Weltanschauung zu erziehen«. 1933 wurde die SAJ verboten.

Vorgeschichte
Im Herbst 1904 begann die Jugend in Mannheim und in Berlin sich selbständig in gewerkschaftsähnlichen Jugendorganisationen zusammen zu schließen, denn Lehrlinge und junge Arbeiter litten noch mehr als Erwachsene unter den Drangsalierungen der Lehrherren, unter langen Arbeitszeiten bei geringem Lohn und ungesunden Wohnungen. Der parallel stattfindende Aufbruch der bürgerlichen »Wandervögel« war das Vorbild für die arbeitende Jugend, sich zusammenzuschließen und gemeinsam Verbesserungen zu fordern. 1914 gehörten etwa 100.000 Jugendliche den verschiedenen, mit lokalen Besonderheiten ausgestatteten Arbeiterjugendorganisationen an, die in der SAJ aufgingen.

Anfangs verfolgte die Arbeiterjugend wirtschaftliche Ziele. Die »Lehrlingszüchterei« war besonders im Mittelstand eine beliebte Methode, Kosten einzusparen. Lehrlinge, die damals ja noch Lehrgeld zahlen mussten, wurden in Massen aufgenommen. Sie wurden schlecht oder gar nicht ausgebildet, lediglich als billige Arbeitskräfte ausgenutzt, willkürlich schikaniert und schließlich am Ende der Lehrzeit wieder entlassen, um neue Lehrlinge einzustellen. Dagegen ging es der Arbeiter-Jugend um gute Ausbildung, um Arbeitszeitverkürzung und um die Abschaffung des Züchtigungsrechts der Lehrherren.

Der »neue Mensch«
Die Jugendlichen wollten mehr als die Volksschulausbildung der Kaiserzeit und staatliche Jugendfürsorge. Aufklärung und Bildung waren für sie auch Voraussetzung, um sich Selbstbewusstsein zu erwerben und ihr Leben besser zu gestalten. Der »neue Mensch« sollte sich von bürgerlichen und kapitalistischen Einflüssen lösen und fähig werden, eine »neue Welt« zu bauen, in der Gewalt und Ausbeutung der Natur und des Menschen durch den Menschen unbekannt sein sollten. (Parallel zu dieser Entwicklung emanzipierte sich auch die bürgerliche Jugend in der bündischen Jugend und der freideutschen Bewegung. Auch der »Wandervogel« war ja zunächst eine emanzipatorische Bewegung, wenn auch aus bürgerlichen Reihen.).

Generationenkonflikt
Für viele Jugendliche – erst recht nach dem I. Weltkrieg - hatte die »alte Generation« versagt. Sie wollten mit einem völlig neuen Lebensstil der patriarchalisch-autoritären Tradition entgegentreten. Klassenkampf, legere Kleidung, Freidenkertum, Antimilitarismus, Vegetarismus, freie Sexualität und Gleichstellung von Mann und Frau, Diskussionen, Wanderungen, Spiel, Gesang und Tanz setzten sie ein im Kampf gegen die bürgerliche Kultur; radikale Ablehnung von Nikotin, Alkohol und Schundliteratur wurden Bestandteile der Jugendkultur. Schon äußerlich zeigten sich Unterschiede: Die Jugend trug Fahrtenkittel, Sandalen, kniefreie Wanderhosen, Schillerkragen und Hängekleider. Es wurde getanzt und gesungen zu Mundharmonika, Geige, Gitarre, Laute und Mandoline.

Der Reichsjugendtag
Am 28. und 29. August 1920 fand in Weimar der Reichsjugendtag statt. Die Wahl des Ortes war programmatisch. Der schwärmerisch so genannte »Geist von Weimar« sollte die 2.000 angereisten Jugendlichen auf die Republik, also Demokratie, den Frieden, die Völkerversöhnung und das klassische Erbe deutscher Kultur einschwören. Nur aus Bayern waren keine Jugendlichen vertreten. Die Tage von Weimar strahlten Aufbruchstimmung jedoch ins ganze deutsche Reich aus, auch nach Bayern.

Konflikte zwischen SAJ und SPD
Der Vormarsch der Nationalsozialisten seit 1930 bewirkte eine steigende Entfremdung zwischen SAJ und SPD. Die Jugendlichen, die die Auseinandersetzung mit den Rechtsextremen suchten, sahen sich immer wieder durch restriktive Vorschriften der SPD-Führung gegängelt, die, immer noch von einem bürgerlichen Erziehungsverständnis geprägt, auf Parteidisziplin beharrte. Es kam zu vielen Parteiausschlüssen, so mancher Jugendliche aber verließ die SAJ und schloss sich einem der linkssozialistischen und kommunistischen Verbände an, die zu einem radikaleren Vorgehen gegen die Nationalsozialisten aufforderten.

Angriffe der Nationalsozialisten
1932 beherrschte die SA nicht nur die Straße; es häuften sich Überfälle auf z.B. bayerische SAJ-Jugendheime, so in Wendelstein (Landkreis Roth) und in Bad Windsheim. Am 18. Februar 1932 drangen etwa 50 Nationalsozialisten in das Heim der SAJ in Nürnberg ein und gingen mit Knüppeln, Eisenstangen, Schlagringen und Stühlen auf die 12 anwesenden Jugendlichen los. Erst auf den Ruf »Polizei« verschwand die Nazi-Bande. Am 4. August 1932 wurde ein Brandanschlag auf das SAJ-Heim in der Dom-Pedro-Straße in München verübt. Führende Sozialdemokraten beklagten nun in der Parteipresse, dass die bayerischen Behörden diese Übergriffe nicht genügend verfolgten. Dagegen untersagte die Bayerische Staatsregierung Jugendlichen und Kindern die Mitgliedschaft bei der SAJ und bei den »Kinderfreunden«.

Das Ende 1933
Am 23. Februar 1933, also wenige Tage vor dem Reichstagsbrand in Berlin, rief der SAJ-Vorsitzende Erich Ollenhauer die Jugendlichen auf, »nur auf dem Boden der Verfassung zu handeln«. Am 11. März wurde die SAJ von den Nationalsozialisten verboten, prominente Mitglieder und Funktionäre wurden verfolgt und ins Gefängnis gebracht.

7) Die Falken
Inspiriert und beeinflusst von der österreichischen Arbeiterbewegung, entwickelte sich die deutsche Kinderfreundebewegung doch von Anfang an eigenständig. Von Anfang an gab es in Deutschland stärker selbstverwaltete Kindergruppen. Kurt Löwenstein, der Begründer der Bewegung, sah die Aufgabe der sozialistischen Erziehung weniger als geistige, sondern als praktische Aufgabe an. Sein Erziehungskonzept zielte weniger auf revolutionäre Theorie als auf Befähigung zum Handeln. Und doch wurde von Österreich nicht nur der Name und der Gruß »Freundschaft« übernommen, sondern auch Formen der sozialistischen Fest- und Feiergestaltung. Auch die Anregung zu einer Umwandlung der älteren »Kinderfreunde« in die Falkenbewegung kam schließlich aus Österreich. Das österreichische Kinderfreunde-Hortsystem mit seinem eher autoritären Erziehungsstil führte dazu, dass die älteren Kinder immer öfter den Horten fernblieben. Um dieser Tendenz entgegenzuwirken, gründete Anton Tesarek eine den Pfadfindern (der Form nach) ähnliche Organisation im Rahmen der sozialistischen Erziehungsbewegung. Sie nannten sich die »Roten Falken«, es waren selbstverwaltete Kindergruppen der 12- bis l4jährigen, eine Elite innerhalb der Kinderfreundeorganisation. Sie hatten Prüfungen zu bestehen, Gelöbnisse abzulegen, den »Falkengeboten« zu folgen.
Nicht »Kind«, sondern »Falke« genannt zu werden, stärkte das Verantwortungs- und Selbstbewusstsein der Arbeiterkinder. Die Idee des Blauhemdes mit dem Falken auf dem Arm und das rote Halstuch, die sie noch heute tragen, entstanden auch in dieser Zeit als äußeres Symbol der Gemeinschaft.
In der Helferschaft war die Tesareksche Form zunächst umstritten. Insbesondere der Einführung von Prüfungen und Geboten stand man skeptisch gegenüber. Man wollte jedoch den Bedürfnissen der

Kinder in irgendeiner Weise Rechnung tragen. Die Falkengebote fanden so in abgewandelter Form Eingang auch in die deutsche Bewegung. Nur waren jetzt keine Prüfungen mehr damit verbunden, sondern jedes Kind konnte Falke sein, wenn es sich zur Bewegung bekannte. Auf der Reichsarbeitstagung und der Reichskonferenz 1927 in Hohenstein wurde die Alterstrennung in »Nestfalken« (6-10 Jahre), »Jungfalken« (10-12 Jahre) und »Rote Falken« (12-14 Jahre) beschlossen. Das Entscheidende war die Gruppenarbeit. Was faszinierte Kinder daran so sehr, dass sie noch heute begeistert berichten und großenteils darauf bestehen, ihre politische und soziale »Grundausbildung« bei den Kinderfreunden bzw. Falken erhalten zu haben? - Die Diskussionen politischer, sozialer und ökonomischer Fragen, die Auseinandersetzung über Alltagsprobleme in Schule, Elternhaus und Gesellschaft spielten sicher - vor allem bei den Roten Falken - eine große Rolle. Doch die Falkengruppen waren nicht Schulungszentrale, die Gruppenarbeit bedeutete nicht Eintrichtern von Theorien. Sozialistische Erziehung musste auch damals schon Spaß machen, um erfolgreich zu sein. Spaß, das hieß Erleben und Tun, nicht vorwiegend mit dem Kopf arbeiten. Die positiven Seiten der Gemeinschaft waren unmittelbar erlebbar. Das selbstbestimmte, aber gemeinschaftsorientierte Handeln förderte ungemein den Zusammenhalt und die Begeisterung für die ganze Bewegung der sozialistischen Verbände, aus der auch noch lange nach dem II. Weltkrieg die SPD schöpfte.

8) Kinderfreunde
Im November 1998 feierte die Sozialistische Jugend Deutschlands den 75. Jahrestag der Gründung der Reichsarbeitsgemeinschaft der Kinderfreunde Deutschlands. In der Literatur erscheint die deutsche Kinderfreundebewegung häufig als ein bloßer Ableger der 1908 von Anton Afritsch in Graz gegründeten Schwesterorganisation, die sich bereits 1917 zum Reichsverein »Kinderfreunde« zusammenschloss und 1921 von der österreichischen Sozialdemokratie als deren Erziehungsorganisation anerkannt wurde.
Aber auch in Deutschland machten sich Sozialdemokraten schon vor dem I. Weltkrieg Gedanken über die Verbesserung der Lebensbedingungen von Arbeiterkindern. Die verheerende Lage der Arbeiterfamilien: Arbeitslosigkeit, miserable Wohnungen, in denen viele Kinder kein eigenes Bett und erst recht kein eigenes Zimmer, unge-

nügend Platz zum Spielen hatten, Kinderarbeit, häufige Krankheiten durch mangelnde Hygiene und unzureichende, ungesunde Ernährung, Hunger und Schulverhältnisse, in denen proletarische Kinder zwar Unterdrückung und Zwang erfuhren, jedoch wenig für ihr eigenes Leben lernten, machte vielen Sozialdemokraten bewusst, dass sie selbst Einfluss auf die Erziehung ihrer Kinder nehmen mussten. Im vergleichsweise liberalen Hamburg wurde schon 1912 durch gemeinsame Initiative einer Elternvereinigung, der Arbeiterturner und -schwimmer und der Arbeiterjugend der »Ausschuss zur Förderung der Ferienspiele« gegründet, hinter dem von Anfang an die SPD stand. Dieser Ausschuss wollte »gemeinsam mit den Eltern die schädlichen Einflüsse der Großstadt auf die Kinder ausmerzen, damit eine gesunde Jugend an Körper und Geist heranwächst«. Schon im Gründungsjahr zählte der Verein 658 Eltern mit 1.276 Kindern als Mitglieder, führte 1913 bereits 55 Ausflüge mit 76 Kindern durch. Ebenso Turnunterricht, »hygienische Gymnastik«, Kinderfeste sowie Spiele- und Bastelnachmittage.
Auf Aus- und Fortbildung der Mitarbeiter wurde großen Wert gelegt. Auch aus anderen Städten, z.B. aus Berlin, Stuttgart, Kiel und Frankfurt, wird über Ferienausflüge oder Kinderbetreuungsgruppen vor und während des I. Weltkrieges berichtet.

Doch obwohl es frühzeitig solche Aktivitäten gab, verhinderten die politischen, ökonomischen und rechtlichen Verhältnisse im Kaiserreich zunächst die Entwicklung einer sozialdemokratischen Massenorganisation, und damit auch die Bestrebungen einer sozialistischen Erziehung. Erst die Novemberrevolution beseitigte dann u.a. auch die Hemmnisse, die der Entwicklung einer proletarischen Erziehungsorganisation entgegenstanden. Nach dem I.Weltkrieg gründeten sich an zahlreichen Orten des Reiches sozialdemokratische Kindergruppen, die allerdings zunächst jedoch sehr isoliert voneinander arbeiteten. Die wirtschaftlichen Bedingungen erschwerten eine Zusammenfassung der lokalen Kinderfreundegruppen in einer einheitlichen Organisation. Erst 1923 kam es zur Gründung der Reichsarbeitsgemeinschaft der Kinderfreunde Deutschlands durch den Vorstand der SPD, des Zentralbildungsausschusses, der Arbeitsgemeinschaft sozialdemokratischer Lehrer und Lehrerinnen Deutschlands, der Arbeiterwohlfahrt, der Sozialistischen Arbeiterjugend und des Allgemeinen Deutschen Gewerkschaftsbundes. Diese verstand sich als eine Zusammenfassung aller auf dem Gebiet der Kindererziehung wirkenden Arbeiterorganisationen, die ihre Erziehungstätigkeit nach allgemeinen sozialistischen und wissenschaftlich-pädagogischen Grundsätzen ausübten. Vorsitzender wurde Kurt Löwenstein. (Erste Reichskonferenz in Leipzig am 2. und 3. Aug.1924)

Und so begründete er die Notwendigkeit der Erziehung der Arbeiterkinder durch die Klasse für die Klasse in einer seiner Schriften: »Für uns ist die Erziehung unserer Kinder eine Erziehung der Kinder des Proletariats. Unsere Kinder sind Kinder unserer Klasse, unsere Klasse aber ist mehr als unsere Familie, unsere Klasse ist die werdende Gesellschaft... Unsere Kinder werden entweder Opfer im Kampfe um die werdende Gesellschaft oder sie werden Träger dieser Gesellschaft sein... Die Bourgeoisie raubt uns unsere Kinder. Jedes hungernde, frierende Kind, jedes Kind, das von der Tuberkulose heimgesucht wird, jedes ausgebeutete Kind ist ein Raub der Bourgeoisie an der Arbeiterklasse. Jedes Kind, das ideologisch festgehalten wird in den Werturteilen der Bourgeoisie, jedes Kind, dessen Hoffen und Sehnen sich in die Ergebenheit an die Mächte der Vergangenheit verliert, ist ein Verlust im Klassenkampf. Darum muss die Arbeiterklasse aktiv werden in der Wahrnehmung ihrer heiligsten Interessen. Darum muss die Arbeiterklasse bestimmenden Einfluss gewinnen auf das Wachstum ihrer Kinder. Das ist auch der tiefere Sinn der Kinderfreundebewegung. Sie ist der Versuch der Arbeiterklasse, revolutionierend einzudringen in Geist und Gestalt des öffentlichen Erziehungswesens und darüber hinaus aus eigenem Wollen und eigenem Können mit den Arbeiterkindern zusammen eine Erziehungsöffentlichkeit rein aus den Bedürfnissen der Arbeiterkinder vorzubereiten.«
Nach: Löwenstein, Kurt, Sozialismus und Erziehung, Schriften 1920-1933

9) Reichsbanner Schwarz-Rot-Gold
Die Eiserne Front, ein als Antwort auf die rechtsextreme Sammlungsbewegung Harzburger Front im Dezember 1931 erfolgter Zusammenschluss republikanischer Massenorganisationen in der Weimarer Republik, wurde maßgeblich getragen von dem SPD-nahen Kampfverband Reichsbanner Schwarz-Rot-Gold, ebenso

wie von verschiedenen Gewerkschafts- und Arbeitersportorganisationen. Unter starkem Einfluss der SPD versuchte sie, den Widerstand gegen den rechtsextremen, antirepublikanischen und rassistischen Vormarsch zu stärken und die politischen Aktionen der beteiligten Organisationen zu koordinieren. Mit dem Staatsstreich des Reichskanzlers Franz von Papen gegen Preußen, dem so genannten Preußenputsch, am 20. Juli 1932 und der nationalsozialistische Machtergreifung am 30. Januar 1933 jedoch wurden sowohl das Reichsbanner als auch die Gewerkschaften am 2. Mai 1933 zerschlagen.

10) Das Jungbanner
Das Jungbanner – die Jugendorganisation des Reichsbanner Schwarz-Rot-Gold - hatte es sich zum Ziel gesetzt (männliche) Jugendliche im Sinne der Weimarer Verfassung zu überzeugten Republikanern und mündigen Bürgern zu erziehen. Neben der Bildungsarbeit stand die »Körperschulung« durch gemeinsame sportliche Aktivitäten im Mittelpunkt der Jugendarbeit. Wöchentliche Sportabende und regelmäßige Sportfeste standen Vorträgen und Schulungswochenenden zur Bildung eines politischen Bewusstseins gegenüber. Dem überparteilichen Charakter entsprechend herrschte in der Organisation ein vergleichsweise tolerantes, undogmatisches Klima.

Mitgliedschaft
Das Jungbanner wurde gebildet aus den Reichsbanner-Mitgliedern von der Entlassung aus der Volksschule mit 14 Jahren bis zur Vollendung des 21. Lebensjahrs. Bei Jugendlichen, die jünger als 18 Jahre waren und bereits einer der republikanischen Parteien SPD, DDP und Zentrum, oder einer Gewerkschaft angehörten, verzichtete das »Jungba« auf aktive Mitgliederwerbung, um Doppelmitgliedschaften oder gar Abwerbeeffekte zu vermeiden. Ähnlich wie im Reichbanner dominierten auch im Jungbanner Mitglieder, die aus dem sozialdemokratischen Milieu stammten. 1928 soll das Jungbanner knapp 700.000 Mitglieder gezählt haben.

Aufbau
Das Jungbanner teilte sich in Gruppen, Züge und Kameradschaften auf und war Teil der technischen Organisation des Reichsbanners.

Seit 1929 waren die Jungbannerführer satzungsgemäß automatisch Beisitzer in den Vorständen der entsprechenden Organisationsebene des Reichsbanners.

Geschichte
Das Jungbanner trug grüne Hemden, die schnell zu einem »Markenzeichen« wurden. Die gleichen Hemden erhielten 1930 auch die Elite-Formationen des Reichsbanners, die Schutzformationen, die sich überwiegend aus ehemaligen Jungba-Mitgliedern rekrutierten. In der verschärften politischen Auseinandersetzung der Dreißiger Jahre trat für das Jungbanner die Aufgabe der politischen Bildung hinter der Ausbildung militanter Abwehrbereitschaft zurück.
Es gehörte zum aktivsten Teil des Reichsbanners, der stärker zu militanten Aktionen neigte und es dabei auch mit der aggressiven SA aufnahm.
An der Basis rückte die parteipolitische Neutralität dabei zunehmend in den Hintergrund. Die Kameradschaften suchten das enge Bündnis mit der Sozialdemokratie. Ab etwa 1931 betrachtete sich das Jungbanner gemeinsam mit SAJ/Falken, Jungsozialisten, Naturfreundejugend, Gewerkschaftsjugend und Arbeitersportjugend als Teil der sozialistischen Jugendverbände.
Ein Höhepunkt der Jungbanner-Arbeit war der erste Bundesjugendtag in der Reichsbanner-Hochburg Magdeburg, Pfingsten 1930.

11) Die Jugendbewegung
Letzten Endes war es ein Hunger nach Ganzheit, der seinen Ausdruck in der Jugendbewegung fand. Die Jugendbewegung, die um die Jahrhundertwende bescheiden begonnen hatte, kam erst nach dem I.Weltkrieg in den Zwanziger Jahren zur Blüte; sie sammelte in ihren Reihen viele Möchtegern-Philosophen, die auf der Suche waren nach einer organischen Weltanschauung. Die meisten lehnten jeden Versuch ab, die Politik einzubeziehen, viele verbanden sich, zumal nach 1918, mit kommunistischen, sozialdemokratischen oder nationalsozialistischen Gruppen. Der junge Mensch war nun ein selbstbewusster Rebell gegen seinen Vater. Entfremdete Söhne suchten nach Gleichen und bildeten einen großen »Bund der Freundschaft«. So suchte der Wandervogel ebenso wie der Turner und auch der Guttempler nach Wärme und Kameradschaft, nach einem Ausweg aus den Lügen, die

eine kleinbürgerliche Kultur erzeugt hatte, nach einer sauberen Lebensweise, die frei von Alkohol und Tabakgenuss war, und vor allem nach einer Gemeinschaft, die über Selbstsucht und schäbige Parteipolitik erhaben sein sollte. Erst in den späten zwanziger Jahren teilte sich – nach heftigsten Auseinandersetzungen – die Jugendbewegung, teilten sich die Jugendbünde z.B. in nationale und linke Turner, wanderte die SAJ für die Arbeiterklasse, die Wandervögel für die Bürgerlich-Nationalen.

12) Toller, Ernst
Kommunistischer Politiker und Schriftsteller, geb. 1.12.1893 in Posen, gest. (Selbstmord) 22.5.1939, New York. Als Kriegsfreiwilliger im I. Weltkrieg schwer verwundet, beteiligte er sich 1918 am Umsturz in Bayern, war Vorstandsmitglied des Zentralrats der Arbeiter-, Bauern- und Soldatenräte Bayerns, wurde 1919 als Mitglied der Münchner Räteregierung zu 5 Jahren Festung verurteilt, emigrierte 1933 nach den USA. Seine revolutionären expressionistischen Dichtungen erregten starkes Aufsehen. T. war während der 20er Jahre der bedeutendste Vertreter des aktivistischen Dramas mit radikalsozialistischer Tendenz. Er schrieb außerdem Aufsätze, Reden und Manifeste zur deutschen Revolution. Entwürfe einer neuen Sozialordnung sind ein vielfach abgewandeltes Thema. – Dramen: »Die Wandlung« (1919), »Die Masse Mensch«(1921), »Die Maschinenstürmer« (1922).

13) Arbeiter-Turn- und Sportvereine
»Die selbständige Arbeitersportbewegung begann in Deutschland um 1900. Bald folgten andere Länder diesem Beispiel, und ...1913 war es soweit, dass der erste Versuch einer internationalen Vereinigung der Arbeiter-Sportverbände ...aus Deutschland, Österreich, England, Frankreich und Belgien...gewagt werden konnte. Der (I.) Weltkrieg zerriss die kaum geknüpften Verbindungsfäden. ...1920 erfolgte in Luzern die Neugründung der Arbeitersport-Internationale.
Die Veranstaltungen der Arbeitersport-Internationale wollen nicht allein auf sportlichen Gebiet Achtenswertes leisten. Sie wollen mehr. Ihr Ziel ist nicht allein die körperliche Ertüchtigung der Massen – so bedeutsam und wichtig das ist – sondern darüber hinaus die Erfüllung der Völker mit dem Geiste echter internationaler Solidarität.«

Aus: Julius Deutsch, Die Arbeitersport-Internationale. In: Festführer der 2. Arbeiter-Olympiade, Wien, Juli 1931

»Obwohl die Aktivierung der Arbeitersportvereine nach dem (1.) Krieg unter schwierigen Verhältnissen begann, so waren doch die Optimisten emsig daran, ...die Konzentration aller Arbeitersportler in die Wege zu leiten.
Die Republik Österreich hatte ein Söldnerheer aufgestellt, das unter dem Namen »Volkswehr« bekannt wurde. Ihm fiel unter dem damaligen Staatssekretär für Heerwesen, Dr. Julius Deutsch, die Aufgabe zu, die Grenzen des jungen Staatswesens zu schützen.
Die Naturfreunde, Arbeiterturner, Arbeiterradfahrer, Arbeiterfußballer, Arbeiterschwimmer, Arbeiterathleten und die sporttreibenden Soldaten bildeten... den Verband der Arbeiter- und Soldatensportvereinigung, den VAS, der seinen Bestand vom Innenministerium mit 19.Mai 1919 bestätigt erhielt. Auf dem neuen Territorium der Republik Österreich (Deutschösterreich) konnten rund 30.000 Angehörige in den Arbeitersportorganisationen gezählt werden...Ende des Jahres 1919 sogar 100.000....
Im Jahre 1924 wurde der VAS aus organisatorischen Gründen zum ›Arbeiterbund für Sport und Körperkultur in Österreich‹ (ASKÖ) umgebildet, um eine noch größere Wirksamkeit zu entfalten.
Die Großveranstaltungen des geeinten Arbeitersports fanden großen Anklang. ... 1926 brachte das 1.Österreichische Arbeiter-Turn- und Sportfest in Wien, das 50.000 Festteilnehmer und 80.000 Zuschauer am Hauptfesttag am Trabrennplatz vereinte, einen beachtlichen Zuwachs an Mitgliedern und Anhängern.«
Aus: Festschrift »Arbeitersport in Österreich in den Jahren 1892 – 1962«, Hrsg. Arbeiterbund für Sport und Körperkultur in Österreich (o.J.)

»Der Arbeitersport ist also nicht auf dem Reißbrett austromarxistischer Theorie entstanden, er entsprang vielmehr dem durch die Arbeitsbedingungen und die sozialen Lebensumstände vertieften Wunsch nach Geselligkeit, Heiterkeit und auch: Solidarität. ...
Mit der Ausrufung der Republik am 12.Nov. 1918 sah die Österreichische Sozialdemokratie alle Voraussetzungen für die Emanzipation der Arbeiterklasse als gegeben an. ... Um das bestehende ›Gleich-

gewicht der Klassenkräfte‹ zugunsten des Proletariats zu verändern, gelte es, die geistige und körperliche Verkrüppelung des Arbeiters in der kapitalistischen Gesellschaft zu überwinden. Dem ›Neuen Menschen‹ hatten hinfort die Anstrengungen der Arbeiterkultur und auch des Arbeitersports zu gelten.«
Aus: Illustrierte Geschichte des Arbeitersports,
H.J. Teichler u. G.Hauck (Hrsg.), Berlin-Bonn 1987

14) Von 1424 bis 1806 hatte Österreich die deutschen Kaiser gestellt. Der letzte von ihnen, Franz II, regierte seit 1804 weiter als Franz I in Wien.

15) Republikaner – hier im Sinne der Zwanziger Jahre verwendet - Angehöriger eines Republikanischen Schutzbundes (z.B. Reichsbanner Schwarz-Rot-Gold), d.h. eines Wehrverbands der sozialdemokratischen Arbeiterschaft (Deutschland und Österreich 1924-1933) zum Schutze und zur Verteidigung der (Weimarer) Republik.

16) Freidenker
Zu Beginn des 20. Jahrhunderts begann sich die Arbeiterbewegung für die schon im 19. Jahrhundert entstandenen Ideen des Freidenkertums zu interessieren. 1905 wurde in Berlin der Verein der Freidenker für Feuerbestattung gegründet, 1908 der Zentralverband proletarischer Freidenker. 1927/28 umfasste die proletarische Freidenker-Bewegung ca. 500.000 Mitglieder, die überwiegend in der SPD organisiert waren.
Freidenker sind Menschen ohne Bindung an eine etablierte Religionsgemeinschaft (jedoch nicht grundsätzlich Atheisten). Sie betrachten Religion meist als »Volksverdummung«, die nur der herrschenden Klasse diene. Als Grundlage ihres Weltbildes lassen sie nur wissenschaftliche Erkenntnissen gelten und bekennen sich im übrigen zum Humanismus. Ihr erklärtes Ziel war es, gegen jede Form von Unterwerfung zu kämpfen. Ein verwandter und älterer Begriff ist Freigeist, der jedoch zur Entstehungszeit des Begriffs Freidenker oft abwertend gebraucht wurde.

Freidenker bestehen zwar auf ihrer Unabhängigkeit von Glaubensregeln wie Tabus und Dogmen, beziehen sich aber ausdrücklich auf ethische Grundsätze von Freiheit, Gleichheit, Toleranz und Gewaltverzicht.
Ende der 1920er Jahre spaltete sich die Freidenker-Bewegung in einen sozialdemokratischen und einen kommunistischen Flügel.

17) Die »Goldenen Zwanziger«: Inflation.
»Die Entwertung der Mark hatte schon früher begonnen (als in den 20er Jahren, Anm.) und hatte mit dem 1.WK zu tun. Das Kaiserreich hatte einfach nicht genügend Mittel, ein so großes Abenteuer wie den Krieg gegen alle Großmächte der Welt zu finanzieren. Aber da waren ja die Untertanen, die dank Kriegsanleihen etwa 60% der Kriegskosten finanziert hatten. Wenn Deutschland den Krieg gewonnen, fremde Länder unterworfen hätte, wäre die Rückzahlung von immerhin 98 Milliarden Mark kein Problem gewesen. Aber so wurde sie eines. Dazu kamen die sozialen Folgen des Krieges. So gering die Unterstützung für Hinterbliebene und Invaliden auch war, es summierte sich. Damit nicht genug: Forderungen der Sieger kamen noch hinzu. Die Reparationsforderungen von Frankreich und England wurden im April 1921 auf 132 Milliarden Goldmark festgelegt, zu zahlen in Jahresraten von zwei Milliarden Goldmark. Diese Forderungen überforderten die Wirtschaftskraft der gerade ökonomisch genesenden deutschen Republik. Die deutsche Regierung weigerte sich anfangs, die Forderung zu erfüllen, worauf die Alliierten im Londoner Ultimatum mit der Besetzung des Ruhrgebiets drohten. Die alte Regierung trat zurück, und der ab Mai 1921 regierende Zentrumspolitiker Wirth versprach, die Forderungen so gut es ging zu erfüllen. Allein, es half nicht. Im Januar 1923 wurde das Ruhrgebiet von den Franzosen besetzt. Damit war das republikanische Deutschland seines wirtschaftlichen Herzens beraubt. Dazu ist zu sagen, dass Deutschland beim besten Willen die Reparationen nicht bezahlen konnte. Der Schuldendienst machte 126 Prozent der Staatseinnahmen aus, und dass die Franzosen wegen geringfügiger Differenz die Drohung wahr machen würden, hätte Herr Wirth bestimmt nicht geglaubt....
In dieser Situation blieb gar nichts weiter übrig, als die Notenpresse immer schneller laufen zu lassen (damit überhaupt noch Geld unter die Leute kam – Anm.). Die staatliche Münze konnte das nicht mehr

bewältigen, weshalb mit der Herstellung von Geldscheinen Fremddruckereien beauftragt werden mussten. Zum Schluss gaben einzelne Städte eigenes Notgeld heraus.... 1923 (waren) Einhundert-Billionen-Mark-Scheine im Umlauf. ...
Bei einer derart rasanten Geldentwertung hatten sich alle Spareinlagen in nichts aufgelöst. Auch die für mündelsicher gehaltenen Kriegsanleihen wurden wertlos. Des weiteren stiegen zwar die Löhne, konnten aber mit den Preisen nicht mithalten. Die Reallöhne sanken trotz steigender Nominallöhne auf 40% des Vorkriegsniveaus. Kurz und bündig: Die Inflation hat ganz viele Menschen arm gemacht. Viele hatten das Vertrauen in die Institutionen des Staates verloren. Damit hat die Inflation wesentlich dazu beigetragen, dass ein Jahrzehnt später die braunen Horden durchs Brandenburger Tor marschiert sind.«
...
Jan Markowsky, in:Strassenfeger, 17/2006. Zeitschrift des Obdachlose-machen-mobil e.V., Berlin, Sonderausgabe Die Goldenen Zwanziger Jahre, S. 3

18) Das Pflichtjahr
wurde 1938 von den Nationalsozialisten eingeführt. Es galt für alle Frauen unter 25 Jahren und verpflichtete sie zu einem Jahr Arbeit »in der Land- und Hauswirtschaft«. Dadurch sollte u. a. die fehlende Arbeitskraft der Männer, die als Soldaten im Krieg waren, kompensiert werden. Ausgenommen waren Frauen mit Kindern und Frauen, die ohnehin in diesen Bereichen arbeiteten. Ohne den Nachweis über das abgeleistete Pflichtjahr konnte keine Lehre oder anderweitige Ausbildung begonnen werden.

19) Uk
unabkömmlich (Deutsche Wehrmacht); im 2.Weltkrieg vom Wehrdienst freigestellte Personen.

20) Olbernhau
Stadt im Kreis Marienberg, Bezirk Chemnitz, an der Flöha, Mittelpunkt der osterzgebirgischen Holzbearbeitungs- und Spielwarenindustrie.

21) Fremdarbeiter
In den Jahren 1939 bis 1941 wurden von den Nazis etwa 900.000 Polen aus den – Deutschland eingegliederten – Ostgebieten vertrieben. Am 17.9.1940 wurden alle Polen enteignet. Die große Mehrheit schob man ins Generalgouvernement ab, viele wurden als »Fremdarbeiter« ins Altreich geschickt, um in der Landwirtschaft oder beim Straßen- und Gleisbau in Zwangsarbeit zu helfen. Die in den eingegliederten Ostgebieten verbliebenen Polen wurden sogenannte »Schutzangehörige«. Diese besaßen keine Staatsangehörigkeit und kein Wohnrecht mehr. Ihre Enteignung und Verdrängung nahm wiederum zu, als nach Beginn des Krieges mit der UdSSR die Vertreibung ins Generalgouvernement intensiviert wurde und zudem noch viele Menschen aus dem Altreich in den östlichen Provinzen Schutz vor alliierten Bombenangriffen suchten.

22) Victoria, die königliche Riesenseerose,
über die schon Alexander v. Humboldt berichtet, ist in den Tropen beheimatet und wächst dort in Seen und Brackwasser.
Pflanzen, deren Lebensraum das Wasser ist, haben wichtige Wachstumsbedingungen, an denen es anderen mangelt, im Überfluss. Was im Wasser dagegen oft fehlt, ist das Sonnenlicht. Eine perfekte Strategie verfolgt hier die Riesenseerose. Sie lässt ihre Blätter einfach auf der Wasseroberfläche schwimmen. Freilich ist dieser Platz auch von anderen Gewächsen begehrt. Deswegen beginnt sie die Entfaltung des Blattes mit einer eingerollten, stachligen Kugel, die sich - sobald sie die Oberfläche erreicht - in kurzer Zeit entrollt und Platzkonkurrenten einfach überrollt. Der aufgebogene Rand des ausgewachsenen, fast 2 m breiten Blattes sichert auch weiterhin den errungenen Platz an der Sonne. Kräftige, stachlige Rippen mit Querstreben stellen den stabilen Unterbau für die schwimmende Blattfläche, deren zahlreiche Luftkammern das Blatt auch bei tropischen Regengüssen an der Oberfläche halten oder es möglich machen, Lasten bis 50 kg zu tragen. Wenn auch ihrer Blüte etwas von der strahlenden Anmut der bekannten Seerosen fehlt, so ist es hier mehr die Größe, mit einem Durchmesser von bis zu 40 cm, die uns erstaunen lässt. Sie öffnet sich meist gegen Abend und zeigt im Abendlicht ihre äußeren, elfenbeinweiß schimmernden Blütenblätter. Am Nachmittag des zweiten Tages entfaltet sich die gleiche Blüte noch einmal im blassen Rosaton,

bis sie sich endgültig schließt und in den folgenden Tagen den stacheligen Fruchtknoten ins tiefere Wasser neigt, wo die erbsengroßen Samen reifen. In ihrer Heimat locken die kräftigen Blütenduftstoffe und die weiße Blütenfarbe große Käfer an, die am zuckerhaltigen Blüteninneren mit solchem Appetit fressen, dass sie in der sich schließenden Blüte eingesperrt werden. Mit Pollen bestreut, können die Käfer erst entkommen, wenn sich die Blüte, nun errötet, ein zweites Mal öffnet. Die nächste weiße Blüte, die der Käfer besucht, gehört aber sicher zu einer anderen Pflanze, denn es blüht immer nur eine Blüte an einer Pflanze. So ist hier Fremdbestäubung gesichert.

23) Professor G. – in der Original-Handschrift Kurt Klees nicht weiter benannt.

24) Neuritis
Nervenentzündung; krankhafte Vorgänge an den peripheren Nerven, hervorgerufen durch Entzündungen, Vergiftungen oder Verletzungen, auch durch dauernde übermäßige Beanspruchung. Der Verlauf einer N., die sich in Bewegungsstörungen und starken Schmerzen äußert, ist durch Behandlung des Grundleidens, bes. durch Zufuhr von Vitaminen der B-Gruppe, gut beeinflussbar.

25) Frankfurts OB der Nachkriegszeit
Oberbürgermeister Dr. h.c. Werner Bockelmann, 1907 als Sohn eines deutschen Bankiers in Moskau geboren und mehrsprachig aufgewachsen, hatte als Jurist nach dem Krieg bereits vielfältige Verwaltungs- und kommunalpolitische Erfahrungen in Lüneburg gesammelt und wurde dann Bürgermeister von Ludwigshafen, bevor ihn seine Partei, die SPD, nach Frankfurt berief, um dort im Januar 1957 einstimmig von der Stadtverordnetenversammlung zum neuen Oberbürgermeister der Stadt Frankfurt gewählt zu werden.
In jeder Hinsicht war Werner Bockelmann ein Glücksgriff für die Stadt. Durch seine Mitarbeit im Deutschen Städtetag hatte der Politiker weitläufige Beziehungen zu anderen Städten und zur Wirtschaft, in seine siebenjährige Amtszeit fallen unter anderem der Start in das U-Bahn-Zeitalter, der Planungsbeginn für die Nordweststadt, er erarbeitete eine stadtinterne Verwaltungsreform, beteiligte sich an der bundesweiten Gemeindefinanzreform, auch im Bereich Kul-

tur und bei der Konzeption der »Stadtregion« (Zusammenarbeit mit den Nachbarstädten) erwies sich Bockelmann als weitsichtiger Stratege und geschätzter Fachmann. Bei seiner eigenen Partei stieß der nüchtern-sachliche, über Parteigrenzen hinweg agierende OB allerdings, wie auch einige seiner sozialdemokratischen Amtsnachfolger, bald auf interne Widersacher, denen Bockelmann wohl zu sehr über den eigenen Tellerrand schauend und zu wenig populistisch agierte. Der durch diese Auseinandersetzungen gesundheitlich angeschlagene Oberbürgermeister trat vorzeitig am 29. Juni 1964 von seinem Amt zurück, nur wenige Wochen vor der Kommunalwahl, um neuer Hauptgeschäftsführer des Deutschen Städtetags zu werden. Werner Bockelmann starb nur vier Jahre später bei einem Verkehrsunfall.

Oberbürgermeister Prof. Dr. Willi Brundert
Am 12.6.1912 in Magdeburg geboren und in der Weimarer Republik zum Juristen ausgebildet, kehrte der Sozialdemokrat nach seiner Kriegsgefangenschaft nach Deutschland zurück, wo er 1949 in der DDR aufgrund seiner politischen Überzeugungen bis 1957 ins Gefängnis musste und mehrere Jahre in Einzelhaft verbrachte. Er kam dann in die Bundesrepublik, betätigte sich in der Landespolitik und wurde Leiter der Staatskanzlei der Hessischen Landesregierung. Von der Landesregierung vorgeschlagen, wurde er am 2. Juli 1964 von der Stadtverordnetenversammlung zum Nachfolger W. Bockelmanns gewählt und später wiedergewählt.

Prof. Brunderts Amtsantritt fiel in eine Zeit, wo die allgemeine Aufbruchsstimmung der Wirtschaftswunderjahre bereits der zunehmenden Verschuldung der Städte - hier war Frankfurt nun mit ca. 1,5 Milliarden DM bereits bundesdeutscher Spitzenreiter - gewichen war und in unliebsame Sparmaßnahmen sowie der Bewältigung finanzieller Haushaltslöcher umschlug. Hier bewährte sich der kontaktfreudige, glänzende Rhetoriker als Vermittler der neuen Sparsamkeit. Als Präsident des Deutschen Städtetags seit 1967 konnte er seine ganzen Erfahrungen als Wirtschaftsjurist einbringen und dort Entscheidungen mit bundesdeutscher Relevanz durchsetzen. Frankfurt hatte in seiner Amtszeit große Tage zu feiern, am 4. Oktober 1968 wurden beispielsweise gleichzeitig die erste U-Bahn Linie und die neue, riesige Nordweststadt eingeweiht. Durch starke berufliche

Belastung, Auseinandersetzungen mit seiner Partei und der aufkommenden Studentenbewegung musste sich Brundert, gesundheitlich geschwächt durch Spätfolgen seiner langen Haft, im Frühjahr 1970 ins Krankenhaus begeben, wurde aber am 19.März erneut für sechs Jahre zum Oberbürgermeister gewählt. Prof. Willi Brundert war es aber nicht mehr vergönnt das Krankenbett zu verlassen, er starb am 7. Mai 1970 im Alter von nur 57 Jahren.

26) Goldstein
Der objektiven Geschichtsschreibung zufolge wurde das Hofgut Goldstein im Jahre 1348 von einem reichen Frankfurter Bürger, Johann von Goldstein, gegründet. Die spätere Goldstein-Siedlung wurde erst Anfang der 1930er Jahre dort, vor den Toren Frankfurts, zwischen Main und Flughafen gebaut.
Die Legende besagt, dass dort, in den feuchten Flussauen, ein Schweinehirt einen großen, goldenen Stein fand, auf den eines seiner Tiere beim Wühlen in der Erde gestoßen war.

DANK

Dass dieses Buch entstehen konnte, verdanke ich natürlich zu allererst meinem Vater, Kurt Klee, der mir seine - und meine - Geschichte geschenkt hat (Hab ich mich je zu Lebzeiten bei dir bedankt, Kurt?), sowie seiner Frau Ruth, seiner Muse – meiner Mutter.

Gleich danach gilt mein Dank meinen Freundinnen Irene Schomacker, Marlis Bicker und vor allem Ulla Turck (Ulla, dein zweiter Vorname ist Ermutigung!), die durch ihr Interesse, ihre nimmermüde Gesprächsbereitschaft und ihre nützlichen Hinweise die ganze Geschichte aus mir herausgelockt und mitgestaltet haben.

Meinen Söhnen Bastian, Simon und Lorenz Rosenthal danke ich für ihre Engelsgeduld, mit der sie mir bei allen computertechnischen Problemen stets zur Seite standen. Christel Mehnert danke ich, dass sie mir durch ihre Erinnerungen geholfen hat, das Leben im Krieg besser zu verstehen.

Werner und Margot Klee aus Leipzig sowie Johanna Klee-Herrmann und Käthe Klee-Hoffereck sei Dank für das langwierige Suchen nach alten Fotos.

Und dem Medien-Designer Arthur Ayos Dulinski für die wunderbare Bearbeitung derselben.

Ebenfalls Dank an das Fritz-Hüser-Institut für Arbeiterliteratur in Dortmund für die freundliche Hilfe bei meinen Recherchen über die Arbeiterbewegung in Deutschland und Österreich.